왜 **노인 보살핌**을
두려워하는가

KSI 한국학술정보(주)

왜 노인 보살핌을 두려워하는가

노인 여성이 들려주는 이야기

이동옥 지음

KSI 한국학술정보㈜

이 책은 필자의 2009년도 이화여자대학교 여성학과 박사학위 논문을 수정한 것이다. 필자가 대학원에서 공부를 할 때만 해도 여성학에서 노년학 연구는 활발히 진행되어 오지 않았고, 노인 여성·노인 보살핌은 관심 밖의 영역이었다. 필자는 모성과 모녀관계에 대해 관심을 갖고 여성학 공부를 시작하게 되었지만, 성차별과 더불어 연령차별을 인식하면서 노인 여성과 노인 보살핌에 대해 관심을 갖게 되었다.

노인 여성들은 자녀와 함께 미래를 꿈꾸었던 사람들이다. 그러나 이들은 노인이 되어 자녀와 자신의 삶을 분리해야 하는 상황에 직면해서 혼란을 겪고 있다. 노인들은 고령화 사회의 위험요인이 된다는 사실을 인식하고 노인의 독립을 요구하는 사회적 분위기 때문에 불안해하고 있다. 이 여성들은 자녀에게 도움이 되는 사람이 되고 싶어 하지만 경제적 자원은 많지 않고 나이 든 몸은 도움을 필요로 한다.

타자에 대한 배려와 관심이 귀찮은 일이 되고 타자의 희생을 발판으로 성공하는 삶이 행복으로 해석되는 사회에서 여성들은 노인 보살핌에 대한 부담감이 커지고 있다. 이 논문은 고령화 사회에서 노년기의 삶을 행복으로 해석하는가 하고 질문한다. 아울러 나이듦과 죽음이 삶의 과정으로 해석되지 않고 거부해야 할 짐으로 다뤄지는 현상에 대해서 이의를 제기하면서 다른 가치를 제안한다.

이 책은 필자가 2000년 이화여자대학교 여성학과 석사과정에 입학한 이래로 고민해온 연구의 결실이다. 이 책이 노인 여성, 노인 보살핌, 의존에 대한 사고를 전환하고 노인 여성과 노인 보살핌에 관심을 갖는 여성학 연구자들에게 작은 도움이 되기를 소망한다. 이 책이 나오기까지 많은 분들의 보살핌과 도움이 있었다. 먼저 인터뷰를 허락해주신 연구참여자들께 감사드린다. 이분들의 도움이 없었다면 이 연구는 가능하지 않았다. 몇몇 분들은 이미 세상을 떠나셨다. 이분들이 힘들었던 삶의 여정을 뒤로 하고 평안히 안식하시길 기도한다.

또한 이 책은 이화여자대학교 여성학과라는 여성주의 공동체가 없었다면 가능하지 않았다. 지도교수님인 장필화 선생님, 논문을 심사해주신 조순경·허라금 선생님을 비롯해서 김은실·이재경·정지영 선생님께 감사드린다. 또한 논문 쓰는 과정에서 격려를 아끼지 않았던 여성학과 선배님과 친구들, 특히 김정희·이명선·변혜정·서정애·박홍주·정희진·김화선 님께 감사드린다. 또한 논문을 심사해주신 조은 선생님과 정진웅 선생님께도 감사드린다. 아울러 필자가 소속된 이화여자대학교 한국여성연구원의 모든 분들께 감사드린다. 또한 여성학으로 길을 안내해주신 김재희 선생님과 인생의 여정에서 좋은 친구가 되어 주신 박용주 선생님께 감사드린다. 이 책을 출판하는 데에 수고해주신 한국학술정보(주)의 직원분들께 감사의 말씀을 전한다. 마지막으로 엄마 심수진 님과 동생 이동훈에게 고마움을 전한다.

2012년 9월 20일
이동옥

차례

■ 제3장 '삶의 과정'으로서 노인 보살핌

제1장 이 책을 열면서

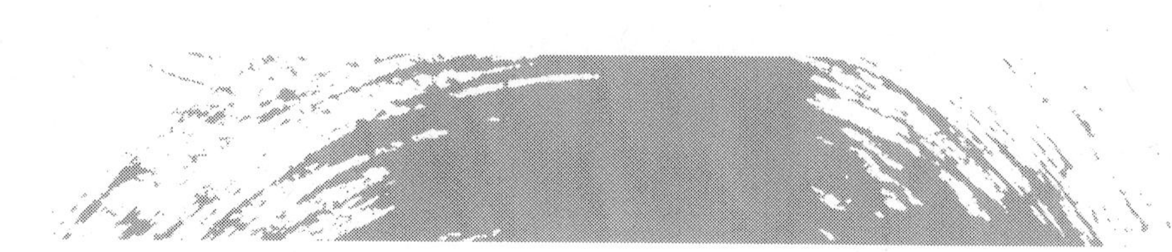

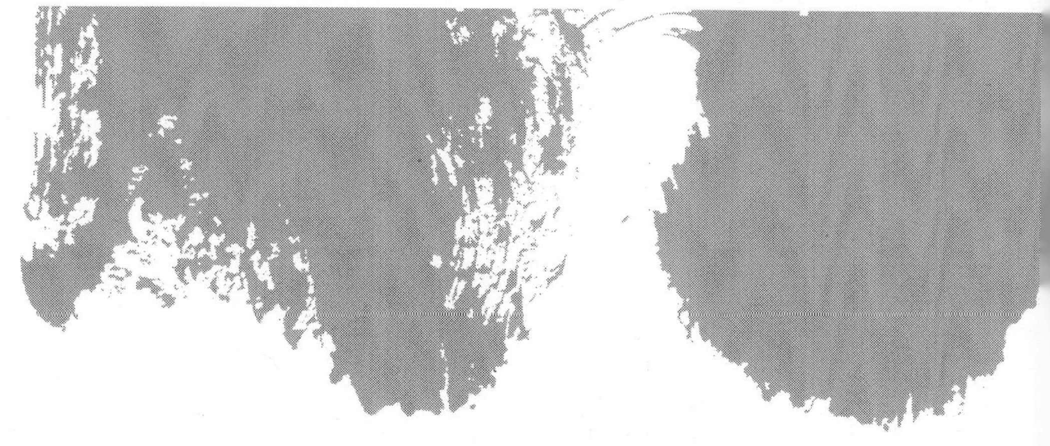

1. 문제제기: 죽음과 노인 보살핌

노인 여성들은 일제시대, 한국전쟁, 근대화와 경제발전 프로젝트, 정치적 민주화 등 한국 사회의 격변을 몸소 체험한 세대다. 개인 간의 차이에도 불구하고 여성들은 격동의 한국사에서 어머니와 아내 역할을 수행하면서도 남편의 질병, 사고, 사별, 가난 등으로 생계부양을 책임져 왔다. 또한 이들은 노년기에도 자녀와 남편을 위해 보살핌 노동을 하고 있다. 한국 사회는 맞벌이 부부, 조손가족, 독신, 이혼 등 가족구조의 변화에 따라 노년기에도 여성들은 양육과 보살핌의 책임을 지고 있다. 그러나 분명한 것은 이들이 언제까지나 그 역할을 수행할 수 없다는 점이다.

필자는 2003년 이화여자대학교 대학원 여성학과 석사학위 논문「여성들의 노후준비와 자원접근성에 관한 연구」에서 노년기 준비에서 성별화된 상황과 현실을 설명하고자 했다. 이러한 과정에서 한국의 노년학 연구가 남성 중심적 관점에서 수행되고 있고 사회복지학, 가정학, 사회학, 간호학 등에서 진행되어온 연구들이 여성주의 관점을 충분히 반영되지 못하고 있음을 발견했다. 이 책은 여성학 연구자로서 문제의식을 갖고 노인 여성 연구를 진행한 결과물이다. 필자는 노인 여성과 만나면서 사람들이 왜 죽음을 두려워하는지 의문을 갖게 되었다. 죽음은 실존적인 문제이고 혼자 대면해야 하는 현실이다. 그러나 여성들의 두려움은 언젠가 다가올 의존의 상태, 즉 누구에게 보살핌을 받아야 하는 현실과 관련되어 있다. 여성들에게 죽음은 보살핌과 불가분의 관계이고 누군가에게 도움을 받아야 하는 현실로 해석된다. 바로 이 부분이 여성들이 불안해하는 이유가 된다. 필자가 만

난 노인 여성들은 한평생 가족을 위해 보살핌 노동을 해왔음에도 불구하고, 보살핌을 받아야 하는 상황에 대해 편안해하지 않았다. 이 여성들은 평생 누군가를 끊임없이 돌보면서 살아왔으면서도 왜 당당하게 보살핌을 받고 싶다고 요구하지 못하는가. 이들이 이러한 상황을 불편하게 느끼고 있는 이유에 대해 관심을 갖게 되었고 이러한 불편함을 구성하는 내용이 무엇이고 그 원인이 무엇인지를 질문하게 되었다. 이러한 질문에 대답하기 위해서는 노인 여성이 처한 사회적 위치를 고찰할 필요가 있었다. 한국 사회에서 노인 여성은 다음과 같은 사회적 변화 속에 놓여 있다. 첫째, 평균수명의 연장은 이전의 세대가 경험하지 않은 것으로 노년기의 확장을 가져왔다. 의학의 발달로 노년기는 더 이상 자연스럽게 죽음을 기다리는 시기가 아니라, 연장 가능한 '선택'이다. 새롭게 등장하는 노년 담론은 생산적인 노년기를 강조함으로써 보살핌이 필요한 시기라고 해석했다. 선택과 기회로 노년기가 해석되는 만큼 노인을 보살피는 것은 비효율적이고 비생산적인 시간과 돈의 투자라는 인식을 초래한다. 노인의 간병이 상업적으로 해결되는 것은 선택지의 확대를 의미하지만, 경제적 문제뿐 아니라 삶의 질과 죽을 권리의 문제를 낳고 있다. 이로 인해 사회 전반적으로 나이듦과 죽음에 대한 내면의 공포와 억압이 강화된다.

둘째, 한국의 가족제도는 유교의 효 문화에 기반해서 노인 보살핌을 중요한 책임으로 간주해 왔지만, 현재 가족 내에서 책임은 약화되고 있다. 부계중심 가족 내에서 시부모를 보살펴온 노인 여성들은 임금노동을 하는 며느리, 분가한 며느리의 보살핌을 기대하기 힘든 상황에 놓여 있다.

셋째, 자본주의 시장경제는 생산성, 효율성, 경쟁, 능력, 업적, 빠른 속도 등의 가치를 중시함으로써 신뢰, 사랑, 배려 등의 가치로 유지되어 왔던 가족관계에 영향을 미치고 있다. 가족관계는 돈이 권력이 되고 적은 투자를 통해 최대한의 이윤을 추구하려는 시장의 관계에 영향을 받으면서 변화되고 있다. 보살핌 노동은 가족구성원의 필요를 만족시키는 사용가치가 있지만 화폐로 환산되지 않음으로써 노동시장에서 경쟁력이 약한 가족구성원인 여성에게 전가되고 평가절하된다.

넷째, 국가는 개별가족에서 해결되지 않는 노인 보살핌을 복지정책으로 실행하지만 보살핌의 상품화를 지원하면서 선택지를 다양화한다. 특히 2008년 7월부터 노인장기요양보험제도가 시행되었고 국가의 차원에서 노인 보살핌을 지원하고 있다. 하지만 국가는 시장의 차원에서 노인 보살핌을 해결하기를 원한다. 노인 보살핌은 노인독립담론의 영향으로 자녀와 분리해서 노부모 개개인이 책임져야 할 영역이라는 인식이 강화되고 있다. 노인 보살핌의 제도화가 진행되고 있지만 가족의 책임이 중시된다.

노인 여성들은 사회구조와 문화의 변화 속에서 혼란과 갈등을 경험하고 있다. 이 책은 이러한 변화 속에서 노인 여성들이 왜 보살핌 받기를 주저하는지 이들의 삶을 구체적·상황적 맥락에서 설명하고자 한다. 노인 보살핌은 보살핌의 대상인 노인 남성의 위치에서, 보살핌의 제공자인 중년 여성의 위치에서 다뤄져 왔다. 그러나 노인 여성의 위치는 보살핌 제공자와 대상이라는 이분법의 틀에서 충분히 설명되지 않는다. 노인 여성들은 보살핌의 제공자이면서도 대상이기 때문이다. 이 책은 가족, 계층, 학력, 종교 등의 차이를 가진 노인 여성들이 사회 변화 속에서 관계와 노동의 측면에서 어떻게 보살핌을 계획하는지 고찰하고자 한다. 아울러 연령적인 측면에서 역할 모델이 부재한 상황에서 노년기 여성뿐 아니라 미래의 노인이 될 여성들에게 삶의 계획을 고려하는 데에 도움이 될 것이다. 아울러 이 연구는 여성의 경험을 기반으로 현 사회에서 보살핌이 어떻게 이루어지고 있는지 그 실태를 파악하고 이를 어떻게 보완, 개선해야 하는지 대안을 제시한다.

2. 이론적 배경

이 절에서는 이 책에서 사용하고 있는 보살핌의 개념을 규정하고, 현재 한국의 사회문화에서 노인 보살핌이 어떠한 변화의 양상을 보이는지 살펴보고자 한다. 보살핌의 개념은 다양하고 광범위하게 정의된다. 이 절에서는 '보살핌'을 관계와 여성 노동으로 설명하면서 분석을 위한 기초를 설명한다. 또한 노인 여성들이 어떠한 위치에서 보살핌을 계획하는가를 본문에서 살펴보기 전에, 한국의 노인 보살핌 제도와 문화와 더불어 변화된 사회적 배경을 개괄적으로 설명하고자 한다.

1) 보살핌이란 무엇인가

여성학자들은 여성들이 가족을 보살피는 과정에서 경험하는 감정이입이나 교감 등의 가치를 인식하고 있었다. 하지만 가부장제 사회에서 보살핌을 즐겁게 할 수 없는 현실과 여성에게만 보살핌의 책임을 전가하는 구조를 비판해왔다(Rich, 1995; Held, 1995). 여성학자들에게 보살핌은 양가감정을 자아내고 있다. 관계적 맥락과 가치, 성역할 및 여성 노동으로 보살핌을 정의하는 것은 두 가지 접근방법과 관련된다. 첫째, 성역할과 여성 노동은 보살핌의 억압적인 수행을 보여주면서 여성에게만 보살핌의 책임을 전가시키고 노동을 착취하는 제도를 비판하는 방법이다. 둘째, 관계적 맥락과 가치는 보살핌의 실천과 확장을 시도하면서 성별 관계와 사회구조를 변화시키는 방법이다. 하지만 두 가지 방법은 상이한 내용이 아니라 상호 연결되어 있다. 이것은 가부장제의 여성 억압과 보살핌의 가치에 대한 재평가를 요구하고 있기 때문이다.

(1) 성역할과 여성 노동

미첼(Mitchell, 1984)은 생산양식의 경제적 변화뿐 아니라 남성의 종속에서 벗어나는 정신적 혁명을 통해서만이 여성의 지위가 변화할 수 있다고 강조한다. 또한 하트만(Hartmann, 1989)은 가부장제와 자본주의가 연동하면서 여성 억압에 어떠한 영향을 미치는지 설명하고 있다. 그녀는 여성 억압이 성별분업이라는 물적 기반을 갖고 있는데, 남성이 여성의 노동과 성을 통제함으로써 억압을 지속시킨다고 주장한다.[1]

근대 핵가족의 성별분업은 남녀의 본성을 다르게 전제하고 남녀를 다른 공간에 배치한다.[2] 성별분업의 논의들은 남성에게 좋은 직업과 고임금을 보장하고 여성에게 저임금이나 주부를 선택하게 하는 불평

---

[1] 성별관계는 인간의 기본적인 생존을 지속시키는 생산 및 소비활동과 사회조직, 가치체계의 생성과 유지라는 사회구조와 역동적인 관계를 맺으면서 남성의 기득권을 인정하는 결과를 낳는다(장필화, 2001).

[2] 사적 영역은 개인의 자유를 의미하고 공적 영역의 필수적이고 자연적인 토대가 되는데, 여성은 사적 영역인 가족에 적합한 존재로 간주된다(Freedman, 2002: 60).

등한 사회구조를 비판한다. 성별분업하에서 가족임금은 남성을 생계부양자로 전제하고 여성을 가족의 보살핌을 책임지는 사람으로 규정함으로써 가족과 시장에서 여성을 주변화시킨다(Hartmann, 1989; Walby, 1990).[3] 조순경(2000a)은 기존의 남성 중심적 연구에서 노동이 시장에서 교환가치를 창출하는 활동으로 정의되기 때문에 여성 노동이 노동으로 인정받지 못했다는 점을 강조한다. 그녀는 이러한 구조하에서 여성이 일차적 생계부양자로 인식되지 못하기 때문에 노동시장에서 일차적 해고의 대상이 되었다고 비판한다. 자본주의 사회에서 성별분업은 여성들을 보살핌 노동에 배치하면서 임금노동의 기회를 빼앗고 남성에게 의존해서 권력과 자원에 접근하게 하는 한편, 남성들이 보살핌 받을 권리를 주장하게 한다(Lister, 1997). 이러한 구조에서 여성들은 가족을 보살피는 과정에서 임금노동의 기회를 잃어버리고 보살피는 대상과 함께 의존자로 자리매김하고 있다(Kittay, 2002).

여성학자들은 보살핌 노동을 하는 여성들이 왜 사회적 지위가 낮은지, 사람들이 왜 보살핌을 기피하는가에 대해 지속적으로 관심을 가져왔다. 즉, 성, 인종, 계층, 민족의 차원에서 가난하고 주변화된 사람들이 보살핌 노동을 하고 있고, 보살핌 노동은 사회적으로 구성된다(Tronto, 1993; Held, 2006). 자본주의 사회에서 자본가, 임금노동자, 보살피는 사람의 관계는 위계적이다. 본(Vaughan, 1997)은 A를 가족을 보살피는 여성이고, B를 시장에서 임금노동을 하는 남성이며, C를 시장의 자본가로 설정한다. 그녀는 자본주의 교환경제하에서 A가 B를 보살폈음에도 불구하고 B와 C의 관계만이 가시화된다고 기술한다.

---

3) 남성 자본가가 산업예비군을 형성하는 저임금의 여성노동력을 고용하지 않는 이유는 남성 노동자와 공모하면서 여성을 노동시장에서 축출하고 가족에 머무르게 하기 때문이다(Walby, 1990).

보살핌은 사용가치를 갖지만 교환가치로 환산되지 않기 때문에, 여성들이 보살핌 노동을 하면서도 정당한 대우를 받지 못한다(Hartmann, 1989).[4] 이러한 논의들은 남성 자본가와 남성 임금노동자가 여성들의 보살핌 노동을 통해 이익을 취하면서도, 이들의 노동과 보살핌의 가치를 인정하지 않는 사회구조를 비판하고 있다.

자본주의 교환경제에서는 임금노동을 하는 자만이 독립적인 존재로서 간주된다. 성별분업의 구도하에서 남/여는 독립/의존으로 구분되어 왔다. 리스터(Lister, 1997)는 여성이 남성에게 경제적으로 의존하고 남성이 여성에게 보살핌을 의존하는 것으로 해석되기 때문에 독립/의존의 틀을 해체하고 '상호의존'으로 재해석해야 한다고 강조한다. 남성들은 임금노동을 하면서 '독립적'이라는 환상에 빠져 있고 여성들은 일을 하면서도 '의존적'이라는 부당한 평가를 받아 왔다. 이러한 상황을 극복하기 위해 여성들은 임금노동을 통해 남성과 동등한 대우를 받고 경제적 독립을 달성하기 위해 노력해왔다. 그렇지만 보살핌 노동의 몫은 여성의 역할로 규정되어 왔다.

한편 여성들은 자녀를 위해 보살핌 노동을 했음에도 불구하고 보살핌을 보상받기 힘든 상황에 있다(Held, 1995; Folbre, 2007). 자본주의 교환경제하에서는 재화가 필요한 사람이 재화를 소유하는 것이 아니라, 재화가 필요하지 않더라도 다른 사람보다 얼마나 많은 재화를 확보하는가에 따라 성공한 사람이 된다. 이러한 구조하에서 여성들이 아무 대가를 바라지 않고 보살핌을 선물로 주는 것은 손해 보는 행위로 간주된다(Vaughan, 2007b). 더구나 교환경제에 기반한 사고방식은

---

4) 집에서 논다고 말하는 주부들은 일이 무엇인가에 대해 사회적으로 규정된 가치판단을 내면화하면서도 가사 노동에 대한 낮은 사회적 평가를 지속시키는 결과를 낳는다(장필화, 1996b).

사랑과 신뢰에 기초하는 가족관계에도 영향을 준다. 어머니가 자녀를 키우면 보살핌을 받을 수 있다고 기대하지만, 보살핌의 역할은 역전되기 힘들기 때문에 여성들은 자녀에게 보살핌을 요구할 수 없는 부정의한 상황에 놓인다(Folbre, 2007). 어머니가 자녀를 보살핀 사실은 계약관계에서처럼 약속 이행이 보장되는 것이 아니므로 여성들은 이러한 사회구조에 정서적으로 취약하다(Held, 1995; Maihoffer, 1998). 또한 모성 논의들은 제도화된 모성과 이성애의 규범하에서 여성들이 완벽한 어머니의 환상에 빠져 자기 비난과 자책감을 가지면서 보살핌을 억압적으로 수행하고 있다고 비판해왔다(Rich, 1995; Ruddick, 2002; 조은, 1999).[5]

이러한 사회구조와 문화에서 보살핌을 '인간의 조건'으로서 논의하는 것은 성역할과 여성의 본성으로 규정하면서 여성의 희생을 간과할 수 있다(Kittay, 1999: 75). 길리건(Gilligan, 1997)은 여성들이 보살핌의 역할 때문에 원하지 않는 상황에서도 타자를 배려하면서 희생당하고 생존을 위협당한다고 지적한 바 있다. 또한 장필화(2001)는 가부장제하에서 여성들의 보살핌이 타자의 욕구를 위해 자기희생을 초래하는데, 보살핌을 받는 약자에 대해 일방적으로 보살핌을 제공하거나 친밀한 사람을 우선적으로 보살피는 한계에 부딪힌다고 비판한다. 보살핌 노동을 여성에게 강요하는 제도하에 보살핌을 수행하는 것은 여성들이 불평등한 제도를 유지하고 보살핌의 왜곡된 가치를 답습하게 한다. 이러한 이유로 폴브레(Folbre, 2007: 90)는 여성들이 보살핌 때문에 가난해지고 감사와 호혜가 이루어지지 않는다면 계속해서 보

---

5) 리치(Rich, 1995)는 여성들이 모성을 신성한 의무로 받아들이면서 여성에게 지적 능력이나 자아실현보다 이타심과 타인과의 관계를 중시하도록 강제하면서 어머니 이외에 인간으로서 가능성을 차단했다고 지적한다.

살핌을 하지 않을 것이라고 경고했다.

이 책은 여성들이 보살핌을 통해 소외를 경험하고 자기 혼란과 분열을 경험하는 현실에 관심을 갖고 있다. 노인 여성들은 자녀들이 경쟁에서 살아남고 능력, 업적을 인정받는 인간으로 성장하도록 지원했다. 자본주의 교환경제의 지배가치는 보살핌의 가치와 상반되는 속성이 있다. 필자는 인간의 본성으로 보살핌을 수용해야 한다고 생각하지만, 보살핌을 여성의 역할로 규정하는 것에 관해 비판적인 입장에 서 있다. 따라서 이 연구는 이러한 사회문화를 변화시키기 위해 여성들이 개별 남성과의 관계에서 어떠한 협상을 해야 하고 공동체, 국가에 어떠한 지원을 요구해야 하는지 논의한다.

한편 상품화된 보살핌의 선택지가 확대됨에 따라 시장에서 돈으로 보살핌을 해결할 수 있게 되었다. 이러한 변화는 보살핌을 둘러싼 가족 간의 갈등을 완화시킬 수 있고 좀 더 양질의 보살핌을 받을 수 있는 기회를 제공한다. 하지만 보살핌의 관계와 시장의 교환관계는 상반되는 특성을 갖는다. 보살핌의 관계는 신뢰에 기반하지만, 교환관계는 자기 이해에 기반하기 때문에 보살핌의 목적과 충돌한다(Held, 2006). 시장의 교환관계는 적은 투자로 많은 결과를 산출해내는 것을 이익으로 해석하지만, 이 과정은 타자의 노동에 대한 불공평한 평가와 착취를 수반한다. 시장에서 보살핌을 구매할 경우, 계약을 통해 돈을 지불하고 보살핌을 받는 관계가 형성된다. 보살핌의 관계는 상호신뢰 속에서 보살핌 제공자가 대상의 필요에 부응하는 것이다. 하지만 시장의 계약관계는 책임과 시간 등에서 한계가 설정된다. 이 책에서는 노인 여성들이 가족, 시장의 차원에서 어떠한 보살핌을 원하고 그것이 이러한 관계 속에서 충족될 수 있는지 살펴본다. 또한 보살핌의 목적을 달성할 수 없다면 그 이유가 무엇인지 설명한다.

여성학 연구에서는 보살핌을 사랑이나 관계로 해석하는 것이 여성에게 불리한 상황을 만들어낼 수 있음을 비판해왔다. 보살핌의 가치가 훼손되고 인격이 수단화되는 것을 두려워한 결과, 보살핌의 경제적 가치를 환산하지 않음으로써 오히려 유급 보살핌 노동의 저임금을 초래했다는 것이다(Stone, 2005). 하지만 헬드(Held, 2006)의 논의처럼, 여성들이 경제적 독립을 위해 임금노동을 하고 보살핌을 대체하는 것이 과연 여성을 위한 선택인가에 대해서는 회의적이다.

한편 시장에서 보살핌을 구매하고 계약관계가 형성된다 하더라도, 보살핌을 관계/노동으로 이분화할 수 없다는 논의들도 전개된다. 허라금(2008)은 시장에서 계약관계로 맺어진다 하더라도, 유급 보살핌 노동자와 보살핌 대상과의 관계는 보살핌의 목적을 달성한다는 점에서 가족의 보살핌과 차이가 없다고 주장한다. 하지만 유급 보살핌 노동자는 친밀한 '가족'과 같은 관계에서 계약관계로 변화되면서 '고용된 자'로서 소외를 경험하거나(Stone, 2005), 보살핌 대상과의 정서적 유대 때문에 책임의 한계와 상관없이, 퇴근 이후에도 고객에 대한 관심 때문에 쉬지 못한다(Holstein, 2001).

이 책에서는 계약관계에서 보살핌이 이루어질 때 그 목적을 충분히 달성할 수 있는가를 시장의 속성과 함께 논의하게 될 것이다. 이것은 자본주의 교환경제하에서 화폐로 환산될 수 없는 보살핌의 가치와 관련되어 있다. 시장에서 보살핌 제공자와 대상의 만남은 보살핌을 주고받는 과정의 인격적인 만남이 아니라 계약관계에 국한해서 해석되지만 보살핌의 특성과 분리해서 설명하지 못한다. 한편 시장에서 보살핌을 구매하는 선택이 노인 여성들에게 과연 유익한 결정인가에 대해서 논의할 필요가 있다. 이러한 논의는 여성 간의 관계와 보살핌의 가치와 관련해서 중요한 문제가 된다. 또한 이 책은 귀찮고 힘든 보살핌을 시장에서 해결하고 자녀들을 보살핌에서 해방시키는 것이 바람직하다는 논의를 비판하게 될 것이다. 유급 보살핌 노동자, 자녀와의 관계에서 여성들이 보살핌을 기술적으로 해결된다 하더라도 여성 간의 관계, 보살핌의 책임 규정 등에서 문제점은 없는지 논의할 것이다.

(2) 관계적 맥락과 가치

자본주의 사회는 경쟁, 능력, 성취, 효율성, 생산성 등을 주요 가치로 삼고 있다. 이러한 사회에서 인간은 고립되고 원자화된 개인으로서 자율성, 독립이 전제된다. 독립적이고 자율적인 존재란 타자에게 피해를 주지 않는 범위 내에서 자기 이해를 도모한다.

아지크(Agich, 2003)는 인간발달단계의 기준이 독립과 자기통제에 초점을 두기 때문에 타자와의 상호작용이 인간의 성취를 위협하는 것이고 자율성을 저해한다고 해석되어 왔음을 비판했다. 인격 성숙의 척도는 자율적 사고능력, 판단, 책임감 있는 행위 등의 남성성과 관련되기 때문에, 여성성과 관련된 보살핌, 사랑과 같은 자기 표현능력은 폄하돼왔다(Gilligan, 1997: 65). 인간발달단계의 기준은 자아와 타자의 연결, 상호 의존적인 삶보다 독립적이고 자율적인 삶을 바람직한 삶으로 권장해왔다.

하지만 메이어즈(Meyers, 1998)는 인간이 친밀성에 가치를 부여하면서 발달하는 존재로서, 상호의존의 네트워크 안에서 자율성을 확보한다고 강조한다. 메이어즈의 논의는 타자와의 관계 속에서 자율성의 개념을 재해석하고 있다. 여성들은 아동, 노인, 환자, 장애인을 보살피면서 인간이 독립적인 존재가 아니라 보살핌을 주고받는 관계적인 존재라는 것을 인식한다. 인간은 아동기, 노년기, 장애, 질병과 관련해서 타자에게 신체적으로 의존하면서 감정적으로 교류하고 친밀한 관계를 형성하는 능력을 갖는 한편, 보살핌이 필요한 사람과 애착관계를 형성하면서 보살피는 능력을 갖는다(Kittay, 1999: 29; Meyers, 1998). 여성들은 타자에게 침해받고 상처받을 가능성을 최소화하는 것이 아니라, 타자가 원하는 대로 행동하고 자기가 하고 싶은 행위가 다른 사람을 침해할 때에 그것을 하지 않는 경향이 있다고 한다(Gilligan, 1997: 95). 길리건은 여성들이 보살핌을 통해서 타자를 배려하는 태도를 훈련하게 된다고 설명한다. 이러한 태도는 타자에게 침해받지 않고 자기 이해를 도모하는 자율적이고 독립적인 인간보다 인격적으로 성숙한 면모를 보여준다.

이러한 관점에서 보살핌은 인간을 독립, 자율성으로 규정하는 틀 안에서 설명되지 않는다. 보살핌은 관계적 맥락에서 제공자와 대상의 만남과 상호작용, 서로에 대해 개방적인 상태를 의미한다(Held, 2006; Goodin & Gibson, 2002: 248). 보살핌이란 타자의 필요에 관심을 갖고 보살핌을 제공하며, 보살핌을 받는 사람의 반응을 포함하는 과정이다(Tronto, 1993). 이 책에서 보살핌은 일방적인 제공이나 수혜로 이루어지는 것이 아니라 공동의 공간에서 이루어지는 작업으로 해석한다. 따라서 보살핌 제공자가 수혜자에게 권력을 행사하거나 의존의 상태를 무능함으로 해석하는 것에 대해 비판적이다. 보살핌을 받는 능력은 보살피는 능력만큼 중요하다.

인간이 상호 의존적 존재라는 인식은 관계적 맥락에서 인간이 독립적이지 않다는 것을 입증한다. 여성철학자 수전 웬덜(Wendell, 1996)은 자본주의 사회에 팽배한 독립의 강박관념을 비판하면서 의존을 다르게 해석한다. 자본주의 사회에서 인간은 의식주를 자급자족적으로 해결하지 못하고 타자가 생산해낸 재화를 소비하며 타자에게 의존하면서 살아가지만, 자신이 독립적이라고 착각하는 모순에 빠져 있다. 웬덜의 논의는 인간의 조건을 의존으로 제시하는 한편, 보살핌이 필요한 사람과 함께 사는 것을 불행이나 삶의 질의 저하로 해석하는 현실을 비판한다. 또한 이 논의는 의존/독립을 이분화하거나 의존을 열등한 것으로 다루는 통념에 대해 다른 시각을 제공한다.

인간은 삶의 초기와 후기인 아동기와 노년기에만 보살핌이 필요한 것이 아니라, 전 생애를 통해 보살핌을 주고받는 상호 의존적 존재다(Agich, 2003). 또한 성인이라 하더라도 질병이나 사고의 위험에서 자유롭지 못하고 보살피는 역할을 하는 여성들도 보살핌이 필요하다(허라금, 2006). 이 글은 이 논의를 기반으로 인간의 삶과 보살핌이 분리될 수 없다는 것을 인식하면서 인간을 관계 내의 존재로 상정한다. 하지만 이 연구는 자본주의의 지배가치하에서 노인 여성들이 가족을 보살피면서 의존상태를 어떻게 인식하고 있는지 관심을 갖는다. 보살핌을 해온 여성들은 나이듦에 따른 의존상태에 다른 의미를 부여하고 있는지 고찰하고자 한다. 또한 이들의 보살핌 경험이 삶의 과정으로서 나이듦과 죽음을 수용하는 데에 어떠한 통찰력을 제시하는지 살펴본다.

여성학 연구에서는 젊은 여성에 관한 관심으로 연령에 대한 인식이 부족했고 노인 여성의 경험과 통찰력을 충분히 반영하지 못했다(Bernard et al., 2000: 15). 사회 전반적으로 자녀양육은 '미래의 노동력

재생산'이라는 가족의 기능과 관련해서 주요 관심사였지만, 노인 보살핌은 '죽음으로 향하는 비생산적인 행위'로 해석됨으로써 사회의 관심 밖에 있었다(Agich, 2003: 105; Stark, 2007). 여성학 연구에서도 보살핌은 자녀양육과 모성경험과 관련되어 진행되었다. 이 연구에는 '생산' 연령층인 취업여성의 위치에서 보살핌과 임금노동의 이중고에 관한 연구(신경아, 1998; 정문자·이미리, 2000; 정순희, 2001; 이재경, 2004; 이재경 외, 2006), 자녀양육과 모성의 억압적 수행에 관한 연구(김지혜, 1995; 변혜정, 1991; 조주은, 2002), 국가, 기업과의 관계에서 보육, 가족친화정책 등의 제도적 지원과 사회적 책임에 관한 연구(박혜원, 1995; 김영란, 2004; 황정미, 2005; 이원형, 2007; 김경희·강은애, 2007; 박기남, 2007) 등이 있다. 반면 노인 보살핌은 이 주제들에 비해 활발한 논의가 전개되지 못했다. 하지만 고령화의 진행과 저출산에 관한 사회적 과제는 노인 보살핌의 사회화에 관한 논의를 진전시키고 있다(나성은, 2003; 이동옥, 2003; 김혜경; 2004; 송다영, 2004; 허라금, 2006; 박기남, 2007).

또한 2005년 6월 한국죽음학회의 창립은 사회적으로 호스피스 활동과 함께 나이듦, 죽음, 보살핌에 관한 관심을 불러일으킨다. 이러한 관심은 삶과 죽음을 분리해서 생각하지 않게 하고 어떻게 죽을 것인가에 대해 문제를 제기한다. 이러한 흐름은 죽어가는 과정을 중시하고 보살핌을 받으면서 삶을 마무리하고 싶다는 인간의 욕구를 보여준다.[6] 그리고 사회적으로 죽어가는 사람을 보살피는 과정에서 보살

---

6) 호스피스 활동은 마더 데레사 수녀가 창립한 사랑의 선교수녀회의 활동에 영감을 얻고 있다. 사랑의 선교수녀회는 '니르말 흐리다이(죽어가는 사람들을 보살피는 집)'를 열고 사회로부터 버림받은 사람들이 살아있는 몇 시간 동안만이라도 소중한 사람이라는 것을 느끼게 해주고 싶다는 생각으로 이들을 보살펴왔다(오진탁, 2004: 77~81).

핌의 의미를 재평가한다. 이러한 논의들을 비판적으로 수용하는 것은 보살핌의 논의를 풍부하게 할 수 있다. 따라서 이 연구는 이러한 흐름에 부응해서 보살핌을 삶의 과정으로 포괄하고 나이듦, 죽음과 관련해서 의존의 의미를 재정의한다.

한편 이 연구에서는 노인 보살핌을 특수한 보살핌으로 규정하기보다 출생, 성장, 나이듦, 죽음에 이르는 삶의 과정으로 다루고자 한다. 흔히 고령화 사회에서 노인 보살핌은 사회적 과제로서 '간병'으로 축소해서 설명하는 경향이 있다. 노인 보살핌은 "스스로를 돌볼 수 없는 사람에게 신체적, 정신적 서비스를 제공하는 것"(공선희, 2008), "일상수행능력을 할 수 없는 사람들에게 옷 입기, 세수, 목욕, 식사, 이동, 화장실 사용, 대소변 조절에 관한 도움을 제공하는 것(양옥남 외, 2006: 190)", "더 이상 간병할 수 없는 상황이 되면 기계처럼 작동되는 요양시설로 보내는 것"(Sherf, 2007: 190) 등으로 정의된다. 아픈 노인을 '효율적'으로 보살피는 일은 중요하지만, 대소변 처리나 목욕, 식사 등으로 한정하는 것은 삶의 과정으로 보살핌을 수용하지 못하는 사회문화를 반영하고 있다. 하지만 노인 보살핌은 기저귀를 갈아 주고 시간에 맞춰 약을 먹이고 음식을 먹이는 행위에 한정되는 것이 아니라, 보살핌 대상의 성격과 기호를 파악하고 주의 깊은 관심을 기울일 때만이 그 목적을 달성할 수 있다(허라금, 2008). 이 책에서는 노인 보살핌이 양육과 다른 특성이 있다는 것을 인정하면서, 사회문화적으로 노인 보살핌을 삶의 과정으로 수용하고 있는지 비판적으로 논의한다.

노인 보살핌은 부모와 친밀한 관계의 노인이 몸을 움직이지 못하는 상태에서 시작되는 것이 아니다. 노인 보살핌은 관심, 배려, 존중과 관련해서 건강한 노인과의 관계에서, 모자녀관계의 정서적 유대의 연속선상에서 설명되어야 한다. 관계적 맥락에서 노인 보살핌은 귀찮고 힘든 일 이상의 가치가 있다. 보살핌이 도처에 존재함에도 불구하고 삶의 과정에서 보살핌을 포함시키지 않는 문화로 우리의 내면에는 의존에 대한 공포와 억압이 자리잡고 있다. 인간은 출생, 성장, 나이듦, 죽음 등 삶의 과정을 거쳐 가면서 보살핌을 주고받는다. 하지만 회복 불가능한 노부모를 보살피는 것은 자녀가 임금노동을 중단해야 하고 신체적, 정신적으로 힘든 일, 손해 보는 일로 해석한다.

보살핌의 목적은 내가 보살핌을 제공함으로써 얼마나 더 좋은 것을 받았는가에 있지 않다. 보살핌은 자본주의 교환경제하에서 환산되지 않는 가치를 갖는다. 보살피는 사람은 보살핌이 필요한 사람이 만족하는가에 관심을 갖고 이들의 반응에 감사한다. 이러한 의미에서 보살피는 사람은 보살핌을 돌려받지 않는다 하더라도, 대상의 반응에 만족하기 때문에 다른 의미의 호혜성을 갖는다(Stone, 2005; Rich, 1995; Vaughan, 2007b). 러딕은 어머니가 자녀를 양육하는 과정에서 아이의 생존, 보호, 성장에 관심을 가지면서 아이의 반응에 따라 융통성 있게 대처하는 등 배려와 존중, 감수성의 가치를 배우게 된다고 했다(Ruddick, 2002). 또한 러딕의 논의는 아동의 성장을 중시하는 자녀양육에 집중되어 있지만, 자기 충족성과 자아 존중감을 지원하는 노인 보살핌에도 적용될 수 있다고 해석된다(Kittay, 1999: 33).

모자녀관계는 상호의존을 통해 권리보다는 책임을 중시하고 관계성, 수용성, 감응성을 중요한 가치로 삼으면서 서로를 성장할 수 있게 하는 바람직한 관계로 제시된다(장필화, 2001). 모성적 사고방식은 자녀와의 관계에 국한되는 것이 아니라 사회적으로 확장됨으로써 경쟁,

폭력, 전유, 억압을 기반으로 가부장제 사회를 변화시킬 수 있다(Ruddick, 2002). 타자에 대한 관심, 배려, 행동은 사회의 중요한 자산이고 다른 사람의 고통을 민감하게 느낌으로써 전쟁, 가난, 기아, 생태 등의 지구적 문제를 해결하면서 이 세상을 유지하고 상생할 수 있는 힘이 된다(Tronto, 1993; Held, 2006). 이러한 의미에서 보살핌의 가치는 자본주의 교환경제를 구축하고 변화를 가져올 수 있는 힘을 부여하고, 타자에게 고통을 주거나 타자를 전유하고 억압하는 가부장제, 자본주의에 기반한 지배가치를 변화시키는 대안이 될 수 있다. 노인 보살핌의 논의는 '노인'이라는 의존자를 동정하는 것을 넘어서서 경쟁, 성취, 효율성 등의 가치 뒤에 숨어 있는 관계의 단절이나 책임 등과 관련지어 다뤄야 한다.

노인복지 차원이나 고령화 정책에서 노인 보살핌의 제도화나 사회화는 기술적이고 효율적인 관리와 연관지어 해석되어 왔다. 그러나 스톤(Stone, 2005)은 유급 보살핌 노동자의 자질에서 가장 중요한 것이 보살피는 대상과 '함께 있음(being with)'으로써 친밀감을 형성하고 대상의 안전에 관심을 갖는 것이라고 강조한다. 현재의 노년 담론, 노인 보살핌의 논의에서 이러한 부분이 생략되어 있지 않은지 비판적 논의가 요구된다. 헬드는 보살핌의 사회화와 제도화가 효율성이나 편의성에 근거하는 것이 아니라, 민감성, 감정이입, 감응성, 책임감과 같은 보살핌의 가치를 공적 영역으로 확장해야 한다고 강조한다(Held, 2006). 이 책에서는 이러한 논의를 기초로 노인 여성의 위치에서 제도화와 상품화를 논의하면서 보살핌의 기술적인 해결뿐 아니라 관계와 책임을 논의에 포함하고자 한다.

2) 한국 노인 보살핌의 현황

　유교문화에 기반한 확대가족 제도는 성별분업에 기반하고 있지만 가족 내에서 노인 보살핌은 보장되었다. 또한 이러한 사회에서 보살핌은 가족뿐 아니라 친족, 이웃과의 연대하에서 적극적으로 지원되었다. 하지만 자본주의 교환경제로 변화하는 과정에서 노인 보살핌은 친족, 이웃의 지원이 약화됨으로써 개별가족, 특히 여성의 책임으로 한정되었다. 더욱이 2012년 현재 노인독립 담론의 영향은 노인이 자녀에게 의존하지 말고 스스로 보살핌을 해결하라고 촉구하고 있다. 자녀에게 의존해서 보살핌을 해결하는 것은 자연스러운 현상이 아니라 노부모에게 '부담'이 된다. 이 절에서는 가족구조의 변화와 노년 담론이 노인 여성들의 삶에 어떠한 영향을 미치는지 살펴보고자 한다.

(1) 가족구조의 변화와 노인 보살핌

　유교문화는 가족, 특히 부모자녀 관계, 효의 규범을 중시한다. 유교문화는 부자유친(父子有親), 부자자효(父子慈孝)를 강조함으로써 친족의 일체감과 가족관계의 강한 유대 등의 부계 혈통을 중시하고, 제사를 통한 조상숭배를 통한 가족·집안의식의 왜곡과 배타적 폐쇄성을 보여준다(금장태, 1999). 효의 규범은 부모자녀 관계에만 적용되는 것이 아니라, 이웃에도 확대, 적용되어 노인 공경의 문화를 형성한다. 이 제도는 모성의 품앗이로 노인 보살핌을 보장했고 세대 간의 호혜성과 원칙을 적용했다.

　하지만 이 문화에서는 엄격한 연령적 위계질서가 작동하고 연장자에 대한 순종이 전제되었다. 또한 여성의 역할은 결혼을 통해 남아를

출산하고 양육하며 시부모를 보살피는 것이었다. 유교의 성별분업은 내외법에 기반한다. 이러한 성별분업은 남녀를 공간적으로 분리하면서 여성의 몸을 노동력의 재생산을 위해 사용함으로써 여성을 공적 영역에서 배제한다(조순경, 2001b). 또한 유교의 인간관은 부자관계, 군신관계, 붕우관계 등 남성 간의 위계관계를 의미하는 한편, 여성을 사적인 존재로 규정하고 공적 활동에 제약을 가하면서 성역할의 구분을 공고히 해왔다(장필화, 1996a). 이러한 사회구조와 문화에서 여성들은 아내, 특히 어머니가 아닌 다른 독립적인 존재로서 살아가지 못했고, 이러한 역할을 의무적으로 수행해야 했다. 따라서 확대가족 내에서 노인 보살핌이 보장되었다 하더라도, 과거로 회귀하는 것이 여성에게 과연 유익한 것인가에 대해서는 비판적인 논의가 진행되어 왔다.

한편 경제개발과 근대화 프로젝트는 도시화, 산업화와 함께 핵가족화를 진행시켰다. 여성들은 핵가족의 이상에 부합하는 아내 역할과 자녀양육 및 교육을 통해 계층상승 및 유지에 기여하면서 가족에 헌신해왔다. 하지만 친족, 이웃의 보살핌 지원의 약화로 노인 보살핌의 책임은 가족에게 한정되었고, 여성들은 이를 전담하게 된다. 현재 여성들이 시집에서 분가해서 형식적으로 핵가족에 속해 있다 하더라도, 시부모의 와병상태가 깊어 의존도가 높아지면 며느리로서 노인 보살핌을 수행하고 책임지고 있다.[7]

한국의 가족제도는 자녀가 결혼해서 3대가 함께 사는 가족에서 2대 가족, 노인들만 사는 가족으로 변화되고 있다.[8] 자녀의 결혼과 분

---

7) 농촌에서 장남은 노부모를 모셔야 하므로 장남에게 많은 재산을 상속하고 권리와 의무를 부여했지만, 도시화로 인해 노인 보살핌의 책임은 장남에서 다른 자녀로 확대되었다(양옥남 외, 2006: 77).

가는 자녀들이 노부모의 책임에서 상대적으로 자유로워져서 자녀와 경제적으로 독립적으로 살아가기를 요청한다. 여성은 남성보다 평균수명이 높고 연상의 남성과 결혼함에 따라 사별의 가능성이 높고 수적으로도 여성의 노인인구가 많다(장혜경 외, 2006).[9] 사별 여성은 자녀 분가와 함께 독거의 가능성이 높다. 한국에서 독거노인의 대다수는 노인 여성이다.[10] 노인 여성은 '노인문제'로 인식되고 노인복지정책에서 중요한 수혜자가 된다. 이 책에서는 노인 여성과 자녀와의 관계에 초점을 두고 여성들의 구체적인 맥락과 상황을 설명하고자 한다. 특히 자녀에게 보살핌의 책임을 부가하지 않으려는 노인 여성의 태도와 보살핌의 가치를 연관시켜 논의한다.

기혼여성의 취업률이 증가[11]함에 따라 자녀양육, 가사노동, 노인 보살핌 등은 가족의 차원에서 해결되지 않는다. 맞벌이 부부간의 가사 및 양육의 분담이 공평하게 이뤄지지 않음으로써, 취업여성들은 보살핌과 임금노동의 이중고 속에서 시간을 압축적으로 사용하면서 다중적 역할을 해내고 있다(조주은, 2009). 또한 취업여성들은 노인 여성들에게 도움을 받거나 가사도우미를 고용하면서 보살핌을 대체하고 있다. 기존 연구에서 노인 여성들은 며느리와 딸을 보살피고 취업활동

---

8) 2011년 통계청의 사회조사 가족 부문의 결과에 따르면, 60세 이상의 부모가 자녀와 동거하는 경우는 남성 32.3%, 여성 34.3%에 불과하고, 남성 67.7%, 여성 65.5%가 자녀와 독립적으로 살고 있다. 이 통계에서는 자녀와 따로 사는 것이 편하다는 입장이 남성 55.8%, 여성 59.0%에 달하고 있다.

9) 「2011 고령자통계」에 따르면, 2010년 현재 65세 이상 인구가 전체 인구에서 차지하는 비율은 11.0%로 노인인구는 증가하고 있고 노인 남성은 219만 명, 노인 여성은 316만 7천 명으로 남녀의 성비는 69.2다.

10) 「2011 여성통계」에 따르면, 2010년 독거노인가구는 132만 630명이고 노인 여성의 독거가구는 101만 2,241명이고 노인 남성의 독거가구는 30만 8,389명으로 독거노인 중 여성이 차지하는 비율이 높다.

11) 「2011 통계로 보는 여성의 삶」에 따르면, 2010년 인구주택 총 조사 결과 우리나라 총 인구는 4,799만 1천 명으로 2005년에 비해 2.0% 증가했다. 이 중 여성인구는 2,415만 명으로 전체 인구의 50.3%를 차지했고 2000년 여성인구는 2,291만 7천 명에서 2010년 2,415만 명으로 5.4% 증가함으로써, 여성인구의 증가 폭이 컸다. 또한 2009년 기준 여성의 기대수명은 83.8년으로 남성(77.0년)보다 6.8년 더 오래 사는 것으로 나타났다.

을 지원하면서 도움을 주는 존재로 기술된다(양명숙·하경란, 1997; 이광자 외, 2007). 하지만 노인 여성들의 보살핌 노동은 자녀와 경제적 자원을 교환하는 기회가 되면서도 건강을 악화시키고 보살핌의 역할을 억압적으로 수행해야 한다는 점에서 비판되어 왔다(김순기·유영주, 1994; 김미영, 2000; 장희선·김윤정, 2008).

또한 성인자녀의 독신 선호,[12] 만혼, 고용불안 등으로 노인 여성들은 분가하지 않는 자녀를 보살피는 기간이 장기화되거나, 자녀에 대한 기대 수준을 낮춰야 한다. 특히 이혼의 증가와 가시화에 따라 노인 여성들은 며느리에게 보살핌을 받을 수 있는가를 고민하는 것이 아니라, 성인자녀와 손자녀를 보살펴야 하는 현실에 봉착한다. 게다가 노인 여성들이 보살핌 노동을 해야 하는 현실은 노인 보살핌의 계획조차 허용하지 않기 때문에 문제시된다.

한편 취업여성들이 노인 여성의 도움을 받아 보살핌을 개인적으로 해결하는 것이 제도적, 사회적 책임을 최소화한다는 논의들이 전개되고 있다. 노인 여성들이 가족 내에서 보살핌을 하면서 취업여성의 이중고를 덜어주려는 행위는 보살핌의 사회화를 지체시킨다는 것이다(김혜경, 2004; 박기남, 2007). 이 책에서는 보살핌을 개별가족, 특히 여성의 책임으로 한정하는 것을 비판하면서 가족을 넘어선 대안을 모색하고자 한다.

노인 보살핌의 책임은 장남, 큰며느리에서 전 자녀에게 확대되고

---

12) 2010년 통계청의 사회조사 가족부문 결과에 따르면 결혼에 대해 성별화된 반응을 보인다. 미혼 남성의 62.6%가 결혼에 대해 적극적인 반면, 미혼 여성은 결혼을 원하는 비중이 46.8%에 불과하다. 미혼 여성의 50.0%는 경우에 따라 이혼을 할 수도 있다고 생각하고 이혼을 '반대'하는 비율은 56.6%로 과거에 비해 감소하고 있는 반면, '이혼을 할 수도 있고 하지 않을 수도 있다'고 생각하는 비중은 차츰 증가하고 있다 (통계청, 2010).

있다. 보살핌의 주체는 부계가족 내의 장남이 아니라 딸 아들을 구별하지 않고 경제적 능력이 있는 자녀가 노부모를 보살펴도 된다는 의식의 변화와 함께, 아들에게만 노인 보살핌의 책임을 전가하는 통념을 변화시키고 있다(장혜경, 2005; 김지영·최상진, 2003). 이러한 현상은 표면적으로 자녀들이 딸 아들을 구별하지 않고 노인 보살핌에 관심을 갖기 때문에 노부모에게 유리한 것으로 보인다. 하지만 면밀히 살펴보면 노인 보살핌에 대한 자녀의 책임이 사회 전반적으로 약화되는 양상을 보여준다. 기혼의 딸이 맞벌이를 하는 경우, 친정어머니의 보살핌을 받는다면, 딸이 아픈 어머니를 보살필 가능성이 높아진다. 또한 "처가와 뒷간은 멀어야 한다", "사위는 백년손님"이라는 말이 무색할 정도로 처가를 자주 방문하는 사위들이 증가하고 있다. 맞벌이 부부의 가사노동과 양육을 처가에서 적극적으로 지원하기 때문에 사위와 장모의 빈번한 접촉은 부양의 책임을 강화할 수 있다. 이러한 변화에 대해 부계가족이 양계적, 모계적으로 변화한다고 낙관적으로 전망하기도 한다. 하지만 사위가 부모만큼 장인, 장모에 대해 부양의무를 인식하고 있다고 볼 수 없기 때문에 양계적, 모계적으로 가족구조가 변화했다고 단언할 수만은 없다(이재경, 2003). 더욱이 여성들이 노년기에 딸을 보살피는 것이 딸에게 보살핌을 받을 가능성이 높은지에 관해서는 심층적인 조사가 필요하다. 보살핌을 통해 맺어진 친밀한 관계가 여성들이 노인 보살핌을 받는 데에 유리한지, 노년기에도 그들의 노동을 전유하고 있는지에 대해서는 고찰이 필요하다.

　가족 차원에서 노인 보살핌은 고부갈등이라는 고질적인 문제에 기반하고 있다. 기존연구들은 며느리의 입장을 대변하면서 시어머니와의 관계를 갈등적으로 다루었다. 시어머니는 며느리에게 정신적, 정서적으로 부담을 주는 한편, 며느리의 삶의 질을 저하하고 임금노동의 기회를 위협하는 존재로 기술되어 왔다(홍숙자 외, 1996; 최효일, 1998; 강현숙 외, 1999; 이영숙·박경란, 2006; 송현애·이정덕, 1995; 강현숙 외, 1999; 송다영·김미경, 2003). 이처럼 노인 보살핌에 관한 논의는 노인 여성과 임금노동을 하는 여성들의 이해가 상충되는 것으로 해석되어 왔다. 그만큼 노인 보살핌이라는 주제는 가족 내의 '여여갈등'과 관련해서 복잡하고 다루기 힘든 문제로서 여성학 연구자들에게 기피되어 왔다. 한편 연령의 층위에서 노년기에 관한 무관심은 연구자들에게 보살핌 제공자의 입장을 중시함으로써 노인 여성의 경험을 충분히 반영하지 못했다. 이 연구는 중년에 그쳤던 여성들의 경험을 노년기로 확장, 설명함으로써 여성주의의 논의를 보다 풍부하게 하는 데에 기여할 것이다. 여성들은 임금노동 때문에 가족을 보살피는 일을 소홀히 했다는 이유로 이기적이라고 비난받거나, 가족을 보살피기 위해 집에 남았기 때문에 희생자로 다뤄지는 불편한 상황에 놓여 있다(허라금, 2008). 이러한 상황은 보살핌의 책임이 여성에게만 주어지기 때문에 일어난다. 하지만 남성들은 보살핌을 둘러싼 비난이나 갈등에서 제외되어 있고 그 책임에서도 면제되고 있다. 노인 여성은 보살핌이 필요함으로써 다른 여성을 힘들게 하는 것이 아니라 그 책임이 왜 여성에게만 주어져 있고 남성들은 이 문제에서 자유로운지 논의되어야 한다. 이 책에서는 고부갈등을 여성 간의 관계하에서 다룰 뿐 아니라 보살핌의 책임 규정에서 왜곡된 부분을 지적하게 될 것이다. 또한 가족의 변화와 함께 고부갈등이 이전의 가족과 다른 변화의 양상을 보이는지, 아니면 여전히 변화되지 않은 부분이 있는지 논의하고자 한다.

(2) 국가, 시장, 노인독립 담론

노인장기요양보험제도는 노인 보살핌의 욕구를 실제의 수요로 전환할 수 있고 가족 내에서 비공식적인 보살핌을 가시화한다는 점에서 긍정적으로 해석되었다(석재은, 2006). 또한 이 제도의 도입은 노인 보살핌에 대한 가족의 책임을 넘어서서 국가적, 사회적 책임을 강화한다는 점에서 의의가 있다. 하지만 시행 초기부터 이 제도는 유급 노동자의 질적 관리와 열악한 노동조건 등의 문제가 제기되었고 국가의 적극적인 개입이 요구되고 있다. 보살핌 노동에 관해 국가의 규제가 약한 수준에서는 시장의 실패 가능성이 높기 때문에 국가의 개입과 시장에 대한 규제가 요청되고 있다(석재은, 2006). 시장에서 보살핌은 편의성과 효율성에 초점을 두기 때문에 관료화를 초래하기 쉽다. 관료화는 보살피는 사람의 필요에 귀 기울이기보다 제도나 시간의 책임을 제한하고 보살핌이 필요한 사람을 자율성을 상실한 존재로 비인격적으로 다루는 경향이 있다(Stone, 2005). 고령화의 진행과 더불어 노인 보살핌의 선택지가 확대되고 있지만, 시장의 보살핌 관계가 보살피는 사람의 요구를 충분히 반영함으로써 과연 보살핌의 목적을 달성할 수 있는지 질문할 필요가 있다.

아울러 이러한 정책의 실행이 노인을 위험집단으로 간주하면서 제도적 지원을 줄이고 노인의 독립을 강조하려는 의도가 은폐되어 있지 않은지 살펴보아야 한다(김철주·허윤정, 2006; 이가옥 외, 2004). 고령화 사회에서 국가는 노인 보살핌을 제도적으로 지원하는 한편, 노인을 사회적 부담이나 위험[13]을 불러일으키는 집단으로 경계하면

---

13) 개인을 위험 속에 방치하는 사회는 위험한 사회로서 개인을 사회 밖으로 내몰기 때문에 스스로 해체의 길을 걸으며 결코 안전할 수 없다(홍성태, 2007: 38~39).

서 독립을 강조하는 이중전략을 취하고 있다.

신자유주의는 개인의 능력, 경쟁, 개방을 강조하고 국경을 넘어서서 자본의 자유로운 이동을 가능하게 한다. 이러한 흐름은 완전고용과 경제성장을 보장하기 위해 자국의 경제를 관리해온 국가의 자율성을 위축시키는 한편, 이러한 폐쇄구조에 의존했던 복지국가의 기능을 약화시킴으로써 사회적 보호의 수준을 최소화하고 상품화와 민영화를 촉진시킨다(Mishra, 2002). 신자유주의는 건강, 교육, 물, 전기의 사용과 같은 공적 서비스에도 사용료를 지불하게 하고 노인 보살핌과 질병에 대한 사회적 장치에도 민간보험을 적용해서 개인적으로 모든 것을 해결하라고 요청함으로써 주변화된 집단의 불평등을 심화시킨다(Elson, 2002). 이러한 흐름 속에서 공적 서비스의 축소와 복지비용의 감소는 가족 내에서 보살핌을 담당하는 여성들의 부담을 증대시키고 여성의 건강에서 많은 문제점을 야기할 수 있다. 노인 보살핌의 선택지를 확대한다는 이유에서 국가가 시장에 보살핌을 자율적으로 맡기면서 예산을 줄이고자 한다면, 경제적 특권을 가진 집단만이 보살핌을 받게 될 것이다.

노인장기요양보험제도의 시행 즈음에서 여성학적 논의는[14] 노인여성과 유급 보살핌 노동자, 가족 내의 보살핌 제공자인 여성의 위치에서 이루어졌다.

첫째, 보살핌 제공자의 입장에서 경증의 노인은 중증의 노인만큼 세심한 관심과 주의가 필요하기 때문에 지원되어야 한다. 65세 이상의 노인이나 노인병 환자 중에서 중증 환자로 수혜대상을 규정하고

---

14) 노인장기요양보험제도에 관한 여성학적 논의는 2005년 11월 한국여성학회 21차 추계학술대회와 2006년 11월 한국여성단체연합 주최 '여성의 관점에서 고령화시대를 준비하는 토론회' 등에서 다루어졌다.

있지만 경증 환자로 확대해야 한다는 것이다.

둘째, 노인 보살핌의 인프라가 구축되지 않은 상황에서 현금급여는 노인 보살핌의 사회화에 장애가 되고 여성들에게 실제로 이익이 되지 못한다. 독일과 일본에서 현금급여의 실시는 보살핌 제공자나 대상에게 도움이 되지 않았다.[15] 현금급여는 여성들이 취업을 중단하고 집으로 돌아가서 노인 보살핌에 전담하기 때문에 여성들에게 보살핌 역할을 강화한다는 비판에서 자유롭지 못하다.

셋째, 제도의 실행에 따라 여성들의 일자리가 창출될 것으로 예상되지만, 저임금, 고용 불안정성 등의 열악한 노동조건에 대해 개선이 요구된다(송다영, 2005; 박영란, 2007).

넷째, 노인 여성은 경제적 자원 부족, 높은 만성질환율로 제도적 지원이 필요하지만, 이러한 제도가 사회보험에 기초하고 있으므로 가난한 노인 여성이 접근하기 어렵다(송다영, 2005). 가난한 여성들은 사회보험에 가입할 경제적 능력을 갖지 못하고 제도의 혜택을 받는 데에 불리하므로 이러한 문제점을 보완해야 한다.

다섯째, 제도가 시설서비스보다 재가서비스 중심으로 진행되기 때문에 노인 보살핌에 실질적인 도움이 되지 않을 수 있다. 서구 유럽의 국가들은, 전후 복지제도 수립과 함께 시설서비스를 통해 노인 보살핌의 인프라를 구축해왔지만, 집에서 보살핌을 받고 싶어 하는 노인들의 수요가 증가함에 따라 지역사회서비스, 재가서비스로 전환하고 있다(김철주·허윤정, 2006; 장혜경, 2005). 집에서 보살핌을 받는

---

15) 일본에서는 개호보험제도의 실행과정에서 도우미가 공급되지 않는 산간벽지, 도서지역 등에서 현금급여가 가족에게 도움이 될 것이라는 의도로 실시되었지만 실질적으로 이들의 부담을 경감시키지 못했다(김미숙, 2003). 또한 현금급여를 도입한 독일에서는 노인들이 이주여성 등의 값싼 노동력을 고용함으로써 보살핌의 질적 저하로 사망하는 심각한 사례까지 보고되었다(홍승아, 2006).

것은 친밀한 사람과의 관계를 유지하면서 보살핌을 받는다는 이점이 있다. 재가서비스는 보살핌에 대한 지역사회의 확장과 개방을 시도하고 개인별 특성에 맞게 노인들의 독립적인 능력을 유지, 향상시키기 때문에 획일적이고 표준화된 시설서비스의 단점을 보완할 수 있다(손홍숙, 2002; 이창희·강영실, 2006). 그러나 한국의 노인 보살핌 제도는 초기 단계에 불과하고 인프라가 구축되지 않은 상태에서 재가서비스 중심으로 정책이 이뤄진다면 가족 내에서 보살핌을 담당하는 여성들의 일을 경감시키지 못할 것이다(장혜경, 2005).

한편 노인독립 담론은 노인들이 가족에게 의존하는 것이 아니라 독립적으로 노년기를 보낼 것을 요청하고 있다. 사회적으로 노인 보살핌은 자연스러운 현상이 아니라, 자녀들에게 짐이 되는 것으로 인식된다. 이러한 상황에서 노인들은 경제적으로 독립적으로 생활하고 보살핌까지 혼자서 해결해야 한다는 압박을 받고 있다.

노인독립 담론은 '성공적 노화' 이론과 연관된다. 성공적 노화는, 노인이 질병을 가진 존재, 성적 능력이 없는 존재, 정신적 학습능력, 운동능력이 젊은이에 비해 떨어지는 존재, 생산성이 없는 존재라는 노인에 대한 통념을 비판하고 자원활동이나 가사노동 등을 통해 기여하는 존재로서 고무한다(Rowe and Kahn, 2005). 노인들은 은퇴 이후에 휴양지에서 자유를 만끽하기보다, 직장과 가족, 이웃 안에서 새로운 역할을 수행하고 싶어 한다(Scherf, 2007: 138). 이러한 사회적 분위기에 기반해서 노인독립 담론은 노인들이 의존자가 아니라 의무를 다하는 시민으로서 권리를 주장하고 적극적이고 생산적 인간이 되겠다는 의지를 담아내고 있다. 성공적 노화 이론에서는 노인을 생산적 존재로 다루면서, 노인이 사회관계에서 소외되어 있지 않을 뿐 아니라, 젊은이의 경제적 지원과 보살핌을 일방적으로 받기만 하는 존재가 아니라고 강조한다(전혜정, 2003). 이러한 담론은 형식적인 존중과 특별한 대우의 이면에 자리 잡은 노인에 대한 차별을 거부하고 젊은이처럼 일하고 정당한 대우를 받고 싶어 하는 노인의 욕구를 표현한다. 하지만 경제적 측면에서 노년기 남성이 생계부양자로서 임금노동을 통해 재산을 증식하고 연금의 혜택을 누린다면, 여성은 노년기의 독립에서 좀 더 불리한 상황이 된다.[16] 이러한 측면에서 노인독립 담론은 노인 여성의 주변적 위치를 고려하지 않는다.

　더욱이 노인독립 담론은 건강하고 생산적인 노인상을 강조함으로써 독립적일 수 없는 노인들에게만 국가의 지원을 최소화하려는 의도를 은폐하고(이가옥 외, 2004), 성 불평등한 구조 속에서 남성 생계부양자에게 경제적으로 의존해왔던 노인 여성들의 가난을 여성 개인의 문제로 비난하면서 정책적 지원을 최소화한다(정경희 외, 2006). 또한 활동적이고 적극적인 노인상을 강조하는 것은 삶의 과정에서 노인 보살핌을 분리하고 비가시화하는 결과를 낳는다. 이러한 노년의 담론은 영원한 젊음을 유지하는 활동적인 노인들이 노년기를 쇠퇴의 시기로 받아들이는 것을 거부하고, 나이듦의 과정에서 수반되는 신체적, 생리적 노화의 모습이나 의존적인 모습 등을 회피, 생략함으로써 노년기의 경험을 희석시킨다(정진웅, 2000). 이 책에서는 노인독립 담론이 어떠한 방식으로 노인 여성의 삶과 보살핌 계획에 영향을 미치

---

16) 여성들은 생계부양자 남성에게 의존하면서 보살핌을 해왔기 때문에 노년기에 임금노동의 기회나 경제적 자원의 접근은 임금노동을 한 남성보다 주변화되어 있다(나성은, 2003; 이동옥, 2003; 이해리, 2005). 「2011 고령자통계」에 따르면, 2009년 현재 65세 이상 고령자 중 '노후준비가 되어 있다'는 39.0%이며, '노후준비가 되어 있지 않다'는 61.0%를 차지하고 있다. 이들은 '준비능력이 없거나', '자녀에게 의탁'할 것이라고 응답했다.

고 있는지 살펴보고자 한다. 여성들은 생산적 노인상에 기반해서 보살핌의 역할을 지연시키고 있지만, 노인 보살핌을 스스로 해결해야 하는 상황에 봉착한다. 노인 여성들이 어떠한 노년 담론을 형성하면서 후배 여성들에게 역할모델을 제시할 것인가는 여성의 생애주기와 관련해서 중요한 논제가 된다.

한편 한국 사회에서 노인 보살핌은 유교의 효 문화에 기반해서 가족의 차원에서 이루어졌다. 이러한 문화는 서구 유럽의 국가보다 시설비용 부담을 줄이면서 경제발전과 근대화를 달성할 수 있었다는 평가를 받고 있다. 서구의 국가들은 홍콩, 싱가포르, 대만, 한국의 경제발전이 근면, 검약, 교육열, 권위에 대한 복종 등의 유교적 가치가 긍정적으로 작용했다고 평가한다(장하준, 2007: 296~297). 또한 한국 사회에서 유교 공동체주의를 지지하는 학자들은 경제위기 시에 국가 경쟁력을 높이기 위해 예의 질서와 공동체 의식의 회복을 강조하는 한편, 여성들이 전통적인 역할을 수행하는 것이 사회적 안정에 기여한다고 주장해왔다(함재봉, 2000; 한도현, 2004; 김원열, 2007). 하지만 도미니크(Domenach, 2002)는 네 마리 용이라 불리던 동아시아 국가의 발전의 한계를 지적하면서 한국 사회가 민주주의의 부재와 사회적 불균형 때문에 금융위기를 맞이했다고 해석한다. 이러한 이유로 유교 문화에 기반한 가족제도가 노인 보살핌의 기능을 충실히 수행했다 하더라도 여성들은 이러한 제도를 지지할 수만은 없다.[17) 유교문화

---

17) 유교문화에서 김미영(2004)은 여성이 아버지나 남편이나 아들을 위해서만 대외활동을 할 수 있었고 남성 가장이 가족 내에서 보상이나 처벌에 대한 권리를 갖게 되면서 남성의 권위에 종속되었다고 주장한다. 반면 이숙인(1999)은 유교의 인간관이 관계 속의 인간을 전제하므로 음양의 조화, 상생에 기반한 관계적 윤리를 여성주의와 접목할 수 있다고 주장한다. 하지만 허라금(2004)은 유교의 예가 여성에게 결혼하고 부계혈통을 잇는 자녀를 낳고 키울 것을 요구하고 있기 때문에 종법질서에 기반한 수직적 관계에서 수평적 관계로 거듭나지 않으면 여성주의와 소통하기 어렵다고 비판하고 있다. 여성주의자들은 여성의 몸을 부계혈통을 잇는 수단이나 도구로 사용하고 여성에게 부덕과 정절을 요구하는 유교에서 여성에게 구원의 메

에서 여성들이 부덕이나 모성을 실천하는 것은 가부장제 권력에 접근하게 하지만, 다른 여성의 자기희생, 고통, 억압을 전제한 질서를 유지하는 데에 기여했다.

한국 사회에서 노인 보살핌은 가족의 책임으로 규정되어 왔고, 국가는 자녀 없는 노인에게 시혜를 베푸는 잔여복지의 정책을 진행시켜왔다. 하지만 고령화의 급속한 진행은 노인 보살핌에 관한 사회적, 국가적 책임을 요청함으로써 보편적 복지정책으로 전환하기에 이르렀다.[18] 2008년 노인장기요양보험제도의 공익광고에서는 "나이들면 누구나 도움이 필요하죠. 하지만 우리 부모님들 자녀에게 부담 주는 것 싫어하시잖아요"라는 문구를 사용하고 있다. 사회 전반에서 노인 보살핌이 사회의 '부담'이 된다는 전제하에서 연구와 정책이 진행되고 있다.[19] 이러한 흐름에서 노인들은 좀 더 독립적으로 행동하면서 사회의 짐이 된다는 통념에서 벗어나고 싶어 한다.[20] 더욱이 노인들은 젊은 층의 경제적 지원을 받는다는 전제하에 자녀로부터의 독립, 사회로부터의 독립을 요청하고 있지만, 실제적으로 과연 자녀에게 도움을 받고 있는가에 대해서는 좀더 살펴볼 필요가 있다. 국가는 고령화 사회에 노인정책을 시행하면서도 노인독립 담론에 기반해서 시장

시지를 찾기는 힘들다고 하면서 성차별적인 내용들을 반박해왔다. 특히 음양의 조화는 권력을 가진 남성의 정체성에 여성이 통합되는 것을 전제로 하므로 상하위계적인 질서와 제도를 정당화해 왔으므로 유교에 기반해서 보살핌을 강조하는 것이 여성 억압적인 제도를 유지시킨다고 비판하고 있다.

18) 「2011 고령자통계」에 따르면, 65세 이상 고령자의 38.3%는 '가족이 돌보아야 한다'고 응답했고, 37.8%는 '가족과 정부·사회 공동', 18.4%는 '부모 스스로 해결'해야 된다고 응답했다. '가족이 돌보아야 한다'는 비중은 감소하는 반면, '부모 스스로 해결', '가족과 정부·사회 공동'의 비중은 증가한다.

19) 「2011 고령자통계」에 따르면 2010년 생산가능인구(15~64세) 6.6명이 노인 1명을 부양하고, 2030년에는 3명이 노인 1명을 부양해야 할 것을 전망한다. 이러한 통계 결과는 국가적 차원에서 노인 보살핌의 부담을 강조하는 결과를 낳고 있다.

20) 「2011 고령자통계」에 따르면, 2009년 현재 65세 이상 노인의 51.9%가 '본인 및 배우자가 직접 생활비를 마련'하는 반면, 나머지는 '자녀(친척)·정부' 등으로부터 도움을 받는다고 했다. 또한 본인이 생활비를 부담하는 노인은 주로 근로소득(49.7%)과 연금(27.3%)에 의존하고 있다.

에 보살핌을 맡기려는 이중적인 태도를 견지한다. 노인독립 담론은 인간이 최대한 자율성을 유지해야 하고 죽을 때까지 독립적이어야 한다고 강조한다. 이러한 담론에서 노인 보살핌은 타자에 대한 의존과 타자에게 피해를 주는 것 이상의 의미를 갖지 못한다. 더욱이 좋은 노부모란 자녀에게 경제적으로 독립하고 보살핌을 시키지 않는 사람으로 의식이 변화되고 있다. 한편 보살핌을 스스로 해결해야 하는 사회문화에서, 시장의 상품화는 노인들에게 희소식이 될 수 있고, 보살핌의 부담감을 가진 자녀, 특히 며느리는 보살피는 책임을 줄일 수 있다. 하지만 이러한 담론은 노인 보살핌을 폄하하고 자율성의 신화를 강화한다. 노인 여성들이 보살핌을 타자에 대한 피해로 인식할 때 보살핌의 의미와 가치는 축소, 폄하될 수 있다. 본문에서는 보살핌을 해온 노인 여성들이 노인독립 담론의 영향을 받으면서 노인 보살핌 상품의 구매와 자녀와의 관계에서 어떠한 행동을 하고 실천을 하는지 구체적인 맥락을 살펴보면서 사회제도 및 문화의 변화와 노인 정책의 방향을 탐색하고자 한다.

3. 연구방법

이 책은 노인 여성들이 가족 내에서 과거와 현재에 어떠한 보살핌 노동을 해왔는지 고찰하기 위해서 여성들의 경험을 자료로 수집했다. 여성학 연구에서는 연구자가 연구참여자와의 거리 두기를 통해 객관성을 확보할 수 없다고 기존의 양적 연구를 비판한다. 거리 두기는 연구의 가치중립성을 확보한다고 상정되었지만, 연구자가 가설을 설정,

검증, 해석하는 과정은 사회의 지배가치를 반영하고 있으므로 객관성을 확증할 수 없는 것이다. 이러한 관점에서 여성주의 방법론은 연구자가 연구참여자와 분리됨으로써 객관성을 확보하는 것이 아니라 자신의 위치와 입장을 드러내고 연구참여자인 여성과의 감정이입을 통해 가부장제의 모순을 보여줌으로써 객관성을 확보하고자 한다(Spargue & Zimmerman, 1993). 연구자는 설문조사와 같은 양적 방법으로 노인 여성들의 구체적이고 복잡한 맥락을 충분히 드러낼 수 없으므로 심층면접을 유용한 방법으로 판단했다.

노인 여성은 기존연구에서 의존자나 무력한 존재, 복지의 대상으로서 인식되었다. 이들은 불평등한 사회구조의 고통과 억압을 인내해온 피해자로 다뤄져 왔고 행위자로서 인식되지 못했다. 서구의 노년학 연구에서 노인 여성은 비생산적이고 불행하고 부정적인 신비에 싸여 있는 존재, 성적 매력을 상실한 존재, 보살핌을 더 이상 제공하지 못하는 경멸과 죽음을 상징하는 존재였다(Browne, 1998: 232~233; Thone, 1992: ix; Woodward, 1999; Kaplan, 1999: 189). 노인 여성은 출산, 자녀양육, 노인 보살핌을 통해 삶과 죽음을 가로지르면서 생명에 관한 지식을 체득해왔다.[21] 그러나 이들의 경험은 남성들의 질투와 죽음 공포로 폄하되어 왔다.[22] 볼린(Bolen, 2003)은 가부장제 사회가 노인 여

---

21) 그리스 신화에서 헤카테 여신은 대지의 여신 데메테르의 딸 페르세포네가 지하세계의 왕 하데스에게 납치되었을 때 데메테르를 지하세계로 안내하면서 페르세포네를 찾는 데에 도움을 준 여신으로서 그믐달의 여신, 직관과 영혼의 지혜를 가진 여신으로 불린다(Bolen, 2003). 헤카테 여신은 중요한 갈림길에 있는 여신으로서 출생, 질병, 죽음이라는 몸의 유동성을 괴로워하지 않고 자연의 일부로서 받아들이며, 죽음을 맞이하고 영혼이 육신에서 빠져나갈 때 도와준다(Bolen, 2003: 96, 106).

22) 한국의 할머니 여신에게도 이러한 내용이 나타난다. 할머니 여신은 생명을 주관하면서 삶과 죽음을 넘나드는 능력을 갖지만, 요술을 부려 사람을 골탕 먹이는 존재다. 마고할미는 요망하고 신통력을 가진 할머니 여신이지만 재물을 바치지 않고 지나가면 해를 입히고 처녀에게 임신을 시키거나 어린이들을 홍역이나 천연두에 걸려 죽게 한다(강진옥, 1993). 동서양을 막론하고 노인 여성은 늙고 추한 마녀로, 요망한 할머니로, 남자를 돌로 만드는 무시무시한 괴물인 메두사로, 초자연적 능력을 갖는 존재로, 죽음을 상징하는

성의 가치를 평가절하해 왔다는 사실을 비판하는 한편, 노인 여성이 창의력, 상상력, 지혜와 능력을 발휘한다면 그 가능성이 무한하다고 강조하고 있다.[23] 따라서 이 책에서는 노인 여성을 피해자로 다루는 것을 넘어서서 사회구조에 순응하지만 때로는 구조에 저항하고 구조를 변화시키는 행위자로 위치시키면서 이들의 경험을 해석하고자 한다. 노인 여성의 경험은 가부장제, 자본주의를 변화시킬 수 있는 성찰적인 여성학 지식을 생산하는 데에 도움이 될 것이다. 노인 여성의 경험을 고찰하는 것은 보살핌을 삶의 과정으로 인식하고 연령의 층위에서 여성의 문제를 살펴보게 한다.

노인 여성의 위치에서 이들의 경험을 드러내는 것은 이들의 목소리로 이야기하는 과정에서 고통을 가시화하고 재해석하는 작업을 포함한다. 이러한 작업은 노인 여성의 경험을 모든 여성의 경험으로 일반화하기 위한 것이 아니라 이들의 위치에서 복잡하고 역동적인 맥락을 드러냄으로써 여성들의 현실을 설명해낼 수 있다. 노인 여성의 위치는 연령의 층위에서 생애 주기상에서 특수한 상황의 여성의 경험을 의미한다. 하지만 이들의 위치는 여성 생애 전반에 걸쳐 가해지는 사회구조와 문화와 상호작용, 권력관계 등을 반영함으로써 여성들의 억압이나 고통을 드러낸다.

이 연구는 심층면접을 통한 노인 여성의 경험 분석과 더불어, 이들의 경험을 통해 발견한 문제점들을 해결하고 대안을 모색하기 위해 문헌연구를 보충했다. 문헌연구는 남성들의 노인 보살핌 경험, 노인

의존자로 다뤄져 왔다(Frueh, 1997, Beauvoir, 1994).

23) 노인 여성들은 남편과 사별한 이후에 재산을 관리하고 약초와 보살핌의 지식을 갖고 재생산의 책임에서 자유로워져서 영성생활에 몰두할 수 있다(Frueh, 1997). 또한 이들은 자신의 욕구를 드러내고 성장과 도전을 할 기회를 갖고 풍부한 지혜와 직관을 인정받을 수 있다(Rosenthal, 1990; Beauvoir, 1994).

공동체의 대안에 관한 자료를 수집했다. 문헌연구는 보살핌에 관한 노년학, 여성학 등의 기존연구를 검토하고 이론적 배경을 기술하는 데에 도움을 주고 대안을 고안하기 위한 유용한 방법으로 판단되었다. 문헌연구는 단행본, 정책보고서, 학술지, 신문, 소설 등의 문헌뿐 아니라 영화, 텔레비전 시사 다큐멘터리 등의 영상자료를 포함시켰다. 소설과 영화는 사실주의에 기반한 내용을 참조했지만, 노인 보살핌의 대안을 모색하기 위해 상상력과 창조력을 표현한 내용도 연구에 반영했다.

1) 연구참여자들의 선정기준과 과정

이 연구는 서울과 서울 근교(과천 1명, 수원 1명)에 사는 65세 이상의 유자녀 여성 15명을 주 사례로 선정해서 심층면접을 실시했다. 여성의 나이듦(aging)은 삶의 과정으로 죽음과 맞닿아 있고 활동적인 중년과 연결되어 있다. 나이듦의 기준을 어떻게 정하는가는 학자마다 다르다. 나이듦을 '노화'라고 해석할 경우, 노년기와 비노년기로 구분한다. 또한 나이듦을 출생에서 시작되는 것으로 해석한다면, 노년기에 관한 기준도 특정한 연령대로 규정할 수 없다. 한국 사회에서 법정 노인의 연령은 65세다. 평균수명의 증가와 더불어 65세가 젊은 노인이기 때문에 노년기의 시작을 70세로 늦추는 것이 바람직하다는 논의들이 있다. 그러나 이 책에서는 연구참여자의 연령을 65세 이상으로 정했다. 65세는 노인 보살핌을 실감하기에는 먼 시기이지만 은퇴의 시기다. 또한 비슷한 연배의 친구들이 나이듦으로 인한 죽음을 경험하는 시기다. 이 책에서는 삶의 과정으로 중년과 죽음의 연속선상에서 노년기를 이해하고자 한다. 평균수명의 연장으로 노년기의 삶은 초기, 중기, 후기로 분류될 만큼 동일하지 않고 다양한 스펙트럼을 보여준다. 이 연구에서는 삶의 연속선상에서 노인 여성의 다른 현실을 설명하기 위해 65세 이상의 여성을 연구참여자로 선정했다. 60대와 80대 여성이 경험하는 현실은 차이가 있지만, 이 여성들은 한국 사회에서 '노년기'에 속하는 공통점을 보여준다. 여성들은 60대 3명, 70대 10명, 80대 2명이다. 60대 여성이 임금노동이나 교육, 손자녀양육 등 가족과 사회 안에서 활동에 대해 관심을 갖는다면, 80대 여성은 노인 보살핌, 건강, 죽음의 문제에 좀 더 구체적으로 접근할 가능성이 높다. 60대, 70대 초반의 경우 손자녀와의 관계에서 '할머니'라는 이름으로 불린다고 하더라도, 이들은 본인을 노인으로 정체화하지 않는 경향이 있다. 하지만 젊은 노인으로서 여성의 경험은 80대 고령 노인의 경험과 분리된 것이 아니다. 60대, 70대, 80대의 경험을 비교하는 것은 삶의 연속선상에서 나이듦과 죽음을 고찰하는 데에 도움이 된다.

연구참여자의 거주지를 서울과 서울 근교로 제한하는 것은 세대 간의 보살핌 노동의 교환, 임금노동과 보살핌의 관계, 보살핌의 책임 등이 농촌과 다른 양상을 보여주기 때문이다. 농촌에서 자녀교육, 생계를 위해 서울로 이주한 사례는 6명이다. 하지만 이들은 중년 이후를 서울과 서울 근교에서 살아왔다.

또한 필자는 부계중심 가족 내에서 며느리, 아내, 어머니로서 보살핌 경험을 살펴보기 위해 결혼과 자녀양육의 경험을 갖는 여성들을 사례로 선정했다. 연구참여자들은 모두 결혼했고 자녀 양육의 경험을 갖고 있다. 이들 중에는 노인 보살핌을 경험한 경우도 있고 그렇지 않은 경우도 있다. 노인 보살핌의 경험은 (시)부모를 보살핀 경험과 노인 남성인 남편을 보살핀 경험으로 분류될 수 있다. 시부모를 보살핀 연구참여자들은 4명이다. 친정부모와 동거하면서 친정부모를 보살핀 연구참여자들은 없지만, 아픈 친정어머니를 간헐적으로 보살핀 경우는 5명이다. 딸로서 친정부모를 보살핀 경험과 며느리로서 시부모를 보살핀 경험은 친밀감과 의무라는 측면에서 그 차이를 비교할 수 있다. 아픈 남편을 보살피면서 노인 보살핌을 경험한 연구참여자들은 3명이다. 남편과 사별한 연구참여자들은 9명이다. 남편이 전사, 심장마비로 즉사, 과로사한 경우를 제외하고 5명은 남편을 간병한 경험을 갖고 있다. 이들의 경험은 여성의 삶에서 보살핌이 불가분의 관계를 갖는다는 것을 보여준다.

연구참여자들은 고혈압, 퇴행성관절염, 백내장, 중풍 등의 질병이나 병력이 있지만, 전적으로 누군가에게 보살핌을 받는 상황이 아니다. 이들은 현재 가족 내에서 가사노동, 손자녀양육, 남편간병 등 보살핌 노동을 하고 있다. 또한 중산층 전업주부로 살아온 경우는 4명뿐이고, 나머지 11명은 사별이나 이혼 이후 식당, 공장, 시장에서 힘들게 일했거나 남편의 수입으로 생계를 유지할 수 없어 맞벌이를 해왔다. 현재 수선집을 하거나 옷가게를 함으로써 고정적인 수입이 있는 경우는 2명이고, 임금노동을 그만둔 지 1년이 채 되지 않는 경우는 3명이다. 이들은 60대 후반에서 70대 초반으로 건강상의 이유와 자녀의 만류로 일을 그만두었다. 하지만 이들은 일을 그만둔 이후에 경제적 문제나 무료함 때문에 다시 일을 하고 싶어 했다.

연구참여자들은 독거, 자녀와 동거, 남편과 동거 등 다양한 가족에 속해 있다. 연구참여자들의 다양성은 가족의 차원에서 독거와 자녀 및 남편과 동거하는 경우 보살핌 노동을 제공함으로써 경제적, 정서적으로 지원을 받고 있는지 그 차이를 비교할 수 있다. 또한 보살핌이 원활하지 않다면 친구, 친척, 이웃, 종교 등의 관계망을 어떻게 형성하고 있는지 살펴볼 수 있다. 노인 여성들이 자녀와의 동거와 분가를 어떠한 상황에서 결정하는지 살펴보는 것은 자녀와의 관계에서 보살핌의 기대를 고찰하는 데에 도움이 된다.

연구참여자들의 계층은 자녀와의 경제적 독립의 가능성과 관련된다. 중산층 이상은 4명이고 저소득층에 속하는 경우는 2명이다. 나머지는 저소득층에 속한다고 할 수 없지만 자녀에게 용돈을 받기도 하고 본인이 생활비를 해결하지만, 의료비, 간병비의 부담이 커지면 어려움에 봉착할 만큼 경제적 능력을 확보하지 못했다. 연구참여자들 중에서 상류층은 포함되지 않았다. 상류층이 접근하기 어렵기도 했지만, 계층과 연령 등의 중층적인 억압에 관심을 갖고 있었기 때문이다.

연구의 진행과정에서 '스노볼링(snowballing)'으로 알음알음 소개받은 연구참여자들의 종교가 천주교 신자가 대다수였기 때문에, 다른 종교를 가진 여성들을 의도적으로 연구참여자로 선정했다. 필자는 불교의 모 여성단체에 전화해서 1명을 소개받았고, 원불교 신자인 지인의 소개로 일요일 집회가 있는 원불교 교당으로 2회 찾아가서 2명을 심층 면접했다. 종교는 여성들의 죽음준비에 영향을 미치고 있고, 보살핌 계획이 노인독립 담론과 어떻게 경합하는지 살펴보기 위해 다양한 종교를 가진 노인 여성들을 만나 보는 것이 필요했다. 이러한 연구참여자의 선정은 여성들의 보살핌 경험과 종교가 어떠한 방식으로 교차하고 있는지 살펴보는 데에 도움이 되었다. 한편 주 사례와 차이를 비교하기 위해 보조사례로서 노년기 무자녀 저소득층 여성 2명, 노인 남성 2명, 중년여성 보살핌 제공자 4명, 천주교 노인 수녀 1

명을 선정했다.

첫째, 무자녀 저소득층 여성 2명은 보살핌의 기대와 제도적 지원, 시설의 선호도를 주 사례인 유자녀 노인 여성과 비교, 분석하기 위해 선정되었다. 이들은 기초생활보장 수급자로서 국가, 지방자치단체, 이웃 등으로부터 지원을 받고 관계를 맺고 있다. 이러한 상황은 유자녀 여성들이 가족, 시장의 차원에서 보살핌을 계획하는 것과 다른 양상을 보여준다.

둘째, 노인 남성 2명은 보살핌의 경험이 있는 여성과의 보살핌에 대한 인식의 차이를 비교하기 위해 심층면접을 실시했다. 은퇴 이후 남성들은 노년기에 가족을 보살피면서 바쁜 일상을 보내는 여성들의 삶과 차이를 보여준다. 남성은 노인 보살핌 계획에서도 여성들과 다른 지점에 서 있다.

셋째, 중년여성인 보살핌 제공자 4명은 보살핌 경험이 있는 주 사례와 연령적인 차이를 비교하는 데에 도움이 되었다. 이들은 보살핌 제공자의 애로사항이나 보살핌이 이루어지는 구체적 맥락을 고찰하는 데에 유용했다. 또한 이들은 부계중심 가족 내에서 며느리로서 시부모를 보살피는 것과 달리, 친정부모를 보살폈기 때문에 부모와의 친밀감과 보살핌에 대한 보은이라는 점에서 그 행동에서 차이를 보여주면서 보살핌의 의미를 재해석하는 데에 도움을 주었다.

넷째, 노인 보살핌의 대안을 모색하기 위해 은퇴를 앞둔 천주교 수녀(당시 79세)를 심층 면접했다. 종교공동체라는 특수한 상황에서 보살핌을 계획하고 있는 수녀의 경험을 통해 현 사회와 어떠한 차이를 보이는지 비교할 수 있다. 이러한 사례는 삶의 과정으로 노인 보살핌의 의미를 고찰하고 대안을 모색하는 데에 도움이 되었다.

2) 연구과정

필자는 2007년 5월 1일부터 2009년 6월 30일까지 노인 여성들을 1~3회 인터뷰했다. 1회당 인터뷰는 1~2시간 동안 실시되었다. 면접 이후에 추가 질문이 생기면 전화를 했고, 소개해준 지인들에게 근황을 듣기도 했다. 지인들을 통한 사전, 사후의 소식과 정보는 연구참여자에 대한 이해를 돕는 데에 도움이 되었다. 연구기간 연구참여자들의 신상에는 변화가 일어나기도 했다. 오정현은 뇌졸중의 병력이 있고 면접 당시에 발음이 부정확해서 청취에 어려움을 겪었다. 연구자는 2차 면접을 계획했지만 2007년 8월, 1차 면접을 한 지 한 달 만에 사망했다. 또한 문성자는 1차 면접 때 남편과 둘이 사는 노부부 단독가구에 속해 있었지만, 2차 면접 때는 손자녀양육과 가사노동 때문에 작은딸의 가족과 함께 살게 되었다. 송진경은 1차 면접 때에 건강이 좋지 않은 남편을 보살피면서 노부부 단독가구에 속했지만, 1차 면접을 한 지 6개월 후에 남편이 사망함으로써 독거하게 되었다.

필자는 경로당이나 공원을 찾아가서 익명의 노인 여성에게 면접을 시도하지 않았다. 대규모의 설문조사에 참여했던 노년학 연구자는 노인 여성들이 낯선 사람에 대해 경계심을 가졌기 때문에 조사가 어려웠다는 정보를 제공했다. 그래서 필자는 노인 여성이 모여 있는 경로당이나 공원 같은 곳에 무조건 찾아가는 방법이 심층면접에 적합하지 않다고 판단했다. 심층면접은 설문조사처럼 단시간에 할 수 있는 것이 아니라 많은 시간을 요구할 뿐 아니라 속 깊은 이야기를 풀어내야 하기 때문이다. 대신에 필자는 알음알음으로 사람들을 소개받는 방식, 연구참여자가 다른 연구참여자를 소개하는 '스노우볼링'을 선택했다. 연구참여자들은 평소에 친분을 가진 경우도 있고 지인들의 소개로 만난 경우도 있다. 친분이 있는 경우에는 경험의 배경을 이해하고 있고 공감대가 형성되어 진행이 순조로웠지만, 친밀한 관계는 불편한 질문에 대해 대답을 회피하는 결과를 낳았다.

질문내용은 보살핌 노동을 통한 자녀, 남편과의 관계, 일상생활에서 보살핌의 의미, 경제적 독립과 자녀와의 친밀감, 효에 대한 기대, 성역할 태도, 의존상태에 대한 감정과 자세, 노인 보살핌의 계획, 나이듦과 죽음에 대한 태도, 요양시설에 대한 선호도 등이었다. 심층면접은 필자의 의도에 따라 준비된 질문으로 시작되었다. 하지만 이러한 질문은 구조화된 형태가 아니라 연구참여자들이 자신의 이야기를 충분히 할 수 있도록 개방형 질문으로 진행되었다. 개방형 질문은 필자와 연구참여자 간에 상호작용을 통해 연구참여자의 상황을 드러내는 데에 유용했다. 연구참여자들은 연구주제와 관련 없어 보이는 내용을 수다 떨듯이 편안하게 쏟아냈다. 그때에 필자는 이러한 상황에 당황하면서 주제와 관련된 질문으로 돌리려고 유도했다. 그러나 면접 이후 녹취를 하고 다시 이들의 경험을 들여다보았을 때 이러한 이야기들이 이들의 일상생활을 면밀히 드러내면서 분석에 도움이 되는 경우가 있었다. 면접내용은 연구참여자들에게 사전 양해를 얻고 녹음을 했고 녹취했다.

연구참여자들은 출생, 성장과정, 인생의 다른 시기에 다른 지역에 살았고, 지명이나 인명, 사건 등의 공간을 넘나드는 이야기들을 풀어놓았다. 심층면접에는 노인 여성의 연령만큼 과거와 현재를 넘나들면서 겪은 풍부한 경험과 그동안 가족, 친족, 이웃, 친구, 종교 등 폭넓은 인간관계가 반영되었다. 하지만 병력이나 치아의 문제 등으로 발음이 부정확하거나 방언이 심한 경우 이야기를 청취하는 데에 어려움을 겪었다. 이러한 상황에서는 이야기의 흐름을 끊지 않으면서도 내용을 이해하기 위해 조심스럽게 다시 질문하는 기술이 필요했다.

여성들은 공적으로 말하기가 금지되어 왔고 다른 사람의 이야기를 듣는 것을 미덕으로 해석해왔기 때문에 공적인 상황에서 말하는 것을 두려워한다(Minister, 1991). 노인 여성들은 자기주장보다 겸손을 미덕으로 알고 살아온 세대로서, 몇몇 연구참여자들은 낯가림이 심하거나 입을 가리고 말해서 상호작용에서 어려움을 겪었다. 연구참여자들이 긴장감을 풀고 편안하게 이야기를 풀어나갈 수 있도록 유도하는 기술이 필요했다. 또한 연구참여자의 논리적이지 않은 말하기 방식과 시공간을 넘나드는 이야기의 흐름을 따라가는 것은 어려운 일이었다. 연구참여자들은 심층면접을 시작할 때에는 어색해하면서 할 말이 없다고 소극적인 자세를 보였지만, 이야기하는 과정에서 적극적으로 많은 이야기를 털어놓았다. 필자는 심층면접을 통해 노인 여성들의 연륜에서 나오는 지혜와 통찰력을 배울 수 있었고 노인에 대한 고정관념을 깨뜨릴 수 있었다.

연구참여자들은 필자보다 연장자였고 연령 간의 차이가 있었다. 이러한 차이는 연구에 도움이 되는 측면도 있었지만 그렇지 않은 측면도 있었다. 이들은 필자를 대학원생, 딸로서 편안하게 대해 주었다. 이러한 상황은 필자와 연구참여자가 공감하면서 구체적이고 사적인 이야기를 풀어놓는 데에 도움이 되었다. 연구참여자들은 자신의 경험이 딸과 같은 필자가 논문을 쓰는 데에 도움이 된다고 생각해서 기쁜 마음으로 적극적으로 참여했다. 이러한 연구참여자들과의 관계는 공감과 신뢰를 형성하는 데 유용했다. 이러한 신뢰관계는 좀 더 많은 이야기를 이끌어내는 데에 도움이 되었다. 연구참여자들은 그동안 말하지 못했던 자녀와의 관계에서 오는 갈등이나 마음속 깊은 분노를 솔직히 표현했다. 필자는 문제를 해결해주지도 못하면서 이들에게 혼란만을 주는 것은 아닌가 하고 걱정했다. 하지만 이들은 아무에게도 하지 못했던 이야기를 하면서 털어놓으면서 시원함을 느끼기도 했다. 이들은 심층면접 이후에 자신의 이야기를 들어준 것에 대해 만족한 표정을 짓거나 전화를 걸어 고마움을 표시하기도 했다.

그러나 연구참여자들이 원하지 않는 질문을 하거나 본인이 대답하고 싶지 않은 질문을 받을 때에 방어적인 자세를 보였다. 이러한 때에 연구참여자들이 필자보다 연장자라는 사실은 면접을 진행하는 데에 불리하게 작용했다. 연령적인 위계는 이들에게 좀 더 부수적인 질문을 할 때 도움이 되지 않았다. 이들은 연장자로서 딸 같은 필자를 훈계하거나 필자의 외모, 신상, 성격, 태도 등에 대해 충고하기도 했다. 이러한 연구자와의 태도는 필자를 연구자로서 대우하기보다 어린 여성으로 사적인 관계로 해석함으로써 연구진행에서 위계적인 권력 관계에 놓이게 했다. 하지만 연구에서 어려웠던 점은 필자가 아무리 노년기를 이해하려고 노력한다 해도, 필자가 노년기를 경험하지 못했다는 사실이다. 이러한 연령적 한계는 이들의 경험을 좀 더 역동적이고 면밀하게 분석하지 못하는 측면이 있다.

한편 필자에게는 심층면접을 통해 얻어진 노인 여성들의 경험을 이해하고 설명할 수 있는 능력과 기술이 요구되었다. 연구참여자들은 자녀에 대해 양가감정을 드러냈고 이러한 측면에서 심층분석이 필요했다. 연구참여자들은 자녀와의 관계에서 불만을 이야기하지 않으려고 하면서도 자녀를 두둔하거나 자녀에게 불만을 이야기하면서도 기대를 버리지 못했다. 이러한 부분은 이들의 이야기를 액면 그대로 받아들이기보다 세밀한 분석이 필요했다.

　심층면접의 장소는 커피숍, 지인의 집과 일터, 학교운동장, 교당에서 이루어졌다. 필자는 연구참여자의 일상생활에 대해 질문했다. 연구참여자들은 익숙한 장소와 편안한 분위기에서 많은 이야기들을 풀어냈다. 한편 집으로 찾아간 경우와 일터로 찾아갔을 때 연구참여자들의 일상을 좀 더 이해하는 데에 도움이 되었다. 송진경, 정유경, 박은희의 경우 집이 깨끗하게 청소되어 있었는데, 이를 통해 연구참여자들의 성역할 태도를 알 수 있었다. 박은희는 다세대 주택 1층에서 살고 있었는데, 화장실의 바닥과 벽은 윤이 날 정도여서 그녀의 삶을 한눈에 파악할 수 있었다. 또한 필자는 김정혜의 일터인 수선집에 찾아갔다. 손님이 오는 경우 면접은 중단되어 흐름이 끊기기도 했지만, 그녀가 사는 모습을 좀 더 생생하게 이해할 수 있었다. 김정혜는 심층면접 시 재봉틀을 사용하면서 이야기했기 때문에 녹취의 과정에서 재봉틀의 소음이 방해되기도 했다. 그러나 일터는 연구참여자에게 익숙하고 편안한 장소였기 때문에 속 깊은 많은 이야기를 편안하게 나누는 데에 적합했다.

　또한 서지연의 경우에는 필자가 그녀의 동네로 찾아가 근처의 모 초등학교 앞에서 만나기로 약속했다. 그러나 아무리 찾아보아도 근처에 커피숍이나 제과점을 발견할 수 없었다. 서지연은 필자를 학교 안으로 데리고 들어갔다. 운동장 한쪽 돌의자가 있는 곳에서 심층면접을 하게 되었다. 초가을이라 날씨가 약간 쌀쌀했고 돌의자가 불편하지 않을까 걱정했지만, 서지연은 이에 개의치 않고 2시간 동안 열정적으로 많은 이야기를 들려주었다. 다행히 체육수업이 없어 운동장은 조용한 편이었고 심층면접을 진행하는 데에 어려움은 없었다.

3) 연구참여자의 인적사항

(1) 주 사례

○ 오정현(당시 78세): 일반주택의 전세 방 1개를 얻어 독거를 하고 있다. 남편이 한국전쟁에서 전사할 당시 임신 중이었다. 남편과 사별한 이후에 아이를 낳았고 울산의 시집에서 시부모를 보살피며 농사를 지으면서 살았다. 그러나 아들의 고등교육을 위해 시집을 떠나 울산 시내로 나왔고, 이후에 동생이 있는 서울로 이사해서 식당일과 바느질일을 전전하면서 아들을 어렵게 키웠다. 아들이 결혼한 이후에 독거하고 있으며, 현재 종교활동과 노인복지관을 드나들면서 바쁘게 보내고 있다. 군인유족연금이 있으므로 아들과 경제적으로 독립적으로 생활하고 있다. 군인유족연금은 남편과 사별 당시에는 그다지 많지 않았지만 과거보다 액수가 많이 올랐다. 현재 그녀는 아들에게 경제적으로 도움을 받지 않고 가사노동을 하고 있다. 그녀는 자녀, 손자녀와 자주 전화통화를 하고 왕래한다. 뇌졸중의 병력이 있어 발음이 부정확하다. 인터뷰 이후 한 달 만에 사망했다.

○ 민효주(당시 74세): 남편이 30년 전에 위암으로 사망한 이후, 강원도 삼척에서 살다가 6남매의 자녀들을 데리고 서울로 이사 왔다. 식당일을 하면서 자녀들을 교육시키고 결혼, 분가시켰다. 현재 방 하나를 얻어 독거하고 있다. 1년 전까지 동업 형식으로 식당일을 했으나 퇴행성관절염으로 통증이 심해서 임금노동을 중단했다. 현재 6남매가 주는 용돈으로 생활하고 있다. 자녀와 자주 전화통화를 하면서 친밀한 관계를 유지한다. 독거를 편안하게 생각하고 이웃에 사는 친구와의 관계를 중시한다. 집에 있으면 심심해서 임금노동을 하고 싶어 하지만 다리가 아파서 물리치료에 전념하고 있다. 2011년 무릎 수술을 받았으나 예상보다 병세가 심각해서 사망했다.

○ 박은희(당시 83세): 큰아들 가족과 함께 살다가 큰아들이 큰며느리와 이혼했기 때문에 가족을 보살피고 있다. 큰아들은 은퇴를 했

고 생활비는 아들에게 의존한다. 8남매의 자녀가 있어 자신이 아프면 자녀들이 돌아가면서 집에서 보살펴줄 거라고 생각한다. 교통사고로 고관절을 다쳤기 때문에 성당이나 시장 등 가까운 거리를 걸어가는 것도 힘들어 한다. 하지만 가족을 보살피는 일은 힘들다고 생각하지 않으므로 가사노동을 전담하고 있다. 큰아들에게는 두 명의 딸이 있고, 특히 대학원에 다니는 손녀와의 관계가 돈독하다. 손녀가 집에 있는 시간이 많지 않아 가사노동을 분담하지 못하지만, 시장을 봐다 주거나 할머니와 의사소통이 원활한 편이다.

○ 남보연(당시 76세): 8년 전에 남편과 아들과 사별하고 손자 2명과 함께 살고 있다. 아들이 위암에 걸려 치료받는 과정에서 남편이 과로로 숨지고, 아들도 결국 세상을 떠났다. 남편이 방송국 PD로 근무했기 때문에 중산층의 경제적 수준을 유지했다. 하지만 아들이 위암 치료에 의료비를 많이 지출했기 때문에 현재는 저소득층으로 하락했다. 아들이 아프기 전에도 분가해서 살았지만 아들 부부가 사업을 했기 때문에 손자들을 어릴 때부터 양육했다. 그래서 아들이 죽은 이후에도 손자들을 며느리에게 보내지 않았다. 며느리는 한 달에 50만 원의 용돈을 보내온다. 그러나 그 돈은 세 식구의 생활비로 충분하지 않다. 손자들은 대학생으로 휴학하면서 아르바이트로 학비를 벌기도 한다. 결혼한 딸들이 이웃에 살면서 왕래가 빈번하지만, 두 딸 모두 경제적 형편이 좋지 않아 어머니를 보살펴줄 형편이 되지 못한다. 요통으로 교회에 가서 예배를 볼 수 없을 정도로 몸이 좋지 않지만 가사노동을 전담하고 있다.

○ 송진경(당시 73세): 3남매의 자녀들이 결혼, 분가한 이후에 집(단독주택)이 넓고 관리하기 힘들어서 작은 아파트로 이사했다. 들어가고 싶었던 실버타운의 비용이 예상보다 비쌌기 때문이다. 노부부의 성별분업이 강고하기 때문에 자녀들이 분가했어도 보살핌 노동의 양이 줄어들지 않는다. 최근에 대상포진을 앓았고 몸이 약하다고 생각하지만, 남편이 병원에 입원하는 경우 밤을 새우면서 직접 간병하고 있다. 경제적으로 자녀와 독립적으로 생활하고 생일이나 명절 같은 특별한 날에만 용돈을 받는다. 자녀들이 같은 아파트 단지에 살면서 정서적인 친밀감을 유지하고 있다. 2012년 현재 남편이 사망한 이후 독거하고 있다.

○ 강명선(당시 73세): 5남매를 결혼, 분가시키고 은퇴한 남편과 함

께 살고 있다. 은퇴한 남편이 집안일을 도와주고 있어 취미생활이나 종교활동을 활발하게 하고 있다. 최근에 무릎의 인공연골수술을 받았고 입원 중에 간병인의 도움을 받았다. 자녀들이 힘들어할까 간병인을 고용했지만 간병인의 보살핌이 마음에 들지 않아 마음고생을 했다. 퇴원 이후 분가해 사는 며느리가 매일 방문하면서 돌봐주고 남편이 가사노동을 도와주었으므로 재활치료에 몰두할 수 있었다. 자녀에게 용돈을 받을 때도 있지만 남편의 연금으로 주로 생활한다. 또한 자녀들을 초대해서 식사하거나 음식을 만들어 자녀들에게 주면서 친밀한 관계를 유지한다.

○ 문성자(당시 69세): 3남매를 결혼, 분가시키고 단독주택에서 남편과 함께 살고 있다. 일반주택의 소유주로서 집세와 손자녀 양육비로 생활한다. 1년 전까지 분식점을 혼자서 운영했으나 몸이 힘들어서 그만두고 둘째딸의 아들(손자)을 보살피고 있다. 분식점을 할 때 큰딸이 자신의 집에 전세를 들어왔고 작은딸의 아들을 보살펴 주었다. 하지만 어머니가 분식점을 그만두자, 큰딸은 두 아들을 보살피는 것만도 힘들다고 하면서 자신의 집으로 돌아갔고, 어머니에게 조카의 양육을 부탁하게 되었다. 작은딸은 이웃에 살고 있다. 작은딸에게 일정의 양육비를 받으면서 손자를 돌보게 되었다. 1970년대 미국 이민을 계획했으나 남편의 친구에게 사기를 당한 이후 수선집, 백화점 식품코너 판매원, 식당일 등을 하면서 열심히 살아왔다. 그녀는 자녀들을 교육시키고 결혼, 분가시켰으며 노년기에 단독주택을 소유하고 경제적으로 독립적으로 살 수 있는 현실에 만족한다. 공무원으로 일하는 작은딸의 퇴근이 늦어지고 자신의 집과 작은딸 집을 왔다 갔다 하는 것이 힘들어서, 2차 면접 때는 집을 전세 놓고 작은딸네로 부부가 이사했다. 현재 공무원인 작은딸의 가족과 남편을 위해 가사노동을 한다. 2011년, 2012년 자궁암과 대장암 수술과 항암치료를 받은 이후로 건강이 약화되었지만 가사노동을 전담하고 있다.

○ 양현미(당시 66세): 남편과 이혼하고 세 딸을 양육했고 큰딸을 결혼, 분가시켰다. 현재 두 딸과 함께 살고 있다. 딸들이 결혼하지 않는다면 계속해서 같이 살아도 괜찮다고 생각한다. 딸들은 대형서점의 직원, 방송작가로 일하고 있고 딸들의 수입으로 생활하고 있다. 1년 전까지 라면공장에서 일했지만 딸들이 만류해서 직장을 그만두었다. 직장에 다닐 때는 임금노동과 가사노동의 이중고에 시달

렸다. 하지만 직장을 그만두고 가사노동에 전념하면서 딸들에게 의존하고 있어 미안한 마음을 갖고 있다. 치매에 걸린 시어머니를 7년간 보살폈기 때문에 노인 보살핌이 힘든 일이라고 생각한다.

○ 최서희(당시 83세): 남편이 일제강점기에 일본군으로 전쟁에 나가 돌아오지 않았다. 남편이 일본군으로 실종되었으므로 군인유족 연금도 수혜의 대상이 되지 못했다. 어린 아들을 키우다가 한국전쟁 전후로 시어머니를 비롯한 시집의 식구들이 몰살당했다. 외아들을 교육하고 생계를 유지하기 위해 힘들게 살아왔다. 76세까지 쌀집, 하숙집, 기름장사 등을 하면서 돈을 벌었다. 현재 아들 부부와 손자 한 명과 동거하고 있다. 아들 부부는 사업을 하고 있지만 사업이 잘되지 않아 경제적인 어려움을 겪고 있다. 3년 전에 뇌졸중으로 열흘 동안 입원한 적이 있으므로 운동과 한약 복용 등 건강에 신경을 쓰고 있다. 하지만 온 가족이 외출한 사이에 가사노동을 전담하고 있다. 아들이 이혼한 이후에 현재의 며느리와 재혼했지만, 며느리가 아들과 함께 일하느라고 전처의 자녀(3남매)들을 키우는 일에 관심을 갖지 않아 손자녀들을 손수 보살폈다. 며느리에게 기대하는 만큼 고부간의 갈등도 깊다. 원불교 신자로서 종교생활에 몰두하면서 자신의 삶을 긍정적으로 해석하고자 노력한다.

○ 김정혜(당시 65세): 42세 때 간질환으로 고생하던 남편이 고혈압으로 갑자기 사망했다. 남편과 사별한 후에 두 아들을 양육하면서 힘들게 살아왔다. 큰아들을 결혼, 분가시켰고 작은아들 부부와 함께 살고 있다. 작은아들은 결혼 준비가 되지 않은 상태에서 작은며느리가 임신을 하는 바람에, 작은아들 부부와 함께 살게 되었다. 수선집을 혼자서 운영하고 경제적으로 독립적으로 생활하고 있다. 작은아들 부부가 맞벌이를 하기 때문에 가사노동을 전담하고 있다. 작은아들 부부는 손자를 이웃의 도우미에게 맡기지만, 이른 출근과 늦은 퇴근으로 손자를 직접 보살펴야 할 때가 많다. 작은며느리가 임금노동을 하지만 살림에 전혀 관심이 없어서 불만이 많다. 본인이 경제적 능력을 갖추지 못했고 자녀들에게 불만이 많기 때문에 노인 보살핌에 대해 걱정이 많다.

○ 서지연(당시 75세): 남편이 3년 전에 심장마비로 급사했다. 남편이 노년기의 생계대책을 세워주지 않고 죽었기 때문에 원망이 크다. 남편이 죽자 시숙들이 회의해서 상속세 부과를 이유로 땅을 전

부 큰아들에게 넘겼기 때문에 심리적 충격이 컸다. 그 후로 큰아들이 매달 50만 원을 보내지만 남편 사별 이후 가족 내에서 변화된 위치를 인식하게 되었다. 하지만 미혼 자녀들의 수입, 큰아들의 용돈, 본인의 재산 등으로 경제적 측면에서 여유가 있는 편이다. 17년 동안 초등학교 교사로 근무하다가 교감 승진을 전후해서 직장을 그만두고 사교육에 종사하면서 돈을 벌어 종교의 자원활동비를 마련하고 여성단체의 지도자로 활약해왔다. 현재 분가한 큰아들 외에 자녀(남매)와 함께 살면서 이들을 보살피고 있다. 미혼의 남매가 결혼하면 독거하면서 종교활동에 전념할 계획이다.

○ 이영진(당시 72세): 12년 전에 남편과 사별하고 아들을 결혼, 분가시키고 미혼의 딸과 함께 살고 있다. 옷가게를 운영하는 수입, 집세, 자녀들의 용돈으로 생활한다. 남편의 사업 실패로 50세부터 장사를 시작했고 건강이 악화될 때까지 계속하고 있다. 현재 가사노동을 전담하고 있다. 시아버지와 함께 살다가 시아버지를 간병한 경험이 있다. 노인 보살핌을 힘든 일로 생각하지만 노인과 교감하는 과정에서 자녀양육과 다른 가치를 인식하고 있다. 또한 집에서 보살핌을 받고 싶지만, 자녀들에게 폐를 끼치고 싶지 않아 최근까지 양로 및 요양시설의 입소를 고려하고 있다. 하지만 본인뿐 아니라 자녀들이 시설 입소를 원하지 않기 때문에 결정을 미루고 있다.

○ 정유경(당시 65세): 부부와 외아들이 함께 살고 있다. 남편이 파킨슨병에 걸리는 바람에 병원과 집을 왔다 갔다 하다가 요양병원에 입원해 있었다. 요양병원에서 노인 보살핌을 받다가 위급해지면 다시 병원의 중환자실로 옮기는 일을 반복한다. 아들은 대기업의 중간관리자로서 높은 연봉을 받고 상가건물에서 얻어지는 수익이 있기 때문에 경제적으로 여유 있는 편이다. 하지만 30년 동안 살아왔던 단독주택을 팔고 남편의 의료비 때문에 아들의 결혼을 위해 장만한 아파트로 이사해야 했다. 고지혈증, 갑상선기능항진증 등의 지병이 있고 남편을 보살피다가 실신한 적이 있다. 그래서 아들을 설득해서 남편을 이웃의 요양병원으로 옮겼다. 그녀는 남편을 직접 보살피지 않기 때문에 하루에 한 번 요양병원에 방문하는 것으로 일이 줄어들었다고 할 수 있다. 하지만 한 달에 130만 원 정도 의료비의 지출을 감수해야 한다. 또한 20년 이상 해온 종교의 자원활동을 중단했고 친구관계도 축소되었다. 2012년 현재 남편과 사별하고 아들을 결혼, 분가시키고 독거를 하고 있다. 중단되었던 종교생

활과 친구들과의 관계로 재개하면서 즐거운 노년기를 보내고 있다.

○ 윤수진(당시 80세): 친목계가 잘못되는 바람에 경제적 문제로 생선장사를 시작했고 70대 초반까지 장사를 했다. 결혼을 앞둔 40세의 아들 외에 6남매를 결혼, 분가시켰다. 고령의 아픈 남편을 보살피는 일과 아들을 결혼시키는 일을 중요한 문제로 생각한다. 남편이 아프기 때문에 시장, 약국 등을 잠깐 외출하는 것도 힘들어한다. 자녀들이 매달 생활비를 보내주고 장남 부부가 쌀이나 반찬, 옷을 지원해준다. 자녀와의 관계가 친밀한 편이지만 자녀들의 집보다 자신의 집에서 남편과 함께 사는 것을 편안해한다. 장남의 집에 잠깐 머무는 동안에는 며느리가 식사준비부터 가사노동을 해주지만 집이 편안해서 오래 머물지 않는다. 몸을 움직일 수 있을 때까지는 스스로 가사노동을 하고 자녀에게 의존하지 않을 생각이다. 하지만 집에서 자녀들에게 노인 보살핌을 받고 싶어 한다.

○ 신미란(당시 65세): 대졸 학력으로 종교활동을 왕성하게 해왔다. 30대에 자궁암, 최근에 대장암 수술을 받았다. 흰머리를 염색하지 않고 건강상태가 좋지 않아 60대 중반임에도 불구하고 나이가 들어 보였다. 은퇴한 남편이 자신의 사무실을 갖고 일을 하고 있으며 강남의 중산층에 속한다. 최근에 병원에 입원했을 때 가사도우미와 간병인을 고용해서 본인과 가족의 보살핌을 해결했다. 치매에 걸린 친정어머니를 자녀들이 보살피기 힘들어 병원에 보살폈고 주말에 집으로 모셔 와서 보살핀 경험이 있다. 부모를 직접 보살피는 것이 효도라고 생각하지만 그것을 기대하지 않는다.

(2) 보조사례

○ 홍순영(당시 91세): 가난 때문에 집에 시주 온 스님을 따라 절에서 성장하게 되었다. 절에서 잔심부름과 일을 했지만 중이 되라는 압력 때문에 20대 후반에 절에서 도망 나왔다. 그 이후로 공장에서 일하면서 혼자 살았다. 결혼하지 않았고 기초생활보장수급자로서 국가의 경제적, 의료적 지원을 받고 있다. 텔레비전의 가족 찾기 프로그램을 통해 자매들을 만났지만 자매들이 한 시간 이상의 거리에 살기 때문에 빈번한 왕래는 없다. 현재 독거를 하고 있다. 하

루의 일과는 집 앞에 나와 지나가는 사람들을 구경하고 이야기하
는 것이다. 2012년 현재 90대 중반이지만 건강하게 생활하고 있다.

○ 양미경(당시 79세): 남편과 사별한 이후로 시장에서 양말장사를
하면서 힘들게 살아왔다. 지금은 자녀 없는 독거노인으로 기초생활
보장수급자로 인정받아 국가의 경제적, 의료적 지원을 받고 있다.
성당의 노인대학, 지역의 노인복지회관 등을 중심으로 활발하게 활
동하고 있다. 친구들과 여행을 다니거나 맛있는 것을 먹으러 다니
는 것을 좋아한다. 성당이나 정부의 지원으로 국내외의 여행을 다
니는 것을 좋아한다. 오빠의 딸인 조카와 어려서부터 함께 자랐고
친밀한 관계를 유지한다. 60대인 조카와 함께 살면서 노인 보살핌
을 받고 싶어 한다. 그러나 조카의 건강은 좋지 않고 며느리와 함
께 살고 있으므로 고모를 보살피기 힘들 것으로 예측된다.

○ 엄수철(당시 78세): 회사원으로 은퇴했고 부부가 함께 살고 있
다. 하루 일과는 아침을 먹고 뒷산에 갔다 와서 점심을 먹고 텔레
비전의 뉴스를 보는 것으로 소일한다. 친구들이 암에 걸려 수술하
거나 죽는 일이 많으므로 노인 보살핌, 죽음에 대해 많은 생각을
한다. 자녀들이 서울에 살지만 먼 거리에 살기 때문에 자주 만나기
힘들다. 자녀들에게 섭섭한 점이 많고 친구들의 자녀와 비교해서
자녀들이 효도를 하지 않는다고 불평한다. 자신이 설계해서 지은
집에 대한 애착을 갖고 있으므로 아프더라도 집에서 아내의 보살
핌을 받으면서 죽고 싶어 한다. 2012년 현재 건강이 악화되어 외출
을 하지 못하고 아내의 보살핌을 받고 있다.

○ 구병선(당시 74세): 주 사례인 문성자씨의 남편으로 운수회사의
주주로 매달 수입이 80만 원 정도 들어온다. 이 돈은 생활비로 사
용하지 않고 용돈으로 사용된다. 후두암 수술을 받은 이후 5년 동
안 술을 끊었기 때문에 오히려 건강해졌다고 생각한다. 친구들과
어울려서 술을 마시고 놀러 다니는 것을 좋아하며 자신이 돈을 지
불하는 것을 좋아한다. 집에 있는 것을 싫어해서 혼자 운전을 해서
하루에 갔다 올 수 있는 거리로 여행을 떠나기도 한다. 그러나 카
페나 식당, 술집에 들어갈 경우 주인에게 거절당하는 일이 가끔 있
어 노인으로서 차별을 경험한다. 건강관리에 몰두하는 친구들을 비
판하면서도 건강식품에 대해 관심을 갖고 있다. 자신이 아프면 병
원에서든, 집에서든 아내가 옆에서 보살펴줄 것이라고 믿고 시설

입소는 고려하지 않았다. 그러나 자녀들에게는 보살핌을 기대하지 않는다. 2012년 심장수술을 받는 등 건강상의 위기가 있었으나 가족들, 특히 아내의 보살핌으로 회복되어 건강하게 생활하고 있다.

○ 전숙희(당시 52세): 친정어머니와 함께 살다가 3년 전에 직장을 그만두고 어머니를 보살폈다. 신혼 때 몇 년 동안 떨어져 산 것 외에 친정어머니와 계속 함께 살아왔고, 친정어머니의 도움으로 직장생활을 편안하게 할 수 있었다. 하지만 친정어머니가 몸이 아프자, 어머니를 집에 혼자 두는 것이 불안해져서 직장을 그만두고 직접 보살폈다. 어머니를 요양시설에 보내지 않은 이유는 어머니와의 친밀한 관계 때문에 어머니와 분리되어 살 수 없었기 때문이다. 그녀는 친정어머니를 보살피면서 노인 보살핌이 신체적, 정신적으로 힘든 일이라고 회고한다. 그러나 더 힘든 것은 어머니와의 애착관계로 인한 사별의 고통이라고 했다. 어머니가 좀 더 살아 계셨으면 잘해 드리고 싶다고 말하면서도 본인의 경우라면 아들에게 보살핌을 받고 싶어 하지 않고 남편과 요양시설에 들어가기를 원한다. 전업주부로서 대학생인 외아들과 남편과 함께 살고 있다.

○ 안영미(당시 42세): 남편이 인도에서 사업을 하고 고등학생, 중학생인 아들 두 명과 함께 살고 있다. 시부모 두 분이 입원했다가 퇴원하는 바람에 집으로 모셔와 두 분을 보살핀 경험이 있다. 아버지가 3개월의 간암 선고를 받고 돌아가실 때까지 어머니가 중학교 때 중풍으로 쓰러져서 건강이 좋지 않고 언니가 직장생활을 하고 있으며 남동생의 아내(올케)는 어리다고 생각해서 보살핌을 전담하게 되었다. 근거리의 언니네 집에 아버지를 모셔 와서 아버지가 돌아가실 때까지, 집과 언니네 집을 왔다 갔다 하면서 자녀들과 아버지를 보살폈다. 아들들에게 아버지를 보살피는 모습을 보여준 것이 좋은 교육이 되었다고 생각하지만, 본인은 아들들에게 보살핌을 받고 싶어 하지 않는다. 2010년부터 난치병으로 고생하다가 2011년 5월 갑자기 사망했다.

○ 장혜진(당시 46세): 중풍에 걸린 조부모를 보살피는 어머니를 지켜보면서 성장해왔다. 아버지가 자녀들을 폭력적으로 대했으므로 장녀로서 어머니와 동생들을 보호해야 한다는 책임감 때문에 아버지와의 관계가 좋지 않았다. 그러나 아버지가 60세 때 중풍으로 쓰러지셔서 식물인간 상태에 있는 7년 동안, 독신으로 가족과 함께

살았고 아버지를 정성껏 보살폈다. 당시 정당활동을 왕성하게 했지만 아버지를 보살피는 일이 더 중요하다고 생각해서 활동을 중단했다. 결혼해서 남편과 둘이 살고 있다. 요양시설에 사는 독신 시고모와 친밀한 관계 때문에 아픈 시고모를 집에서 보살피고 싶어 한다.

○ 권은경(당시 48세): 중학교 교사로 재직 중이고 노부모와 함께 살고 있다. 오빠와 남동생이 결혼으로 분가했지만 본인은 결혼을 하지 않아 노부모와 계속 살게 되었다. 어머니가 류머티즘을 오랫동안 앓다가 골다공증이 심해져서 넓적다리의 뼈가 부러졌고 그 후로 급성신장염으로 입원하고 치료받으면서 몸이 쇠약해졌다. 어머니가 의식은 있지만 혼자 일어나시지 못하므로 대소변 처리를 아버지와 둘이서 돕고 있다. 일을 하러 간 사이에는 아버지가 어머니를 보살핀다. 집으로 돌아와서는 아버지와 교대해서 어머니를 전적으로 보살피고 있다. 일을 하고 집에 와서 피곤할 때도 있지만, 아버지가 열심히 도와주시므로 간병이 힘들다고 생각하지 않는다. 아버지가 건강한 편이지만 80세가 넘어서 걱정이 될 때가 많다. 요양보호사를 이용하지 않는 이유는 부모님이 낯선 사람이 집에 드나들면서 노인들만 낮에 있다는 소문이 퍼져 범죄의 대상이 될 수 있기 때문이다. 또한 보살핌의 대상인 어머니가 딸과 남편 외에 낯선 사람에게 보살핌을 받기를 원하지 않는다. 어머니는 병원에 입원하셨을 때, 간병인들이 의식이 없는 환자에게 함부로 대하는 것을 보고 걱정이 되어 어머니를 직접 보살피고 싶어 한다. 오빠는 지방에 살고 동생은 서울 근교에 살기 때문에 거리상으로 멀다. 오빠와 남동생은 정기적으로 부모님을 방문하지만 보살핌에 전혀 도움을 주지 않는다.

○ 마리아 수녀(당시 79세): 11남매의 장녀로 가난한 집에서 동생들을 키우느라고 초등학교밖에 졸업하지 못했다. 수녀원에 입회해서도 저학력 때문에 양육, 화장실 청소, 주교관 식사 담당, 병원의 세탁실에서 일했다. 그녀는 수녀원에서 여성의 일이라고 할 수 있는 보살핌을 해왔다. 현재 100명 정도가 함께 사는 수녀원의 본원의 세탁실에서 이불 빨래를 담당하고 있다. 주말에는 은퇴수녀들의 양로원에 가서 누워 있는 동기 수녀들의 기저귀를 갈아주고 식사를 도와준다. 1년 후 은퇴하면 이곳의 양로원으로 가서 간호보조로 일하다가 자신도 보살핌을 받을 계획을 세우고 있다. 수녀원에서 평

생 헌신한 결과, 보살핌을 편안하게 받을 수 있어 다행이라고 생각한다. 수녀원의 노인 보살핌 제도가 사회보다 잘 되어 있어 보살핌을 받는 부담감 없이 죽음을 준비할 수 있어 감사해하고 있다.

<표 1-1> 연구참여자의 인적사항(주 사례)[24]

번호	이름	연령 (최종 인터뷰)	가구	수입원	학력	종교	주거	유병 상태	보살핌 노동
1	오정현	78 (2007)	독거(사별 56년차, 남편 한국전쟁에서 전사)	군인유공자 연금	무학	천주교	전세 (방1)	뇌졸중	자녀(1남)
2	민효주	74 (2007)	독거(사별 30년차, 남편 위암 사망)	자녀	초졸	불교	전세 (방1)	퇴행성관절염, 고혈압	남편(사망), 자녀 (5녀 1남)
3	박은희	83 (2007)	아들(이혼), 손녀(사별 25년차)	아들, 손녀	무학	천주교	전세 독채	교통사고 골절	남편(사망), 자녀 (4남 4녀)
4	남보연	76 (2007)	손자 2명(대학생) (사별 8년차)	며느리 (별거), 손자 (아르바이트)	중졸	기독교	월세	고혈압, 관절염, 요통	자녀(2녀, 8년 전에 아들은 위암으로 사망)
5	송진경	73 (2007)	부부(남편: 사업, 83세)	집세	고졸	천주교	자가 (아파트)	고혈압, 관절염, 대상포진	남편, 자녀(2남 1녀)
6	강명선	73 (2007)	부부(남편: 전직 공무원, 76세)	남편의 연금, 자녀	고졸	천주교	자가 (아파트)	무릎 인공 연골수술	시어머니(사망), 자녀(1남 4녀), 자원활동
7	문성자	69 (2009)	부부(남편: 74세, 전직 운수업 종사)→부부, 작은 딸 부부, 손자(초등학교 1학년)	집세, 손자양육비	초졸	없음	자가 (단독주택)	백내장 수술	자녀 (1남 2녀), 시어머니 (사망), 친정어머니 (사망), 남편 암 수술
8	양현미	66 (2007)	이혼(20년차)딸 2명	자녀 (2녀)	고졸	천주교	자가	없음	자녀(3녀), 치매에 걸린 시어머니(사망)
9	최서희	83 (2007)	아들 부부, 손자(남편 일제강점기 징병 실종, 사별 62년차)	아들	무학	원불교	자가	뇌졸중	자녀(1남)
10	김정혜	65 (2007)	작은아들 부부, 손자(사별 23년차)	본인 (수선집 운영)	초졸	천주교	자가 (아파트)	고혈압	자녀(2남), 친정어머니(사망) 남편 (사망)

---

24) 연구참여자들의 이름은 가명을 사용했다. 연령은 마지막 인터뷰시기를 기점으로 계산했다.

11	서지연	75 (2007)	미혼의 자녀(사별 3년차)	자녀	대학 중퇴	불교	자가(단 독주택)	고혈압	자녀(2남 1녀)
12	이영진	72 (2008)	미혼의 딸(사별 13 년차)	본인(옷가게 운영), 집세, 자녀	초졸	천주교	자가(단 독주택)	백내장 수술	자녀(1남 1녀), 시 아버지(사망), 남편 (사망)
13	정유경	65 (2007)	부부, 미혼의 아 들(남편은 요양병 원에 입원)	집세, 아들	고졸	천주교	자가(아 파트)	고혈압, 갑상선기 능항진증	자녀(1남), 남편(파 킨슨병), 자원활동
14	윤수진	80 (2007)	부부, 미혼의 아 들(결혼, 분가 예정)	자녀	무학	기독교	자가(단 독주택)		자녀(6남 1녀), 남편
15	신미란	65 (2007)	부부, 남매	남편	대졸	원불교	자가	자궁암 수술 (30대), 대장 암수술1년전	자녀(1남 1녀), 친정 어머니 (치매, 사망)

<표 1-2> 연구참여자의 인적사항(보조사례)[25]

번호	이름	연령 (최종 인터뷰)	성별	가구	수입원	학력	종교	주거	유병 상태	비고
A	홍순영	91 (2007)	여	독거 (독신)	기초생활보 장수급	무학	기독교	전세 (방1)	교통사고(골 절), 심장병	무자녀
B	양미경	79 (2007)	여	독거(사별 40년차)	기초생활보 장수급	초졸	천주교	전세 (방1)	골다공증, 고혈압	무자녀
C	엄수철	78 (2007)	남	부부	연금	고졸	없음	자가 (단독주택)	당뇨병, 고 혈압	은퇴
D	구병선	74 (2008)	남	부부	재산	고졸	없음	자가 (단독주택)	후두암 수 술, 당뇨병, 고혈압	은퇴
E	전숙희	52 (2007)	여	부부, 아들	남편, 본인퇴 직금	대졸	천주교	자가 (아파트)		노인 보살핌 (친 정 어머니, 사망)
F	안영미	42 (2007)	여	아들2(남편 해외근무)	남편	고졸	천주교	자가		노인 보살핌 (친 정 아버지, 사망)
G	장혜진	46 (2009)	여	남편	본인, 남편	대학 원재	없음	전세		노인 보살핌 (친 정 아버지, 사망)
H	권은경	48 (2009)	여	부모	본인(중학교 교사)	대졸	천주교	자가 (단독주택)		노인 보살핌(어 머니)
I	마리아 수녀	79 (2007)	여	천주교 A수녀회	수도회	초졸	천주교	수도회	유방암 수술 척추골절	종교 공동체

---

25) 연구참여자들의 이름은 가명을 사용했다. 연령은 마지막 인터뷰시기를 기점으로 계산했다.

4. 앞으로의 구성

이 책은 다음과 같이 구성되어 있다.

제2장에서는 가족의 차원에서 노인 여성들이 과거와 현재, 어떠한 보살핌 노동을 해왔으며, 여성들의 경험이 자녀와의 관계에서 정서적, 경제적 측면에서 어떠한 이익을 주고 있는지 살펴볼 것이다. 여성들의 보살핌은 교환관계를 넘어서서 어머니의 사랑과 자녀와의 친밀감 때문에 노동이 아닌 '선물'로 의미화된다. 가족이 전통사회에서 자본주의로 변화됨에 따라 노인 여성들이 자녀에게 어떠한 보살핌을 기대하고 있고 노인 보살핌, 자녀양육 등의 보살핌 문제와 관련해서 자녀와 갈등, 협력하고 있는지 살펴본다. 또한 여성들이 자녀와의 관계에서 어떠한 측면에서 자기 이해를 추구하고 자녀를 배려하는지 심층적으로 분석한다. 또한 노인 여성들이 자녀와의 관계에서 어떠한 지점에서 갈등 협상하고, 보살핌 노동을 제공하면서 노인 보살핌을 어떻게 계획, 구상하고 있는지 살펴본다.

제3장에서는 보살핌이 느림의 삶으로 자본주의의 효율성, 생산성 등의 지배가치와 대립되는 점에 관심을 갖는다. 보살핌은 삶의 과정으로 인정되지 않고 비가시화되는 경향이 있다. 노인 여성들이 보살핌 노동을 수행하면서 그 가치를 발견한다 해도, 현 사회에서 평가절하된 가치를 체험함으로써 자녀들에게 보살핌을 권유하거나 요구하지 않을 수 있다. 이러한 사회문화에서 노인 여성들은 자녀와 독립적으로 보살핌을 해결해야 하는 부담을 안고 있다. 이러한 현실에서 여성들은 노인독립 담론과 경합하면서 가족과 시장의 차원에서 어떠한 선택을 고려하고 있으며 이것이 어떠한 의미를 갖는지 분석한다. 또

한 상품화의 진행과 가족의 책임이 유연화되는 것이 노인 여성들의 삶에 어떠한 영향을 미치는지 살펴볼 것이다.

제4장에서는 자본주의 교환경제하에서 보살핌은 손해 보는 일, 힘들고 귀찮은 일로 해석된다. 보살핌 노동을 해온 노인 여성들은 관계적 맥락에서 보살핌의 숨어 있는 가치를 인식하고 이러한 경제를 비판할 수 있는 통찰력을 갖고 있다. 이들의 경험을 통해 평가절하된 보살핌의 가치가 무엇인지 살펴본다. 또한 이들의 경험을 기반으로 부계중심 가족 내에서 여성에게 보살핌을 전가하고 비난하는 사회구조와 제도를 고찰하면서 보살핌을 즐겁게 실천할 수 있는 대안을 구상할 것이다.

제2장 노인 여성의 노동과 보살핌 계획

1. 보살핌 노동과 어머니의 사랑
2. 세대 간 보살핌의 순환
3. 나가면서

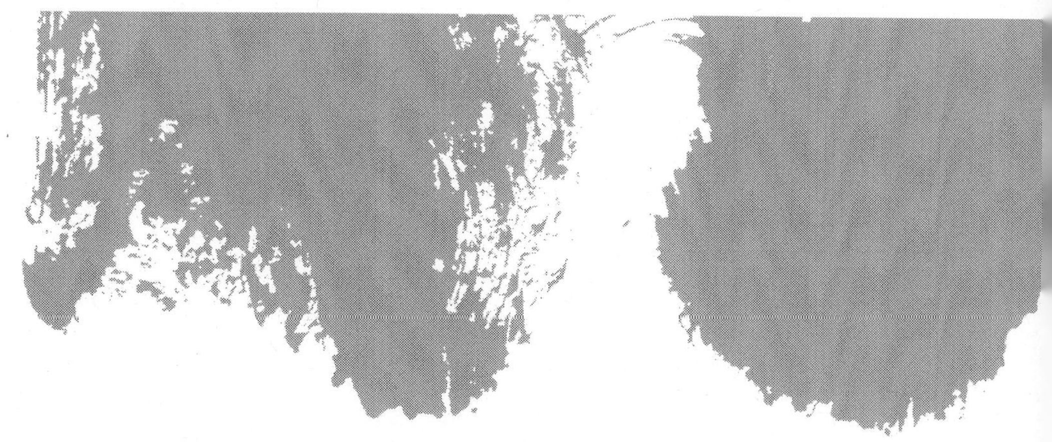

유교의 효 문화에 바탕을 둔 가족제도는 노인 여성이 결혼한 아들과 함께 살면서 며느리에게 보살핌을 받는 것을 자연스러운 현상으로 인식했다. 이러한 사회에서 노인 보살핌은 자녀의 효로 해결되었다. 자녀는 어머니가 낳아주고 길러주셨기 때문에 성인이 되어 나이 들고 아픈 어머니를 보살피는 것을 자녀의 도리로 받아들였다. 시어머니는 며느리를 가르치기 위해 집안일에 개입하지만 노인이 되면 며느리에게 집안일을 전적으로 맡겼다. 하지만 취업여성의 증가, 노부부단독가구의 증가, 이혼 등 가족구조의 변화로 인해 노인 여성들은 가족을 위해 보살핌 노동을 계속하고 있다. 이 장에서는 이러한 변화 속에서 여성들이 자녀에게 보살핌 노동을 하면서 자녀와의 관계에서 어떠한 경제적, 정서적 지원을 받고 있고 어떠한 보살핌을 계획하고 있는지 살펴본다.

1. 보살핌 노동과 어머니의 사랑

노인독립 담론의 영향으로 가사노동과 손자녀양육을 생산적으로 평가하는 것은 노인 여성들의 자존감을 높여 줄 수 있다. 하지만 '독립'적인 노인상은 노인 여성들에게 보살핌의 책임을 부과하고 노년기에도 성역할을 강요한다. 이 절에서는 노인 여성에게 자녀 보살핌이 어떠한 의미를 갖는지 살펴보고자 한다. 여성들의 보살핌 경험을 자녀의 경제적, 정서적 지원을 위한 기회로 긍정적으로 해석할 것인지, 성역할의 연장으로 억압적 측면에서 해석할 것인지 고찰하고자 한다.

1) 성역할의 지연과 선물의 효과

(1) 어머니의 헌신과 자녀와의 친밀감

미혼[26]자녀와 동거하는 연구참여자들은 성인자녀를 위해 가사노동을 하고 있었다. 남편과 사별하고 딸과 함께 사는 연구참여자들은 정서적, 경제적 측면에서 만족한 태도를 보여주었다. 양현미(66세)는 30대 딸 두 명과 함께 살고 있고, 이영진(72세)은 40대 초반의 딸과 함께 살고 있다. 양현미는 남편의 외도로 이혼한 후에 단순노동직에 종사해왔고 1년 전까지 라면공장에서 일하면서 가족의 생계를 부양했다. 그녀는 현재 직장을 그만두고 대형서점의 직원과 방송작가로 일

---

26) 미혼은 결혼하지 않은 상태로서 결혼의 정상성을 전제한다. 독신은 미혼뿐 아니라 이혼을 포함해서 비혼으로 일컫는 것이 더 적합한 표현이다. 하지만 여기서는 결혼하지 않은 상태에서 부모와 동거하는 상태를 설명하고 있으므로 미혼이라는 용어를 사용하겠다.

하는 두 딸들에게 경제적으로 의존하고 있다. 양현미는 임금노동과 보살핌의 이중고에서 벗어나서 편안한 시간을 보내고 있다. 또한 그녀는 딸들과 대화를 많이 나누고 휴일을 함께 보내는 시간을 좋아한다. 취미가 독서인 양현미는 구립도서관에서 책을 대출해서 딸들과 함께 돌려서 읽는 것을 좋아한다. 한편 이영진은 집 근처에서 소규모의 옷가게를 운영한다. 그녀는 본인의 수입과 집세로 생활비를 충분히 해결하지만, 함께 사는 딸에게 생활비를 받는다. 그녀는 아들, 며느리와 함께 사는 것보다 딸과 함께 사는 것이 편안하다고 생각한다. 며느리는 표면적으로 공손하고 순종하지만, 딸과의 관계만큼 편안하다고 생각하지 않았다. 이영진은 딸과 말다툼을 할 때도 있지만, 아들과의 동거나 독거보다 딸과 함께 사는 것을 좋아한다. 그래서 딸이 결혼하거나 분가하지 않는다면 계속 딸과 함께 살고 싶어 한다.

> "아침 6시쯤 일어나요. 늦으면 6시 반에는 일어나요. 일찍 회사 가는 애부터 챙겨요. 근데 특별히 챙겨 줄 것도 없어요. 애들이 알아서 하죠. 식사만 챙겨 주는데 내가 못 챙기면 자기들이 알아서 챙겨먹고 나가요. 식사준비는 저녁에 해놓으니까. 애들이 나간 다음에 설거지하고, 청소와 빨래는 일주일에 두 번 해요. 낮에는 책도 보고 신문 보고 하루를 보내요."(양현미)

> "6시에 일어나서 딸에게 밥해 먹이고 청소하고 시장 갔다 오면 12시, 1시가 돼. 손님이 오면 손님을 받고 장사는 9시가 되면 문을 닫아. 근데 10시까지는 보통 있어. 집안 청소는 한 시간 넘게 해. 집 밖까지 하면 1시간이 넘어. 근데 맨날 하지는 않아. 집안의 먼지를 전부 다 털어내면 한 시간 넘게 해. 보통은 걸레로 훔치기만 하고. 사흘에 한 번은 꼭 시장에 가."(이영진)

핑거만(Fingerman, 2001)은 딸들이 어머니를 기쁘게 하기 위해 함께 시간을 보내고 싶어 하고 어머니가 딸들을 즐겁게 보살피고 싶어 하는 모녀관계의 정서적 유대를 언급한 바 있다. 이영진과 양현미는 노인으로서 미혼의 딸을 보살피는 일이 힘들 때도 있지만, 딸들에게 도움이 된다고 생각하면서 불만을 품지 않았다. 양현미는 딸들이 가사노동을 하지 않는다고 불만스러워하기보다 딸들에게 경제적으로 의존해서 사는 것에 미안해했다. 또한 이영진은 과거에 5명의 가족을 보살피다가 사별과 결혼, 분가로 가족 수가 2명으로 줄어들었기 때문에 가사노동이 힘들다고 생각하지 않는다. 이영진은 바쁘다는 이유로 가사노동을 전혀 하지 않는 딸이 불만스러울 때도 있지만, 보살핌을 본인이 해야 할 일로 생각하고 있다.

연구참여자들은 딸과 가사노동을 분담하는 데에 불만을 갖지 않지만 딸들이 결혼하지 않는 것을 이상하게 여기는 주위의 시선을 편안하게 받아들이지 못했다. 이들은 딸들과의 동거에 만족하면서도 딸이 결혼하기 전까지의 일시적, 과도기적 상황으로서 해석했다. 양현미와 이영진은 남편의 외도, 사업실패, 인격적인 무시 등을 통해 결혼의 성적 부정의를 경험했으므로 결혼을 행복이라고 생각하지 않고 딸에게 결혼을 권유하지 않는다. 이들은 딸들이 결혼하기보다 사회적으로 능력을 인정받고 성공하기를 원했다.

"특별히 고민은 없어요. 큰딸은 결혼해서 잘살고 있으니까 걱정이 안 되고 두 딸만 마음먹고 제 짝을 찾아서 간다면 시집을 보내도 좋을 것 같아요. 그리고 내가 계속 건강했으면 좋겠어요. 죽을 때까지. 그 소원밖에 없어요. …… 딸들한테는 부담 주고 싶지는 않아요. 딸들도 지금 같아서는 결혼을 그렇게 빨리 할 것 같지 않아요. 저희들 말로는 결혼을 안 한다고 하지만 그건 아직 모르겠어요." (양현미)

연구참여자들은 미혼의 딸들과 사는 동안 가사노동을 하게 된다. 딸들은 직장에 다니고 어머니는 집에 있기 때문에 보살핌 노동을 전담한다. 연구참여자들은 계속 해오던 일이고 아직은 건강하기 때문에 일을 힘들어하지 않는다. 게다가 이들은 임금노동의 경험이 있으므로 딸들의 고충과 사정을 이해하고 있었다. 그래서 연구참여자들은 딸들이 가사노동을 분담하지 못한다 하더라도 불만을 품지 않았고, 오히려 딸들에게 도움이 되고 싶어 했다. 딸들은 어머니와 함께 살면서 어머니에게 고마움을 표시하고, 어머니는 딸들과 집안일을 상의할 수 있어 정서적으로 안정감을 갖는다. 이들은 딸들과 함께 살면 노년기에도 노동을 해야 하지만, 경제적으로 의존하고 자녀와 친밀한 관계를 유지할 수 있으므로 만족했다.

(2) 마지막 선물과 삶의 보람

독거노인은 가족과 사는 노인보다 '문제'의 노인으로 다뤄진다. 독거노인이 가족과 함께 사는 노인보다 자살률이 높다거나, 이혼율의 증가와 더불어 자녀의 이혼으로 자녀에게 보살핌을 받지 못하는 노인의 자살이 증가한다는 연구들이 등장한다(김승용, 2004; 양순미·임춘식, 2006). 이 연구들은 기혼자녀와 동거하는 노인들이 자녀들에게 충분히 보살핌을 받고 있고 행복한 노년을 보낸다고 전제한다. 그러나 자녀와 동거하는 노인 여성들이 과연 자녀에게 극진한 보살핌을 받고 있는가에 대해서는 고찰이 필요하다. 노인 여성들은 아들의 이혼이나 죽음, 며느리의 부재로 인해 보살핌을 받지 못할까 봐 걱정하는 것이 아니라 자녀 또는 손자녀까지 보살펴야 하는 상황에 놓인다. 자녀의 상황에 따라 노인 여성들은 노동해야 한다. 노인 여성들은 보살핌의 대상이 아니라 제공자의 역할을 하고 있다.

남보연(76세)은 아들이 암으로 사망한 이후에, 박은희(83세)는 아들의 이혼 이후에 가족들을 돌보고 있다. 그러나 이들은 건강상태가 좋지 않다. 남보연은 방송국 프로듀서였던 남편과 결혼해서 중산층 전업주부로 살아왔고 안락한 노년기를 기대했다. 하지만 아들이 위암에 걸려 투병하는 과정에서 고액의 의료비를 지출했고 남편마저 아들을 간병하는 과정에서 과로로 세상을 떠난 이후에 저소득층으로 몰락한다. 아들 부부가 사업을 함께했기 때문에 어릴 때부터 손자 두 명을 맡아서 키웠다. 며느리는 일을 해야 했고 손자들은 할머니와 애착관계를 형성하고 있으므로, 아들이 죽은 이후에도 남보연은 손자들과 계속 살아왔다. 며느리는 생활비로 한 달에 50만 원을 보내온다. 하지만 이 돈은 월세를 포함해서 세 사람의 생활비를 해결할 만큼 충분한 돈이 되지 못한다. 대학생인 손자들은 휴학을 거듭하고 아르바이트를 하면서 학비와 생활비를 벌고 있다. 남보연은 아들이 살아 있을 때도 며느리와 함께 살지 않았으므로 아들이 죽은 상황에서 며느리와 함께 사는 것이 불편하다고 말한다. 남보연은 손자들을 며느리에게 보내지 않고 부계혈통의 계승을 위한 가부장제의 수호자로서 보살핌 노동을 힘들게 자처하거나, 며느리가 자녀들과 함께 생활할 만큼 경제적 능력이나 환경이 되지 않는다고 해석하는 것이다.

> "왜 안 힘들어. 아이들이 앉아서 뭉개지. '얘들아, 옷을 좀 작작 벗어라.' 세탁기로 돌려도 빨래는 널어야 하고 허리도 아파. …… 남자애들이라 여자아이들처럼 잘 모르지. 둘 다 남자야. 하지만 아주 착해. 이 동네에서 착한 애들로 소문났어요. 자기들이 벌어서 용돈도 쓰고. 워낙 착하고 말썽 안 부리고 살려고 하니까 내가 좀 더 살

아서 애들을 봐줘야겠다는 생각뿐이야. …… 근데 오래 살고 싶은 생각은 없어요. 얘네들이 자리 잡을 때까지, 학교 졸업이나 하고 죽으면 좋겠는데…… 그럼 나 없어도 살 수가 있잖아요. 그렇게만 하고 싶어요. 오래 살고 싶지 않아요. 자식들한테 짐 되면 안 되니까."(남보연)

다행히 손자들은 어린아이가 아니라 성인이기 때문에 세심한 보살핌을 필요로 하지 않고 할머니의 일을 도와준다. 하지만 남보연은 요통이 심해 교회에서 한 시간 동안 앉아서 예배를 보지 못할 정도로 건강이 좋지 않다. 남보연은 가사노동을 하면서 신체적, 정신적 한계를 체험하지만, 손자들이 취직하고 결혼해서 자리 잡을 때까지 좀 더 살아서 손자들을 보살피고 싶어 한다. 그녀는 아버지와 사별하고 어머니와 떨어져서 살고 있는 손자들을 연민한다. 그래서 남보연은 이들에게 책임감을 강하게 느끼면서 열심히 손자들을 보살피고 있다.

"지금도 저 애들이 살림을 못하게 생겼으니까 밥해 먹이고 빨래해서 주는 거지. 나는 지금 죽어도 이 세상에서 우리 아들, 손녀딸처럼 좋은 건 없어요. 남들은 어디에 구경 가고 싶다고 하지만 난 이제까지 이 세상 살아오면서 가정밖에 모르고 살아와서 그것도 별로야. 지금도 손녀는 이 세상을 다 준다고 해도 안 바꾼다고. 절대로 안 바꾼다고. 내가 세상을 다 가지면 뭐 해요."(박은희)

박은희는 아들이 이혼한 이후에 손녀와 아들을 위해 가사노동을 하고 있다. 아들은 50대로 회사에서 은퇴했고 손녀는 20대 후반이다. 박은희는 80대의 고령에도 불구하고 살림을 도맡아한다. 그녀는 20년 전에 교통사고를 당해서 보행이 불편하다. 그래서 박은희는 외출을 잘 하지 않는다. 그녀는 일요일에 미사에 참석하기 위해 이웃에 있는 성당까지 걸어가는 것도 힘들어한다. 그럼에도 박은희는 아침 일찍 일어나서 가족들의 식사를 준비하고 가사노동을 전담한다.

박은희는 부유한 양반가에서 태어났지만 딸에게 신교육을 시키지 않는 완고한 아버지 때문에 학교를 다니지 못했고 한글을 배우지 못했다. 그녀는 교사로 일하는 며느리를 대신해서 손녀들을 어릴 때부터 양육했다. 손녀들은 초등학교에 다니기 시작하면서 할머니가 한글을 몰라서 자신들과 같이 놀 수 없다는 것을 깨닫는다. 딸들(박은희의 손녀들)의 부탁으로 며느리는 시어머니에게 한글을 가르쳐주었고 박은희는 손녀 덕분에 한글을 배우게 되어 성당에서 성가집의 글자라도 읽을 수 있어 다행이라고 말한다. 손녀와 할머니의 친밀한 관계는 현재에도 계속되고 있다. 손녀는 할머니가 외출이 힘들기 때문에 집에 돌아올 때 시장 보는 일을 도와주고 할머니와 이야기하는 것을 좋아한다. 손녀는 대학원에서 공부하고 시간제로 일하기 때문에 집에 있는 시간이 많지 않다. 박은희는 혼자 집에 있는 시간이 많고 그 시간에 주로 가사노동을 한다. 그녀는 양반가의 딸로서 훈육된 대로 부녀의 도리에 충실하고자 한다. 박은희는 앉아서 존다 하더라도 낮에 이부자리를 펴고 눕지 않는 것을 아내, 어머니의 역할로 해석했다. 또한 그녀는 아들이 이혼해서 80세가 넘어서도 가사노동을 해야 하는 현실에 불만을 드러내지 않았다. 건강이 허락하는 범위 내에서 죽기 전에 손녀와 아들을 위해 좀 더 도움이 되고 싶어 하면서 자신의 역할에 충실하고자 했다.

이처럼 연구참여자들은 건강이 좋지 않으면서도 가족을 보살피는 것을 자신의 일로 의미화한다. 가사노동을 비롯해서 손자녀를 보살피는 행동은 '무거운' 책임만을 의미하는 것은 아니다. 이들에게 가족을 보살피는 일은 삶의 기쁨과 보람이기도 하다. 연구참여자들은 보살핌을 통해 손자녀들과 원활하게 의사소통함으로써 노년기에도 세대를 넘어서서 손자녀들과 친밀감을 유지하고 있었다.[27] 더욱이 이들은 이러한 보살핌을 손자녀에게 해줄 수 있는 삶의 마지막 선물로 해석했다. 남보연과 박은희는 노년기에 지리한 시간을 죽이면서 하루를 어떻게 보내야 할까 하고 고민하거나 젊은이들과의 관계에서 차별과 소외감을 경험하는 노인들과 다른 삶의 방식을 보여준다. 연구참여자들은 젊었을 때와 마찬가지로 보살핌 노동을 하면서 바쁜 일상을 보내고 있다. 이 여성들은 며느리의 부재로 손자녀에 대한 책임 때문에 정신적, 신체적 부담감을 갖기도 한다. 하지만 이들은 며느리에게 불만을 드러내지 않았다. 이들이 처음에 며느리에게 불만을 가졌다 하더라도, 이혼과 별거로 며느리에 대한 기대나 원망이 약화되었을 가능성이 크다. 그래서 연구참여자들에게 중요한 일은 노년기에 자녀에게 보살핌을 받지 못하는 자신의 삶을 한탄하는 것이 아니라, 어떻게 하면 손자녀들을 잘 보살필 것인가 하는 문제였다. 이들은 죽기 전에 손자녀에게 좀 더 도움이 되기 위해 노력함으로써 이타적이고 인격적으로 성숙한 태도를 보여주었다. 이들의 보살핌 노동은 손자녀와 친밀감을 형성하고 손자녀들이 만족하는 모습을 지켜볼 수 있게 함으로써 삶의 활력소로서 작용했다.

---

27) 성인자녀와 손자녀의 친밀한 관계는 가족 내에서 세대 간의 결속을 강화하고 노인의 우울증에 긍정적인 영향을 주면서 삶의 질에 영향을 미친다(김태현·김수정, 1996).

2) 보살핌의 자유와 자기방어

저출산 현상의 원인을 독신과 만혼의 증가로 해석하는 연구들이 증가하고 있다. 이러한 사회적 흐름 속에서 30대, 40대의 독신자녀와 동거하는 연구참여자들은 자녀가 결혼하지 않는 한 어머니 역할을 수행해야 한다. 미혼자녀와 동거하는 연구참여자들은 어머니 역할로서 성인자녀를 보살핀다. 하지만 이들은 자녀들이 하루빨리 결혼, 분가함으로써 보살핌 노동에서 자유로워지고 싶어 했다.

> "살림이 어렵지 않아요. 옛날에 회사 다닐 적에는 밤을 새워 가면서 집안일을 해놓고 낮에 학교에 갔거든요. 근데 지금은 밤에도 할 게 없어요. 기계가 다 해주니까요. 밥도 밥통이 해주고 세탁도 세탁기가 해주고. 그럼 충분히 하지."(서지연)

서지연(75세)은 3년 전에 남편과 사별하고 직장에 다니는 30대의 남매와 함께 살고 있다. 그녀는 젊었을 때 초등학교 교사로 맞벌이를 했다. 당시에는 퇴근 후에 집에 돌아와서 가사노동이 너무 많아 밤을 지새운 적도 많았다. 하지만 가전제품의 기능은 월등히 향상되었고 오랜 세월 동안 가사노동에 숙련되었기 때문에 그녀는 가사노동이 전혀 힘들다고 생각하지 않았다.

서지연은 분가한 큰아들과 두 자녀에게 생활비를 받고 있고, 남편의 연금과 본인의 재산 등 경제적 능력을 확보하고 있다. 그녀가 자녀와 함께 사는 것은 경제적 이익 때문이 아니라 어머니로서 독립하지 않은 자녀를 보살핀다는 의미가 더욱더 크다.

"애들이 결혼을 안 하려고 해서 큰일이에요. 내가 이 세상에 나와서 걱정이라고 하면 바로 그거예요. 다른 걱정은 없어요. 근데 애들이 결혼하고서도 나하고 같이 살자고 할까 봐 걱정이에요. 나는 자녀한테 의지하는 거 싫어요. 자녀한테 의지하려는 사람들은 교육시켜야 돼. 종교생활을 하면 자기가 얼마든지 독립해서 살 수 있는데 왜 자녀들한테 의지를 해?"(서지연)

서지연은 일찍 일어나 자녀들의 출근을 돕고 빨래와 청소를 마친후, 매일 버스로 30분 거리의 절에 자원봉사를 하러 간다. 그녀는 어머니로서 가사노동에 충실하고 나머지 시간은 종교활동에 몰두하고있다. 서지연은 자녀들을 결혼시킨 후에 홀가분한 상태에서 종교활동에 시간을 할애하고 싶어 한다.

"막내아들이 마흔두 살인데 장가를 안 갔어. 근데 요새 선봐서 애인이 생겼어. 내가 정말 그동안 혼났어. 아들이 결혼을 안 하니까 밤에 잠이 다 안 왔어. 맨날 선봐서 퇴짜 맞고 퇴짜 놓고 그게 일이야. 근데 다행이야. 애인을 이렇게 잘 만나줘서. 요즘은 결혼해서 살 집을 얻으러 다녀. 현금이 없으니까 형제들이 조금씩 지원해서 집을 보러 다녀."(윤수진)

윤수진(80세)은 막내아들(42세)이 결혼하지 않아 밤잠을 이루지 못할 정도로 고민한 적이 많았다. 막내아들은 결혼하려고 노력했지만 결혼이 성사되지 않았다. 하지만 그녀는 아들이 결혼식 날짜를 잡아 몹시 기뻐한다. 윤수진은 막내아들의 결혼으로 자녀들을 전부 결혼, 분가시킴으로써 어머니 역할에서 해방될 수 있다고 해석한다. 하지만 자녀 결혼 이후에 윤수진이 보살핌 노동에서 완전히 자유로워지는 것은 아니다. 그녀는 분가한 장남의 집에 머물면 가사노동을 하지 않아도 된다. 하지만 윤수진은 장남의 집에 있는 것이 편안하지 않으므로 오래 머물지 않는다. 오히려 그녀는 자신의 집에서 남편과 함께 살면서 제 입맛에 맞는 요리를 하는 것이 좋다고 했다.

연구참여자들은 어머니로서 미혼자녀를 열심히 보살피지만 기혼자녀, 특히 아들의 분가를 어머니 역할에서 해방되는 것으로 해석했다. 이들은 자녀들과 함께 있으면 계속 보살펴야 한다고 생각한다. 보살핌은 타자에게 책임을 느끼고 기대에 부응하는 것이고, 여성들은 보살핌을 받기보다 타자와의 거리를 유지하는 방어기제를 보여준다(Gilligan, 1997: 96). 이러한 태도는 타자에게 보살핌을 받는 것을 꿈꾸지 않고 타자와의 거리 두기를 통해 자신의 노동을 최소화하겠다는 전략이다. 이처럼 연구참여자들은 자녀들을 결혼과 함께 분가시키고 어머니로서 보살핌에서 자유로워지고 싶어 했다. 이들은 자녀와 함께 살면서 보살핌을 기대하기보다 자녀와의 분리를 통해 보살핌을 하지 않음으로써 일신상의 편안함을 도모했다. 이들은 본인과 남편을 위해 가사노동을 하고 있다.

한편 남편과 함께 사는 노부부단독가구나 독거를 선택하는 연구참여자들은 자녀와의 동거보다 분가가 오히려 좋은 관계를 유지할 수 있다고 생각한다. 이들은 자녀와 살면서 자녀에게 기대하고 서로의 의견을 조정하면서 상처받고 싶어 하지 않았다. 송진경(73세)은 자녀들을 결혼, 분가시켰고 남편과 단둘이서 살고 있다. 자녀들(3남매)은 같은 아파트 단지에 살고 있다. 송진경은 일요일마다 성당에서 자녀들과 만나 미사를 본 후 함께 식사한다. 그녀는 며느리, 아들, 딸과 자주 왕래하고 통화하면서 친밀하게 지내지만, 자녀들의 살림살이에 간섭하고 싶어 하지 않는다.

"집을 하나 간수하고 살려면 살림이 손에서 떠나질 않아. 지금까지
(오후 3시) 일했어. 오늘은 아침에 좀 늦게 깼어. 청소는 하루에 한
번씩은 하지. …… 며느리가 뭘 도와줘? 요즘은 그런 세대가 아니야.
그런 걸 기대하고 살면 안 돼, 절대로. 그냥 각자 사는 거야. 요 근
처에 살아도. 일요일이나 주말에 성당에서 한번 만나지. 어떤 때는
2주에 한 번. …… 작은며느리가 엊그저께도 고기를 재서 이렇게 가
져왔어. '나 이거 못 먹는다. 우리 집엔 먹을 사람이 없어. 도로 가
져가라.' '어떻게 가져가요?' '그럼 ○○네(큰아들 네) 줘라.' '그럼
그냥 가져갈게요. 저희도 먹을 게 없어요.' 그러고 작은며느리가 도
로 가져가더라고. 며늘애가 곰살맞고 어버이날 꽃을 사서 달아주
고. 고마워, 항상. …… 그래도 '아휴, 음식 가져오지 마라. 아버지
잘 잡쉈도 내가 음식 해 놔도 잘 드신다'고. 김치 세 폭 했는데 그
저 냉장고에 있어."(송진경)

송진경은 며느리가 음식을 해 오는 것을 반가워하지 않을 뿐 아니
라, 자녀들에게도 음식을 만들어 보내지 않는다. 또한 그녀는 자녀들
의 분가를 편안하게 생각한다. 송진경은 며느리와 함께 살면서 자녀
들의 방식에 자신을 맞추고 싶어 하지 않는다. 그녀는 자신이 살던
방식대로 편안하게 살고 싶어 했고 시어머니로서 며느리의 보살핌을
받는 것도 편안해하지 않았다. 송진경은 자녀와의 관계에서 '주지도
받지도 않는 관계', 서로 피해를 주지 않으면서 가끔씩 감정적으로
교류하는 관계를 이상적이라고 생각했다.

남편과 사별한 이후에 생계를 부양하면서 자녀들을 힘들게 키운
노인 여성들은 자녀, 특히 아들에 대한 애착이 강해서 자녀와 함께
살고 싶어 할 것이라고 예측된다. 하지만 연구참여자들은 자녀의 결
혼 이후에 독거를 선택했다. 오정현(78세)은 외아들을 결혼, 분가시킨
이래로 20년 동안 독거해왔다. 남편은 한국전쟁에 군인으로 참전했다
가 전사했다. 남편이 전사할 당시에 그녀는 아들을 임신한 상태였다.

오정현은 남편의 전사 이후에 아들을 낳았고 울산에서 시부모를 모시고 농사지으면서 살았다. 하지만 아들의 고등교육을 위해 시집을 떠나 도시로 나왔고, 친정 자매들이 있는 서울로 이사 와서 식당일, 바느질을 전전하면서 아들을 키웠다.

> "애 키우고 논농사 짓고 시부모님 모시고 살았지. 우리 시아버지는 십년 만에 돌아가셨지. 병수발하고 농사지으면서는 못 살겠더라고. 동서에게 '너는 시집에서 살아라. 나는 도시로 나갈게. 애 공부 때문에 나가야 해'라고 말했지. 우리 아들이 15살 때 시집에서 나왔어요. 그때 우리 애가 나랑 키가 똑같았어. 어휴, 그렇게 살았어. 지금 생각하면 …… 그다음엔 농사 안 지었지. 바느질하다가 하숙 치다가, 언니가 '서울에 와. 서울이 살기 좋다', 그래서 여기로 왔지. 마흔 살쯤 됐을 때였지. 서울에서 동생 시누이의 남편이 공장의 사장이었어. 그때 공장의 식당에서 밥해 주고 그렇게 살았지."(오정현)

오정현은 남편의 전사로 인해 군인유족연금을 받게 되었다. 그러나 당시에는 액수가 적어 생계에 그다지 도움이 되지 않았다. 그래서 가족의 생계를 부양하고 아들을 교육시키느라고 고생을 많이 했다. 하지만 이제는 유족연금이 많이 올라서 절약해서 생활하면 연금만으로 생활할 수 있다고 생각한다. 이러한 상황은 오정현이 아들, 며느리에게 의존하거나 기대하지 않으면서 독립적으로 살아갈 수 있게 한다. 하지만 그녀는 손녀와 아들의 관계에 대해서 이야기하지만 며느리와의 관계는 언급을 회피했다. 그녀는 손수 시장을 보고 밥을 해먹는다. 또한 며느리가 반찬을 만들어 오는 일은 없을 뿐더러 기대하지도 않는다. 오정현은 아들과 손자녀들에게 먼저 전화하고 안부를 묻는다. 그녀는 가족의 생일에 식사비를 지불한다. 그녀는 손녀와 자주 만나면서 친밀한 관계를 유지한다. 손녀와의 관계는 노년기의 경제적 자원이 있기 때문에 가능한 것이다. 그녀는 손녀에게 용돈을 주고 결혼을 앞둔 손녀의 혼수를 지원할 계획을 세운다. 오정현은 방 하나를 얻어 사는 불쌍한 독거노인으로 보이지만, 자녀들에게는 한없이 베푸는 할머니, 어머니인 것이다. 오정현은 뇌졸중으로 발음이 부정확하고 걸음걸이도 힘들어서 지팡이가 필요할 정도로 누군가의 도움이 필요한 사람이었지만, 자녀들에게 도움을 기대하지 않았고 이를 표현하지 않았다. 오정현은 인터뷰 이후 한 달 만에 세상을 떠났다.

> "아저씨가 돌아가시고 내가 애들 공부를 다 시켰지. 식당일 15년 넘게 했고 직장을 4년도 더 다녔어. 우리 남편 살아 있을 때도 남편은 회사에 다니고 나는 장사했지. 과일 장사를 도매해서 넘겨주곤 했지. 아저씨가 돌아가신 다음에 내가 고생을 많이 했어요. 막내가 초등학교 5학년이었으니까. 이쪽으로 이사 와서 참 오래 살았구먼. 20년이 넘었어. 처음에는 봉제공장 다녔고 식당에 좀 다니다가 식당을 차려서 15년 넘게 했지."(민효주)

민효주는 남편이 위암으로 세상을 떠난 이후 가족들의 생계를 책임져 왔다. 막내아들이 초등학교 때, 남편은 위암 진단을 받았고 좀 더 큰 병원으로 가라는 의사의 권유에 따라 그녀는 서울의 큰 병원으로 남편을 옮겼다. 하지만 남편은 정밀검사를 받은 지 얼마 후에 치료도 제대로 받지 못하고 사망했다. 당시에 40대였던 민효주는 삼척에서 서울로 이사 와서 봉제일, 식당일을 하면서 6남매를 교육시켰고 결혼, 분가시켰다.

> "막내아들이 같이 살자고 집으로 오라고 해요. 아들이 ○○동에 사는데 가려고 해도 내 집이 편하더라구. 내 맘대로 왔다 갔다 하는 게 좋지. 젊은 사람들은 휴일 아침에 늦잠 자는 게 낫지. 내가 있으

면 아무래도 불편하지. 아파트는 번호를 가지고 누르니까 그걸 잘 못해서 바깥을 못 나가. 애들이 있어야 쓰레기도 갖다 버리지. 안 그러면 문을 못 열어 못 나가요. 요즘은 팔을 다쳐서 집귀신처럼 방 두 칸짜리에 들어앉아서 화분이나 들여다보고 살아. …… 내가 밖으로 많이 돌아다녀. 어지간해서는 남하고 얘기를 잘 안 하다가 소주 한잔 먹으면 얘기를 잘 하지. 근데 그냥 앉아서 얘기하긴 싫어. 요즘은 집에서 문 닫아놓고 앉아서 라디오 틀어놓고 듣고 집안일 하지. 옛날 흘러간 음악도 좋아하고. …… 일하다가 다리가 아파서 그만뒀어. 지난 해 8월까지 일했어. 그만둔 지 1년 됐네. 내가 손이 빠르기 때문에 아는 동생이 식당일 좀 도와달라고 해서 도와줬지. 근데 다리가 아파서 쉬고 있어. 이제는 애들이 생활비를 줘서 먹고 살아. 애들이 여섯 명이니까 10만 원씩 60만 원. 다달이 줘. 우리 애들은 다 밥 먹고 살아서 괜찮아요. 다 큰 회사 다니고.”(민효주)

민효주는 아들이 함께 살자고 권유하지만 독거를 고집한다. 민효주는 다세대 주택에 방 하나를 얻어 전세를 살고 있는데, 독거가 편하다고 말한다. 그녀는 아들과 함께 살면 며느리가 시어머니의 눈치를 보느라고 휴일에도 일찍 일어나야 하는 것이 싫다고 말한다. 또한 아들의 아파트를 방문하면 답답하다고 말한다. 아파트의 번호열쇠를 작동하는 방법이 익숙하지 않아 자녀들이 있을 때만 밖으로 나갈 수 있다고 호소한다. 아파트의 번호열쇠를 여는 법 등의 기계장치를 새롭게 배우는 것이 노인들에게 힘든 일로 해석될 수도 있다. 하지만 민효주가 아들의 집에 들어가지 않는 실질적인 이유는 이웃에서 사귄 친구들과 어울리면서 관계를 유지하고 독거를 하는 삶이 더 자유롭고 행복하기 때문이다.

민효주는 1년 전까지 동업 형태로 식당일을 했는데, 퇴행성관절염으로 무릎 통증이 심해서 일을 그만두었다. 현재 그녀는 6남매가 보내주는 돈으로 생활하고 있다. 그녀는 아침에 일어나서 뒷산에 오르고 라디오를 들으면서 집안일을 하고 여유롭게 보낸다. 민효주는 퇴행성관절염으로 고생하는 것 외에는 본인이 건강하다고 생각하므로 독거를 편안하게 받아들였다. 그녀는 사람들과 어울리고 재미가 있기 때문에 일을 하고 싶어 한다. 민효주는 인터뷰 당시 무릎의 통증이 심하기 때문에 일을 쉬면서 물리치료를 하고 있었다. 그녀는 일하는 데에 나이가 문제시되지 않는다고 생각했고 일하고 싶어 했다.

독거를 선택한 연구참여자들은 자녀들과 좋은 관계를 유지하면서 종교활동, 취미활동, 친구관계, 건강관리 등을 하면서 시간을 보냈다. 이 여성들은 독거를 불쌍하고 불행한 삶으로 해석하지 않았다. 오히려 이들은 독거를 행복한 선택으로 해석했다. 이들은 독거를 자녀와 분리해서 보살핌 노동에서 자유로운 삶으로 해석했다. 누스바움(Nussbaum, 2002)은 보살핌 노동을 해온 여성들이 놀이를 즐기지 못했기 때문에 인간, 여성의 권리로 놀이를 즐겨야 한다고 역설한다. 여성들은 타인을 보살피느라 하고 싶은 일을 하지 못했으므로, 웃고 놀고 즐길 수 있는 '놀이'를 통해 자기표현을 배울 수 있다. 죽음을 앞둔 사람들은 심각하게 살지 말고 즐겁게 놀았어야 했다고 후회하는데, 많은 사람들이 생산성과 성공을 위한 강박관념 때문에 놀이를 경시한다(Kubler-Ross & Kessler, 2006: 183, 229). 또한 노스럽(Northrop, 2002)은 완경 이후에 여성들이 관계 지향적인 삶에서 벗어나서 내면의 영적인 삶으로 전환할 것을 권고한다. 노스럽은 노인 여성들이 타자에 대한 에너지를 안으로 거둬들인다면 완경 이후의 삶을 여성성의 상실이 아니라 삶의 출발점으로 삼을 수 있다고 강조한다. 독거하는 여성들은 양육에서 자유로워져서 자신을 위한 시간을 여유롭게 보내고 있다. 즉, 이들은 독거를 선택함으로써 자녀로부터 보살핌 노동에서 자유로워져서 인간으로서 향유해야 할 놀이나 삶의 재미를 누리고 있다. 이러한 선택은 삶의 마지막 기회가 된다.

반면에 연구참여자들이 독거, 부부단독가구를 선택하는 것은 자녀에게 보살핌을 기대하지 않겠다는 의지를 내포한다. 이들은 자녀와 함께 사는 것이 자녀에게 기대한 만큼 상처받을까 봐 두려워한다. 송진경의 큰아들은 대기업 사원으로 중국 북경으로 연수를 갔다가 중국어 개인교습을 해주던 중국인 며느리와 사랑에 빠져 결혼했다. 큰아들은 중국에 가기 전 50여 번의 선을 보고도 결혼 상대를 찾지 못할 정도로 결혼에 신중했다. 송진경은 큰아들에게 기대가 컸으므로 아들이 부모의 반대를 무릅쓰고 국제결혼을 결정한 사실에 충격을 받았다. 큰며느리는 한국에 온 지 10년이 넘었으므로 한국의 언어와 음식문화에 적응을 잘하고 있다. 하지만 송진경은 큰며느리에 대해 불만이 많다. 그녀는 쾌활하고 적극적인 큰며느리와 성격이 맞지 않는다고 말한다. 하지만 송진경은 큰며느리가 외국인이기 때문에 문화의 차이 때문에 서로 이해하는 데에 한계가 있다고 믿는다. 그녀는 며느리의 노력에도 불구하고 외국인에 대한 편견을 넘어서지 못하고 있다.

송진경은 작은아들이 가난한 집안 출신의 작은며느리와 결혼한 것에 대해 불만을 가졌다. 그러나 그녀는 큰며느리와 비교하면서 작은며느리에 대해서는 관대하다. 그녀는 성격이 차분한 작은며느리를 정서적으로 의지하고 있다. 그러나 작은며느리에게 부담이 될까 봐 자신의 의견을 제시하거나 요구를 표현하는 것을 자제한다. 송진경은 며느리들에게 음식을 해 오지 말라고 하지만, 명절이나 생일에는 며느리들이 돌아가면서 정성이 담긴 음식상을 손수 차리기를 기대했다.

"큰며느리는 말괄량이야. 나는 안 그렇거든. 그 애는 쾌활하고 나
다니는 걸 좋아하고. 그 애한테도 전혀 불만 없어. 하지만 의사소
통이 안 되지, 걔하고는. 작은며느리는 음식을 먹고 나면 다 치우
고 가. 근데 큰애는 대뜸 들어와. 애들을 데리고 오는 거야. 애들이
거실을 돌아다니면서 어지럽히고 치우지도 않고 그냥 집에 가. 다
음 날에 또 와. '다 치웠어요?' '그래, 그럼 안 치우냐?' '어떻게 왔
냐?' '애들 쫓아왔어요.' 그만큼 성격이 쾌활한 거야. 물건을 어질러
놓고 가면서도 시어머니가 뒷정리한다고 생각해. 나는 '얘는 왜 저
래' 그러지도 않아. 걔는 성격이 오밀조밀하지 못해서 손수건 한
번 안 사다줬어. …… 내가 애들한테 생일을 이렇게 나가서 사먹으
면 명절은 어떻게 하냐고 그랬어. 작은며느리는 생일상 차리고 큰
며느리는 정월 명절상 차리라고. 그래서 큰며느리가 명절에 음식
차려서 가져왔어."(송진경)

연구참여자들은 자녀를 옆에 두고 싶어 하지만 자녀에게 부담을
주고 싶어 하지 않아 직접 표현하지 않는다. 이들은 자녀와 적당한
거리를 두는 것이 좋은 관계를 유지할 수 있다고 생각한다. 이들이
자녀를 분가시키는 이유는 아들, 며느리와 함께 살면서 상처 입을까
봐 두려워하기 때문이다. 이러한 의미에서 이들은 보살핌을 주지도
받지도 않으면서 자기 이해에 기반해서 합리적으로 선택하는 듯이
보이지만, 보살핌을 받고 싶은 욕구를 은폐하면서 자기 방어적으로
선택하고 있었다. 송진경은 자녀와 적당한 거리를 유지하고 싶어 한
다. 하지만 그녀는 며느리에게 보살핌을 기대하고 있다. 그녀는 자녀
에게 기대하면서 실망하고 정서적으로 상처 입을까 봐 두려워하면서
자녀와의 분리를 선택하고 있다.

허라금(1998)은, 보살핌이란 타자와의 거리를 유지하는 형식적인

관계가 허구적이라는 것을 깨닫는 동시에, 타자를 이해하고 적극적으로 관계 맺는 방식을 탐색하는 것이라고 말한다. 하지만 연구참여자들은 자신이 상처 입을 것을 두려워해서 자녀와 거리 두기를 통해 좋은 관계를 유지하고 자율성을 확보하려고 한다. 이러한 행위는 모자녀관계의 애착관계를 변화시키는 데에는 도움이 되겠지만 이것이 과연 모자녀관계에 유익한가 하고 질문하게 된다. 적당한 거리 두기를 통해 '부담 없는 관계'를 유지하겠다는 것은 부모에 대한 자녀의 책임을 덜어주면서 본인의 희생을 자처하는 것이다.

노인 여성들은 자녀와 연결되어 있는 존재로 자녀를 위해 자녀가 원하지 않는 행동을 하지 않으려고 한다. 그러나 자녀들은 어머니의 의사가 무엇인지 읽어내려고 하기보다 어머니의 말을 액면 그대로 받아들였다. 보살핌을 받고 싶어 하는 어머니의 욕구는 자녀에게 부담이 되는 것으로 해석되기 때문에 연구참여자들은 보살핌을 받고 싶은 욕구를 은폐했다.

3) 딸과 며느리에 대한 다른 기대와 여여갈등

서구의 노년학 연구에서 노인 여성은 젊은 여성의 위치에서 보살핌이 필요한 존재로만 부당하게 해석되는 측면이 있다(Copper, 1988; Reinharz, 1997). 카퍼는 딸들이 어머니의 희생에 감사하기보다 계속 희생을 요구하는 것에 분노한다. 어머니는 아들, 남편뿐 아니라 딸에게도 전유되었다고 분노하면서 '주기만 하고 받지 못하는 어머니', 즉 여성주의에 자리 잡은 딸 중심주의(daughterism)를 비판하고 있다(Copper, 1988). 카퍼의 논의는 어머니가 딸의 임금노동을 지원하면서 어떠한 이익을 얻었는지 질문하고 있다. 조옥라(2001)는 노인 여성에게 수동적이고 순응적인 어머니가 되기를 요구하는 것이 보살핌에서 자유롭고 싶어 하는 여성의 의사를 무시하고 노년기에도 성역할에 묶어 둔다고 비판한다. 이러한 논의들은 남편과 아들의 관계와 마찬가지로 어머니에게 계속 희생을 요구하는 것은 아닌지 딸들에게 반성을 촉구하고 있다.

어머니는 딸이 결혼한 이후에 양육에서 자유로워지기를 바란다. 하지만 어머니 역할은 딸이 결혼했다고 해서 끝나지 않는다. 임금노동을 하는 딸은 어머니의 보살핌을 필요로 한다. 문성자(69세)는 맞벌이 부부로서 공무원으로 일하는 딸을 위해 가사노동, 손자녀양육을 지원하고 있다. 그녀는 3남매를 모두 결혼시켰고 두 딸들과 이웃에 살면서 친밀한 관계를 유지하고 있다. 문성자는 분식점에서 온종일 서서 일해야 했으므로 다리가 너무 아팠다. 그래서 그녀는 수입을 포기하는 것이 아쉬웠지만 이제는 쉬고 싶다고 생각해서 1년 전에 가게를 정리했다. 하지만 그녀는 계획대로 쉬지 못하고 있다. 작은딸이 손자를 봐달라고 부탁했기 때문이다. 문성자는 남편이 1970년대에 미국 이민을 권유하는 친구에게 전 재산을 사기당한 이후, 옷 수선, 백화점 식품판매원, 분식점 경영 등으로 가족의 생계를 책임졌다. 남편은 택시운전기사를 했지만 용돈을 많이 써서 실질적으로 가계에 도움이 되지 않았다. 큰딸은 동생들을 보살피고 가사노동을 도와주며 어머니에게 큰 힘이 되었다. 문성자는 분식점을 운영하는 동안, 전업주부인 큰딸이 어머니의 권유대로 자신의 집을 세놓고 어머니의 집에서 전세를 살면서 집을 관리해주었다. 또한 큰딸은 조카(작은딸의 아들)까지 양육했다. 하지만 어머니가 일을 그만두자, 큰딸은 어머니에게 조카의 양육을 부탁하고 자신의 집으로 돌아간다. 큰딸은 자신의 아들

두 명을 키우고 살림하는 것만으로도 힘들었기 때문이다. 문성자와 큰딸의 삶은 우리 사회에서 보살핌이 어떠한 방식으로 이루어지고 있는가를 보여준다. 큰딸은 어머니의 임금노동을 뒷받침하기 위해 어린 나이부터 가사노동을 도맡아 하고 동생들을 보살핌으로써 어머니를 지원했고, 결혼 이후에도 여동생의 임금노동을 지원하고 있다. 이러한 현실은 임금노동을 하는 여성들이 가족 내에서 다른 여성의 보살핌 노동을 통해 일, 가족의 이중고를 해결하는 현실을 보여준다.

문성자는 손자가 유치원에 다닐 정도로 성장했으므로 갓난아기보다 보살피기 쉽다고 말한다. 또한 그녀는 아이의 생명력 때문에 손자와 함께 있는 시간이 자신의 삶을 생기 있게 한다고 해석한다. 더욱이 문성자는 분식점을 정리하면서 수입이 줄어드는 것에 대해 마음이 편안하지 않았는데, 양육비로 50만 원을 받기 때문에 경제적 측면에서도 만족하고 있었다. 하지만 손자녀양육의 지원은 경제적인 이익보다 딸이 자신처럼 고생하지 않고 살아가기를 바라는 어머니의 사랑이 중요한 동기가 된다. 문성자는 세 자녀 중에서 작은딸이 가장 성공했다고 생각한다. 작은딸은 대학교를 졸업해서 경쟁률이 치열한 공무원 시험에 합격했기 때문에 자랑스러워한다. 그녀는 가난으로 맞벌이를 해야 했기 때문에 딸의 성장과정에서 학교를 찾아가거나 좋은 교육환경을 제공해주지 못한 사실에 미안해하면서, 딸이 업무에 몰두하고 직장생활을 계속할 수 있도록 도와주고 싶어 한다.

문성자는 딸의 집에 드나들면서 손자녀양육뿐 아니라 청소와 빨래까지 해주면서 가사노동을 전담하고 있다. 딸의 집이 가깝다 하더라도, 두 집을 오가면서 살림을 하는 것은 장사만큼 신체적, 정신적으로 힘든 일이다. 더욱이 한국의 노동시간은 정시에 퇴근하는 것이 아니라 잔업이 많기 때문에 딸과 사위는 때때로 밤 10시 가까운 시간에 돌아올 때도 있다. 이러한 이유로 문성자는 밤늦게까지 손자를 보살펴야 했다. 2차 심층면접 때에 문성자는 자신의 집을 전세 놓고 작은딸의 집으로 남편과 함께 이사함으로써 한 집 살림을 시작하게 되었다.

> "딸이 생활비는 내놓지. 내 집에서 딸네 집으로 왔다 갔다 하는 것보다 여기 있는 게 편하지. 집은 전세 놓고 짐은 다 갖고 왔어. 내가 생활비를 안 내도 그것만으로는 모자라지. 내 용돈 쓰는 건 내가 내야지. 딸이 아파트 관리비 내고 시장 봐다 줘. 쌀은 한꺼번에 사주고. 돈을 조금씩 주는 걸로 반찬거리 사고. 양쪽 집을 왔다 갔다 하는 거보다 편안하지. 애도 편안해하고. 서로 편한 거야. 애는 방학했는데 애들은 아침 7시 반이면 나가. 아저씨는 큰방 쓰고 딸 부부가 방 하나 쓰고 나는 애하고 둘이 자. 그게 편해. 하지만 내가 기를 쓰고 애를 길러도 애는 제 어미를 더 좋아하지."(문성자)

문성자는 딸이 쉬는 주말에도 가사노동을 한다. 그녀는 피곤해서 늦잠을 자는 딸 부부를 위해 아침식사를 준비한다. 딸에 대해 불만이 없는 것은 아니지만 피곤해서 자는 딸에 대한 연민 때문에 긍정적으로 해석하려고 했다. 한편 문성자는 작은딸의 가족을 보살펴야 하기 때문에 하고 싶은 일을 포기해야 한다. 그녀는 딸이라는 이유로 고등교육을 지원하지 않은 부모 때문에 초등학교밖에 졸업하지 못해서 평생 공부하지 못한 한을 품고 살아 왔다. 문성자는 제도교육을 받고 싶어 하지만, 가족들의 시간에 맞춰서 살다 보니 자신을 위한 시간을 확보하지 못한다. 그녀는 손자가 유치원(2차 면접 때는 초등학교) 하교시간이나 영어학원이 끝나는 시간에 마중 나가야 하므로 교육을 포기한다.

"내가 신용카드를 쓸 때 '여기 사인을 하세요' 하면 내 사인이 마음에 안 드는 거야. 글씨가 유치하고 너무 못 쓰는 거야. 내가 초등학교를 졸업하고 볼펜을 잡아 본 적이 없어. 공장에 다녀 돈 벌었기 때문에 공부를 못 했지. 지금은 엄마가 자식들을 사랑해서 자식들한테 해다 바치잖아. 우리 엄마는 그게 아니었어. 내가 집에 있어도 그 시간에는 일을 시켰어. 물을 길어 와야 하고. 시간의 여유는 잠자는 시간밖에 없었어. 지금까지 살아온 걸 생각하면 내 시간은 잠자는 시간밖에 없었어. 깨어 있는 시간은 항상 일을 했거든."
(문성자)

문성자는 성장과정에서 어머니에게 충분히 보살핌을 받지 못했고 다른 자매를 보살폈다. 그녀는 딸이라는 이유로 고등교육을 받지 못했고 결혼 전에도 양장점이나 수선일 등의 임금노동을 통해 가족의 생계를 지원했으며, 결혼 이후에도 가난으로 생계부양까지 짊어졌다. 그녀는 평생 노력한 결과 자녀들을 분가, 결혼시키고 노년기에 생활비를 해결할 수 있게 되었다. 그럼에도 그녀는 노년기에도 보살핌 노동에서 벗어나지 못하고 있다. 작은딸은 유급 노동자를 고용할 수 있지만 어머니의 보살핌을 원하고 있다. 문성자는 평생의 한이었던 공부를 하고 싶어 하지만, 딸이 편안하게 일할 수 있게 도와주고 딸과 친밀한 관계를 유지하는 것에 만족했다.

한편 며느리와 동거하는 연구참여자들은 시집살이를 시키는 시어머니가 되고 싶어 하지 않지만, 며느리를 딸처럼 생각하지는 않았다. 이들이 실제로 가족을 위해 보살핌 노동을 한다 하더라도 며느리에 대한 사랑은 발견되지 않았다.[28] 이 여성들은 아들을 위해 보살핌 노

---

28) 2004년 7월 21일 대한은퇴자협회 제7차 포럼 '50년 후 우리는 어디에 있나?'(세종문화회관 개최)에서 노인 남성들은 며느리들의 푸대접에 불만을 토로하고 자녀에 대한 희생에 상응하는 효를 받지 못한다고 강조했다. 또한 2006년 11월 10일 여성단체연합주최로 열린 '여성의 관점에서 고령화시대를 준비하는 토론회'(만해NGO교육센터)에서 모 노인 단체의 여성 대표는 젊은 여성들이 자녀양육과 노인 보살핌을 소홀히 한다고 비판하면서 집으로 돌아갈 것을 강조했다.

동을 한다고 할 수 있다. 부계중심 가족 내에서 시어머니는 며느리와 위계적 관계에 있다. 고부갈등은 시어머니와 며느리라는 다른 위치에서 권력을 가진 아들의 사랑을 차지하기 위해 불가피한 여여갈등을 내포하고 있다.[29) 보살핌을 둘러싼 노인 여성과 젊은 여성의 관계는 갈등관계로 기술되어 왔고, 노인 여성은 보살핌을 제대로 받지도 못하면서 보살핌의 대상으로 해석되어 왔다. 취업한 며느리를 대신해서 가족을 보살피는 여성들은 딸을 헌신적으로 지원하는 어머니와는 다른 경험을 하고 있었다. 이들은 며느리 역할에 대해 유연하게 사고하지만, 며느리를 딸처럼 보살피지는 않았다. 이들은 며느리와 함께 살면서 보살핌을 기대하지 않으려고 하지만, 며느리가 가사노동에 관심을 갖지 않으므로 불만을 가졌다.

김정혜(65세)는 서울 근교에서 수선집을 운영하면서 경제적으로 자녀와 독립적으로 생활하고 있다. 그녀는 맞벌이하는 작은아들 부부와 손자와 함께 살고 있지만, 작은아들 부부와의 동거가 편안하지만은 않다. 한국 사회에서 결혼할 때 집은 남자 쪽에서 장만하는 것이 관행으로 되어 있고, 시집의 경제적 지원을 자연스럽게 생각하는 경향이 있다. 작은며느리는 시집에서 집을 장만해주지 않았으므로 시어머니와 함께 살기로 결정한다. 작은며느리는 경제적인 이유 때문에 시어머니와 함께 살고 있는 것이지, 시어머니를 모시기 위한 것은 아니다.

"며느리가 아들보다 네 살이나 더 많아요. 며느리가 순진한 우리

---

29) 서은아(2006)는 '나무꾼과 선녀' 설화와 우렁색시 설화의 고부갈등을 2004년 여름 전북 고창군의 농가의 화재사건과 관련짓는다. 이 사건은 45세의 조선족 아내를 맞이한 아들의 사랑이 며느리에게 집중되어 며느리를 질투하면서 고부갈등이 심화되었다. 아들은 술을 마신 상태에서 임신한 아내가 부엌에서 당근을 깎아 먹는 모습을 보고 어머니가 돈을 주지 않아 과일을 못 사먹는다는 말에 화가 나서 방화를 저지른다. 결국 이 사건으로 며느리는 사망하고 아들은 자살하고 어머니는 퇴원 후에 양로원에 입소한다.

아들을 꼬인 거지. 연애하다가 임신해서 결혼식도 못 올리고 내가 데리고 있어요. 이런 부끄러운 일도 있어요. 두 돌 된 애가 있어요. 아이들이 직장이 있지만 대충 엉터리로 사는 거죠. 이웃에 있는 아주머니가 애기를 봐주고 있어요. 애기 보는 값은 주 5일만 봐주고 50만 원밖에 안 줘요. 수입을 떠나서 주말은 내가 봐야 해요. 주말에는 일을 안 한다고 해서. 하지만 내가 약속이 있으면 아주머니에게 봐달라고 하고 밖에 나가요. 아들은 의류업체 영업사원으로 있고 며느리는 서비스업이라고 해야 하나. 홈쇼핑에서 전화 받는 일 하는데 팀장이에요. …… 아침에 청소해놓고 수선일 하러 나가죠. 아무리 코딱지 같은 집안이라도 집안을 닦아야 사니까. 요새 며느리들은 일을 안 해요. 내가 며느리 흉보면 내 얼굴에 침 뱉기지만, 제 살림도 아니니까 내가 해야죠. 며느리가 아침 7시 전에 나가니까 집안일을 할 새가 없어요. 일하고 늦게 들어오면 다이어트 한다고 밥 안 먹는다고 하면 그만이고."(김정혜)

김정혜는 연상의 며느리와 아들이 결혼하는 과정에 대해 불만이 많다. 김정혜는 대기업에 다니는 큰아들에 비해 작은아들이 공부를 소홀히 해서 대학에 진학하지 못했고 직장도 비정규직으로 불안한 상태여서 못마땅하게 생각했다. 그녀는 작은아들이 연상의 며느리와 연애하고 임신해서 결혼식도 올리지 못하고 아이를 낳고 살고 있는 사실에 대해 수치스럽게 생각한다. 그리고 며느리에 대한 불만도 컸다. 며느리는 직장에서 인정받고 있지만 가사노동에 전혀 관심을 갖지 않는다. 김정혜는 며느리에게 기대하지 않는다고 하지만, 며느리가 돈을 번다는 이유로 가사노동에 전혀 신경 쓰지 않는 것이 불편하다. 그러나 그녀는 아들이 자기 집에 얹혀살고 있고 일터가 집에서 가깝기 때문에 자신이 식사준비, 청소, 빨래 등을 할 수밖에 없다고 긍정적으로 해석하려고 노력했다.

김정혜는 아침식사를 준비해서 아들, 며느리를 출근시키고 가족들

의 청소와 빨래를 도맡아 한다. 그리고 오전 10시에 손자(2세)를 이웃
에 사는 도우미에게 맡기고 집에서 몇 분 거리의 수선집에 가서 일한
다. 또한 저녁 8시에 퇴근해서 손자를 집으로 데려와서 아들, 며느리
가 퇴근할 때까지 손자를 보살핀다. 아들 부부는 아침 7시에 출근하
고 야근이나 회식 등으로 늦게 퇴근하기 때문에, 손자를 맡기고 데려
오는 일은 김정혜의 몫이 된다. 그녀는 온종일 수선집에서 일하고 집
에 돌아와서도 손자를 보살펴야 한다. 어린 손자를 안아 주는 일은
신체적으로 힘든 일이다. 주말에는 이웃의 도우미가 일하지 않고 아
들 부부가 출근하는 일이 있기 때문에 혼자서 손자를 보살피는 경우
가 많다. 그녀는 손자를 예뻐하지만 노년기에 임금노동, 가사노동, 손
자녀양육 등으로 이중고를 경험함으로써 힘이 든다. 이러한 일은 젊
은이도 힘에 부칠 만큼 노동의 강도가 세다.

한편 최서희(83세)는 외아들 부부와 함께 살고 있다. 그녀는 아들
부부가 같이 장사를 하기 때문에 보살핌을 전담해왔다. 그녀는 아들
(64세)과 함께 일하는 며느리(61세)에게 시어머니로서 대접을 받지 못
한다고 서운해한다.

> "며느리가 아들하고 가게를 하면서 먹고 살아야 하니까 집안일은
> 내가 다해요. 낮에 집에 혼자 있으니까요. 아침밥도 내가 해요. 아
> 들, 며느리가 저녁 늦게까지 일하니까. …… 내 빨래고 누구 빨래고
> 며느리 빨래까지 할 때가 있어요. 물론 자기가 할 때도 있죠. 내가
> 청소를 다해요. 며느리가 바빠서 집안일은 몰라라 해요. 일을 하러
> 나가니까 집안일은 신경 안 써서 내가 다하죠."(최서희)

그녀는 며느리가 바쁘다는 이유로 가사노동에 무관심한 것에 불만
이 많다. 그녀는 며느리대신 빨래, 청소, 식사준비를 하면서 불편한

심정을 드러낸다. 특히 최서희는 며느리의 속옷을 빨아야 할 때 자신의 처지가 한심하게 느껴진다.

맞벌이 부부는 가사노동과 양육을 분담할 시간적 여유가 없기 때문에 보살핌의 공백은 가사도우미 같은 유급 노동자나 노인 여성의 노동으로 메워진다. 며느리는 직장일을 이유로 늦게 퇴근하고 집에서 많은 시간을 보내지 않는다.

> "내가 식사 당번을 해야 하니까 어떤 때는 막 짜증이 나요. 일하고 들어갔는데 밥도 해야지. 하지만 아, 누가 그랬던가요. 피할 수 없다면 즐기랬다고. 그냥 즐거운 마음으로 '밥해서 너희들 밥해 주고 나도 얻어먹는다. 여기서 한술 먹고 들어가서 자면 그만인데 너희들이 있으니까 내가 밥을 하는 거야, 즐겁게 하는 거야.' 그렇게 마음먹고 하니까 마음이 편할 수 없어요. 참 힘들었는데, 한번은 며느리가 애기를 데리고 친정에 갔어요. 아들도 거기로 퇴근해서 안 들어왔죠. 근데 혼자 사니까 사는 게 아니더라고. 들어가도 혼자고 나가도 혼자고. 애기가 '할머니' 하고 부르는 소리도 안 들리니까 힘들더라고요. 사람 사는 건 북적대야 하는데 …… 열흘 동안 내가 밥을 한 번도 안 해먹었어요. 그냥 누구 만나서 한술 뜨고 가게에서 빵 하나 먹고 끼니 때우고 집에 들어갔어요. 그렇게 사니까 사는 게 아니더라구요."(김정혜)

김정혜는 작은아들이 결혼한 이후로 가족 수가 4명이 되었고 보살핌의 양도 늘어났다. 또한 밥을 하기 싫거나 밥을 먹기 싫은 날에도 아들, 며느리를 위해 식사를 준비해야 한다. 하지만 그녀는 독거를 하면 외로울 것이라고 생각하면서 불만을 삭히고 있었다. 작은아들 부부는 양육을 위해 이웃의 도우미를 고용하지만, 어머니의 중개 역할이 필요할 때가 많다. 하지만 작은아들 부부는 가사노동에 전혀 참여하지 않는다. 게다가 김정혜는 아들 부부의 가사노동, 양육 등을 지원하고 있지만 아들, 며느리가 감사하지 않고 어머니를 존중하지 않는다고 느끼기 때문에 분노할 때가 있다. 그녀는 (시)어머니로서 대접을 받지 못한다고 생각하면서 서운함을 느끼고 있었다.

김정혜는 초등학교 졸업 이후 공장에서 일하면서 돈을 벌었고, 결혼 이후에도 계속 일했다. 그녀는 친정어머니와 가까이 살면서 자녀양육에 도움을 받으면서 임금노동을 할 수 있었다. 현재는 아들, 며느리가 임금노동을 할 수 있도록 보살핌을 지원해야 하는 상황이다. 하지만 김정혜는 친정어머니의 도움을 받은 것처럼 아들의 가족을 보살피는 것을 당연하다고 생각하지 않았다. 그녀는 시집살이를 호되게 시키는 시어머니가 되고 싶어 하지는 않았지만, 부계중심 가족의 시어머니로서 며느리에게 적정 수준의 보살핌을 기대하고 있는 것이다. 김정혜는 가사노동과 손자녀양육 등의 보살핌을 전담하고 있지만, 며느리에 대한 기대와 분노가 교차하면서 내면적인 혼란에 휩싸여 있었다.

"남편이 혈압으로 갑자기 죽었어요. 원래 간이 좀 안 좋아서 수차례 입원했다 퇴원했다 반복했는데 혈압이 높아 세상을 떠났어요. 수선일은 아저씨가 살아 계실 때부터 이날 이때까지 하고 있죠. 친정어머니가 이웃에 사시면서 아이들을 돌봐 주셨어요. 서울 ○○동에서 살았는데 이렇게 수원으로 내려오니까 서울로 다시 올라가기 힘들어요. 서울의 집값이 비싸서. 여기에 내려오기 전에 경제적으로 힘들었어요. 외롭고 나이가 먹으니까 형제들이 있는 데 가서 살고 싶더라구요. 형제들이 다 여기 살거든요. 서울 집을 팔아 부채를 다 갚고 여기 오니까 괜찮아요. 큰아들 대학 보내고 먹고 사느라고 고생했죠."(김정혜)

김정혜는 42세에 남편과 사별하고 두 아들의 생계와 교육을 책임지면서 열심히 살아왔다. 그리고 그녀는 두 아들을 결혼시킨 이후에 3년 전에 부채를 정리해서 서울보다 집값이 싼 서울 근교로 이사 왔다. 큰아들은 대학을 우수한 성적으로 졸업하고 대기업에 입사했다. 그럼에도 그는 어머니의 생일을 제외하고 어머니에게 용돈을 준 적이 없다. 김정혜는 해외파견 근무에 나갔던 큰아들이 방문해서 40만 원의 용돈을 주었다고 기뻐한다. 그녀가 아들들에게 용돈을 받고 싶어 하는 이유는 어머니에 대한 감사와 존중의 표시로 해석하기 때문이다. 결국 그녀가 받고 싶어 하는 것은 돈이 목적이 아니라 아들들의 관심이라고 할 수 있다.

"동네에서는 내가 괜찮게 사는 줄 알아요. 내가 돈이 없는 줄 몰라요. 구태여 그런 얘기할 필요가 없지요. 그 사람들이 날 도와줄 것도 아닌데요. 사람들이 '돈이 얼마나 있어?' 하고 물으면 '아, 쓸 만큼 있어, 그딴 거 왜 물어.' 해요. 근데 사람들은 내가 돈이 많은 줄 알아. 내가 볼일이 많으니까 초상났다고 하면 가고 놀러 갈 때 가게를 비워 놓는 날이 더 많은 거예요. 그 사이에 손님들이 와서 '오늘 네 번을 왔다 갔다' 하는 사람도 있고 언젠가 한 번은 '세 번이나 왔다'고 '내가 오늘 세 번이나 왔는데 오늘 처음 만났네' 하더라고. '아휴, 미안해요. 고칠 게 뭔데 내려놔 보세요.' 내 눈에 차지도 않는 걸 들고 와서 '지금도 할까 말까 망설이는 중이야.' 그래서 '아줌마, 내가 이거 하기 위해 목숨 걸고 여기 앉아 있어요? 하려면 하고 말려면 가세요.' '아휴, 아줌마는 소문대로네.' '아, 그래요. 내가 아줌마한테 미안하다고 두 번이나 말했으면 됐지, 어떻게 하라고 그래요.' 그랬더니 그냥 가더라고요. 그래서 소문났어요. 사람들이 내가 심심해서 일하는 걸로 알아요. 사실은 그게 아닌데. 이 동네에서는 내가 한 달에 몇 백만 원을 버는 줄 알아요. 백만 원 정도밖에 못 버는데. 그래도 돈이 없다가도 여기에 나오면 돈이 생기니까 좋죠. ……큰아들은 외국 나가 있는데 연봉이 8천만 원 된대요. 여기서는 5천만 원인데요. 8천만 원이든 말든, 나한테는 안 주니까 그게 무슨 소용이에요. 그냥 저희가 편안하게 살면 되죠."(김정혜)

김정혜의 아들들은 어머니의 가사노동이나 경제적 지원을 당연시하지만 어머니에 대한 부양의 책임을 갖지 않는다. 분가한 큰아들은 해외파견 근무로 연봉이 많이 올랐음에도 불구하고 어머니를 경제적으로 지원해야 한다고 생각하지 않았다. 큰아들은 어머니가 60대 중반으로 건강하고 경제적 능력이 충분하다고 해석함으로써 부양의 의무를 느끼지 않는 것이다. 또한 작은아들은 어머니와 함께 살지만, 경제적 능력이 되지 않고 오히려 어머니에게서 가사노동, 손자녀양육 등의 도움을 받고 있다. 작은아들은 이웃의 도우미에게 지불하는 자녀양육비와 아파트 관리비를 지불하면서 김정혜에게 약간의 경제적 도움을 주고 있다. 그러나 김정혜는 작은아들과 함께 살면서 경제적 이익이 '전혀' 없다고 생각했다.

한편 김정혜는 나이들어 생계 때문에 일하는 것을 부정적으로 해석한다. 아들들이 있는데도 '생계 때문에 일하는 것'을 다른 사람이 알까 봐 두려워한다. 남들이 이 사실을 알면 자신을 불쌍하게 보거나 아들들을 욕한다고 생각한다. 그리고 이것은 결국 아들을 잘못 키운 어머니로서 자존심과 관련된다. 그래서 그녀는 이웃의 시선을 의식하면서 돈이 많은데도 심심해서 일하는 척한다. 이러한 행동은 한국 사회에서 노부모 보살핌이 자녀, 특히 아들의 책임으로 간주되기 때문이다. 그래서 김정혜는 아들이 둘이나 있으면서 생계 때문에 일하는 것에 대해 자존심이 저하되고 있다. 한국 사회에서 노년기에 임금노동을 하는 것은 젊었을 때 열심히 일하지 않아 생활비를 마련하지 못했다고 비난하거나 불쌍한 노인으로 취급하는 경향이 있다. 이러한 문화는 노인들에게 노동의 기회를 제한한다. 여성들이 남편, 자녀에게 의존하면서 노년기를 보내는 것이 행복한 삶이라고 규정될 때, 자녀가 있으면서도 실질적으로 경제적 지원을 받지 못하는 여성들은 주위의 시선을 의식하면서 이중적인 고통에 시달린다.

한편 노년기에 고정적인 수입이나 연금 없이 생활하는 것은 경제적으로 부담이 된다. 여성들은 소규모 작업장에서 비정규직으로 일했기 때문에 연금조차 수혜 대상이 되지 못한다. 연구참여자들은 열심히 임금노동을 하면서 살아왔지만 연금 수혜를 받지 못했다.[30]

"남편이 일제강점기 때 일본군으로 징병되어 전쟁에 나갔어요. 그러니 유족연금이 나와요? 뭐가 나와! 시어머니하고 살았어요. 남편이 5월에 군대 갔는데 8월에 해방이 됐어요. 그러니 얼마나 억울해? 광둥 현의 폭발사건으로 죽었는지도 모르죠. 순창에서 3년 살고 남편과 헤어졌어요. 공산당이 내려왔어요. 낮에는 경찰이 오고 밤에는 빨치산들이 밥 안 해준다고 괴롭히니, 살 수 없어 김제로 피난을 왔어요. 거기서 나온 사람은 연행을 했는데, 내 사정을 얘기했더니 풀어주었어요. 순창에서 아무것도 못 갖고 나왔어요. 살림 그대로 놓고 새벽에 나왔어요. 정읍에 오니까 사람들이 이제 살았다고 하더라구요. 하지만 그 이듬해에 인공이 돼 버렸죠. 시집이 잘살았는데 나중에 갔더니 다 죽었어요. 시어머니하고 열두 식구를 죽여 버렸어. 학살당했어요. 그런 세상을 나는 살았어요. 고생은 말도 못하게 했어도 총살 안 당하고 산 걸 다행으로 알면서 살았어요. …… 하지만 아들도 교육을 고등학교밖에 못 시켰고. 우리 아들도 이 세상과 맞지 않아, 곧이곧대로 살아서 잘 못살아요. 사업이 잘 안 돼요. 우리 식구는 나름대로 열심히 살았고 밥 한 끼 거저 안 먹었지만……"(최서희)

최서희는 일제강점기에 남편이 일본군으로 징병되어 전쟁에 나갔다가 돌아오지 않았으므로 군인유족연금도 받지 못했다. 역사의 질곡

---

30) 여성의 가난은 노동시장에서 여성의 주변적 위치, 가족 내의 성역할 부담과 관련되어 있다. 이러한 상황을 고려해서 남성생계부양자 중심 연금수급권이 아니라 여성 개인연금수급권이 보장되어야 한다는 주장이 있다(최희경, 2005; 류연규·황정임·석재은, 2007).

속에서 그녀는, 식구들이 학살을 당함으로써 이별을 해야 했고, 어린 아들을 데리고 외지에서 쌀장사, 하숙, 기름장사 등을 하면서 고생을 많이 했다. 하지만 최서희는 소규모의 자영업을 해왔으므로 연금의 수혜를 받지 못하고 있다. 그녀는 일을 하고 있지 않으므로 아들에게 경제적으로 의존하고 있다. 하지만 아들은 사업에 실패해서 사정이 좋지 않다. 그녀는 열심히 평생을 살았지만 노년기에도 생계를 걱정해야 한다.

한편, 연구참여자들은 생계부양과 보살핌 노동을 하면서 가족을 위해 헌신했지만, 가족 내의 한정된 자원을 둘러싸고 자녀와 갈등을 겪고 있다.

> "70살이 다됐는데 어떻게 전세를 살아요? 내 자존심이 허락하지 않아요. 내가 살아 있는 동안 애들이 벌어 집을 사는 건 좋은데, 이 집을 쪼개서 나누고 싶은 생각은 없어요. 이 자식들이 내가 이렇게 일하니까 '우리 엄마는 항상 돈이 있어' 그러는 거예요. 언제든지 자기들이 손을 벌리면 엄마가 돈을 준다고 생각해요. 우리 애들은 나한테 용돈을 안 줘요. 내가 여행갈 때 돈을 준 적은 있지만, 정기적으로 주는 건 없어요."(김정혜)

김정혜의 작은아들 부부는 서울로 출퇴근하는 시간이 많이 걸리기 때문에 어머니에게 집을 팔고 다시 서울로 이사 가자고 조른다. 그러나 김정혜는 서울로 이사를 가고 싶어 하지 않는다. 서울의 집값이 비싸서 전세를 살아야 하기 때문이다. 김정혜는 나이들어 전세를 살고 싶지 않다고 생각하면서 아들, 며느리와 갈등하고 있다.

> "내 수중에 한 장만 있어도 애들을 내보내고 혼자 살죠. 근데 돈이

없으니까. '빨리 모아라, 빨리 모으면 전세 5, 6천만 원이라도 모은
다.' 그렇게 계획을 세우라고 한 건데, 계획대로 돈을 못 모으더라
고. 여행가고 외식하고 요즘 애들은 2, 3년 후에 어떻게 될지 생각
안 하고 돈을 쓰고 돈을 안 모아. 옛날 어른들이 '자식은 맘대로 안
된다'고 그러더니 맞아요."(김정혜)

김정혜는 작은아들 부부가 하루빨리 목돈을 모아 분가하기를 바란
다. 그러나 작은아들 부부는 근검절약하고 계획적으로 저축하기보다
여행이나 외식 등의 소비생활을 우선시하고 있다. 김정혜는 세대 간
의 다른 가치와 문화의 차이로 아들, 며느리에게 불만이 많다. 김정혜
는 경제적 능력이 있다면 아들, 며느리를 분가시키고 싶어 한다. 그러
나 형편이 되지 못하기 때문에 작은아들 부부와 불편한 동거를 감수
하고 있다.

또한 최서희는 3년 전에 중풍으로 한방병원에 입원했을 때 며느리
가 아니라 손녀에게 보살핌을 받았다. 손녀는 결혼해서 분가해서 살
고 있다. 이것은 고부갈등을 단적으로 보여준다. 최서희는 외아들을
통해 보상을 받아야 한다고 생각하지 않는다. 하지만 그녀는 며느리
에게 불만이 많다. 아들은 첫 며느리와 5년간 결혼생활 끝에 이혼했
고, 현재의 며느리와 재혼했다. 며느리는 현재 대학생인 손자를 한 명
낳았지만, 전처의 자녀 세 명을 기르는 데에는 전혀 관심을 기울이지
않았다. 최서희는 아들의 이혼과 재혼으로 손자녀 3명을 보살피는 일
을 담당했다. 그녀는 새 며느리에게 아들의 전처가 낳은 손자녀의 양
육을 기대했지만, 새 며느리는 그 역할을 하지 않았다. 손녀는 자신을
길러 준 할머니와의 친밀한 관계 때문에, 최서희가 병원에 입원하는
동안 집과 병원을 오가며 간병했다.

"아들이 돈을 못 버니까 십만 원을 받는 것도 참 어려워요. (원불
교) 교당에도 돈을 내야 하고. 다섯 달이 지나니까 다시 풍이 와서
힘들었어요. 풍약, 혈압약 먹어야지. 딸이 있으면 모르는데 아들만
하나 있으니 힘들더라구요. 안약도 필요하고. 백내장 있어 눈이 잘
안 보여요. 늙으니까 다리도 아프고 힘들어요. 이도 없어서 틀니니
까 잇몸이 살아서 레이저 치료를 받아야 해요. 늙으면 밥만 먹으면
되는 줄 알았더니 돈이 많이 들어요. 약값에 돈이 십만 원씩 들어
가요. 혈압약, 감기약. 감기가 잘 안 떨어지더라구요. 원기가 부족
해서 돈이 많이 들어요."(최서희)

손녀와 친정의 자매들은 돈을 걷어 병원비를 지원해주었다. 최서
희는 병원비를 지불하고 남은 돈을 퇴원 이후 한약값과 침을 맞는 데
에 사용했다. 그러나 이 돈은 다 떨어졌고 한 달에 10만 원을 어떻게
마련할지 고민하고 있다. 손녀에게 또다시 돈을 달라고 할 면목이 없
다. 최서희는 현재 일하지 않기 때문에 수입이 없고 저축해 놓은 돈
도 없다. 그러나 아들조차 경제적 사정이 좋지 않기 때문에 그런 아
들에게 경제적으로 의존하는 상황이 불편하다.

최서희는 아들과 함께 사는 것이 편안하지 않다. 그녀는 의료비와
종교활동비로 10만 원의 용돈을 타 쓰는 데 아들, 며느리의 눈치를
보고 있다. 그녀는 아들을 연민하지만 며느리에 대한 기대와 불만에
서 자유롭지 못했다. 김정혜와 최서희는 남편과 사별 이후에 임금노
동을 하면서 자녀를 보살폈고, 현재도 일하는 며느리를 대신해서 가
족을 보살피고 있다. 이들은 일하는 며느리와 함께 살면서 보살핌을
전담하기 때문에 불만을 갖고 있었다. 더욱이 이들은 아들의 경제적
사정이 좋지 않아 아들과의 동거에서 경제적인 이익을 얻지도 못하
고 있다. 이들은 부계중심 가족 내에서 며느리 역할에 대한 기대 때
문에 불만을 갖고 있었다. 그러나 시어머니를 며느리의 취업을 가로

막는 존재로 해석하거나 며느리를 시어머니에게 효도하지 않는 이기적인 존재로 다룬다면, 대립구도는 며느리가 시어머니가 될 때에도 악순환되고 여여갈등으로 남아 있을 것이다. 보살핌을 둘러싼 여여갈등에는 아들의 책임이 빠져 있다. 보살핌 노동은 가족 내에서 시어머니와 며느리의 책임으로 규정되고 있다. 아들은 보살핌을 하지 않으면서도 보살핌의 대상으로서 권리를 누리고 있다.

하지만 이들은 자녀에 대한 불만을 자녀들의 성장과정에서 어머니로서 제대로 보살피지 못한 자신의 탓으로 돌렸다. 최서희는 남편과의 사별 이후에 외아들을 혼자서 힘들게 키웠지만, 아들을 고등학교밖에 교육시키지 못했고 사업이 잘 되지 않는 상황에 대해 어머니 역할을 제대로 하지 못했기 때문이라고 자책했다. 또한 김정혜는 경제적 능력이 없어 큰아들이 결혼할 때 전세금조차 지원하지 못했고 작은아들을 분가시키지 못한 사실에 대해 부모로서 책임감과 미안함을 느꼈다.

> "내가 넉넉하게 집이라도 장만해주면 '나 용돈 줘' 하면서 달랠 수 있는데 …… 큰아이도 결혼할 때 5천만 원밖에 못해줬어요. 7천만 원짜리 전세였는데, 큰아들이 돈을 모아 집을 구했어요. …… 애들이 집 장만할 때까지 도와주지는 못할망정, 애들이 돈을 주기 전에 돈 달라는 말이 안 나와요. 자식 앞에서 자존심 세울 필요도 없는데."(김정혜)

한국 사회에서 부모는 사교육비, 대학등록금, 결혼비용 등 자녀를 위해 많은 돈을 지불해야 한다. 이러한 상황은 경제적 측면에서 저출산의 결과를 낳고 있다. 또한 성인이 되어서도 자녀들은 구조적인 고용불안, 실업 등으로 부모에게 경제적으로 자립하지 못하고 노부모의 도움을 필요로 한다. 이러한 상황은 성인자녀가 노부모를 경제적으로 지원하거나 보살핌을 책임질 수 없는 현실을 의미한다. 자녀의 처지는 노부모의 삶에 경제적으로 영향을 미친다. 젊은 세대의 이러한 태도는 개인주의적인 삶의 결과가 아니라 IMF 이후 연공서열제가 파괴됨으로써 세대 내 경쟁이 아니라 세대 간 경쟁의 구도로 변화하고 비정규직 증가와 고용불안정에 봉착하기 때문에 발생한 것으로 가속화될 전망이다(우석훈·박권일, 2007). 자녀들은 결혼 이후에도 가사노동과 양육 등을 부모에게 지원받으면서도, 노부모가 독립적으로 생활비, 간병비, 의료비 등 스스로 보살핌을 해결하기 바라는 경향이 있다.

보조사례인 노인 남성 엄수철은 자녀에게 보살핌을 받지 않는 대신, 유산을 남겨 주지 않고 부부의 생활비와 의료비 등을 독립적으로 해결할 계획을 세우고 있다. 하지만 아들들은 분가했음에도 불구하고 노부모에게 경제적으로 도움을 받고 싶어 한다. 둘째아들은 태권도장을 경영하기 위해 은행에서 집을 담보로 대출해갔다. 그러나 그는 아들의 태권도장이 잘 되지 않아 걱정하고 있다. 큰아들은 엄수철 부부에게 집을 팔고 같이 살자고 권유한다. 큰아들은 노부모를 보살핀다고 하면서 경제적 이해를 도모한다. 자녀들은 부모를 책임지기보다 본인의 생계조차 책임지지 못한다. 젊은 세대는 노인을 실질적으로 부양한다기보다 노부모의 지원을 기대하고 있다.

연구참여자들은 남편과의 사별 이후 자녀의 생계를 책임지기 위해 노력해왔지만, 저임금 직종에 종사함으로써 연금의 수혜를 받지 못하고 노인의 경제적인 능력을 확보하지 못했다. 또한 이들은 경제적으로 어려움에 처해 있는 자녀에게 실질적으로 지원을 받지 못하지만 자녀가 있다는 이유로 국가로부터 지원을 받지 못한다. 연구참여자들은 어머니가 자녀를 보살핀 것처럼, 자녀가 어머니를 위해 헌신하지 않는다는 사실을 깨닫는다. 이들은 아들, 며느리를 위해 보살핌 노동을 하고 실제로 보살핌을 받지 못하면서도 주변 사람들로부터 아들과 며느리가 '모시고 산다'는 이야기를 들으면서 분노한다.[31] 이들이 자녀들과 동거하는 실제적인 이유는 자녀를 분가시키고 독거를 할 만한 경제적인 능력을 갖추지 못했기 때문이다.

결혼한 아들과 함께 사는 연구참여자들은 어머니로서 좋은 교육환경을 제공해주지 못했고 결혼과정에서 아들을 경제적으로 지원하지 못한 사실을 자책한다. 이들은 아들을 원망하면서도 아들에 대해 연민을 가졌다. 또한 아들에 대한 심정은 며느리에 대한 기대에서 오는 불만을 완화시켰다. 또한 맞벌이하는 아들, 며느리와 동거하면서 보살핌 노동을 해야 하는 현실은 경제적, 정서적으로 만족하지 못하는 결과를 낳고 있다.

2. 세대 간 보살핌의 순환

노인 여성들은 자신이 자녀를 보살핀 것처럼, 자녀들이 어머니를 보살펴주기를 기대한다. 이들은 가족 내에서 자녀와 노부모를 보살피면서 나이들어 보살핌을 받을 수 있으리라고 막연히 기대했다. 그러나 자본주의 교환경제하에서 이러한 보살핌의 방식은 변화되고 있다. 이러한 변화 속에서 노인 여성들이 자녀와의 관계에서 어떠한 협상

---

31) 노인 여성들은 자녀의 시간과 경제적 자원이 한정되어 있고 노인 보살핌을 젊은 세대가 하기 힘든 일이라고 생각하면서도 자녀에게 효를 기대하고 있다(한은주·김태현, 1994; 민무숙, 1995; 김미혜·강인, 2002).

을 하고 있는지 살펴보고자 한다. 이 여성들의 행위성을 통해 노인 보살핌이 현 사회에서 어떠한 방식으로 이루어지는지 고찰한다.

1) 효의 이중기준: 자녀와 부모에 대한 다른 적용

유교문화에 기초한 가족제도에서 노인 보살핌은 아들의 책임이고 실제적으로는 며느리의 책임이었다. 연구참여자들은 시부모와 함께 살다가 나이들어 아픈 시부모를 보살폈다. 시부모 보살핌은 부계중심 가족 내에서 중요한 며느리 역할로 억압적이고 힘든 일이었다.

> "노인네를 모시는 건 보통 힘든 일이 아니야. 노인네 때문에 어딜 갈 수가 있나? 내가 노인이 되어 집에 들어앉아서 무슨 생각을 할지? 정신이 있을 때는 집이라도 치우고 밥이라도 먹잖아. 정신이 있을 때까지는 괜찮지. 90살이 돼도 오래 사는 건 말을 안 해. 하지만 지금이라도 정신이 없으면 바로 죽었으면 좋겠어."(문성자)

문성자는 시어머니와 함께 살면서 시집살이를 심하게 했다고 회고한다. 시어머니는 자신의 행동을 마음에 들어 하지 않았다. 이러한 상황에서 아픈 시어머니를 보살피는 일은 인내와 희생을 감수해야 하는 일이었다.

또한 이영진은 결혼 이후에 33년 동안 시아버지와 함께 살면서 시아버지 중심으로 자신의 삶을 맞춰야 했다. 그녀는 끼니때마다 시아버지의 밥상을 따로 차려야 했고, 외출했다가도 시아버지의 점심식사를 차리기 위해 돌아와야 했다. 또한 시아버지는 70대 때에 피부병으로 다리에 문제가 생겨 병원에서 가망이 없다는 의사의 진단을 받았다. 그때 이영진은 시아버지의 병을 고치기 위해 겨울에 뒷산에 가서 할미꽃 뿌리를 캐서 시아버지의 다리에 붙여 고름을 빼내기도 했다.

> "몸이 안 좋아서 죽을 고비를 여러 번 넘겼어. 병원에서 다리 자르라고 해서 집으로 모셔 와서 침 맞아서 살려냈지. 아버님이 70대 때 그랬지. 의사가 왕진 와서 돌아가시게 두라고 했어. 가망이 없다고. 의사 왕진이 그때 돈으로 3만 원이야. 병원에서 안 된다고 해서 아는 사람에게 부탁해서 침 놔서 살려냈지. 아버님 때문에 돈이 많이 들었어. 그때 돈으로 100만 원 정도. 근데 아버님이 입은 살아서 동지 석 달에도 할미꽃 뿌리를 발라 달라고 했어. 나는 노인네 때문에 속을 무척 썩었어."(이영진)

이영진의 행동은 효로 해석되었고 아들이 다니던 초등학교에서 장한 어머니상을 수상했다. 시아버지는 그 후 완치되어 십여 년을 더 살다가 돌아가셨다. 그녀는 노인 보살핌이 쉽지 않았지만 칭찬받을 만한 일이라고 생각하지 않았다. 노인 보살핌을 가족 내에서 며느리로서 당연히 해야 할 일로 의미화하기 때문이다. 하지만 이영진은 노인 보살핌을 자녀에게 받을 수 있다고 기대하지 않았다. 그녀는 딸, 아들을 구분하지 않고 자녀에게 보살핌을 받아야 한다고 생각하지 않았다. 이영진은 자녀와 시아버지를 보살폈지만 딸, 아들에게 보살핌 받는 상황을 어색해한다. 그녀는 자녀에게 보살핌을 받고 싶어 하지만, 어머니의 보살핌을 받고 고생을 모르고 자란 자녀들이 어머니를 제대로 보살펴줄 수 있을까 하고 의문을 갖는다.

> "노인네는 어른이고 애들한테 잔소리를 하니까 노인네를 보살피는 게 힘든 거지. 보살피는 건 그런 걸 다 받는 거야. 옛날에 나는 그걸 해야 하는 줄 알고 다했지만, 요즘 애들하고는 다르지. 난 그렇

게 힘들지 않았어. 그래도 애들한테는 그게 힘들긴 힘들지. …… 요
즘 그렇게 부모를 보살피는 애들이 어딨어? 그러니까 내가 그렇게
누워 있지 말고 빨리 죽어야지."(이영진)

연구참여자들은 부계가족에서 며느리의 의무로서 시부모를 보살
폈지만, 본인이 며느리에게 보살핌 받는 상태를 편안하게 받아들이지
않았다. 이들은 아들을 보살핀 대가로 며느리에게 보살핌 받는 것을
'효'라고 생각하지 않았다. 유교의 효 문화에서 시부모를 보살피고 자
녀에게 보살핌을 받으면서 보상과 교환이 이루어졌던 원칙은 변화되
고 있다. 그리고 변화의 틈새에서 노인 여성들은 보살핌을 주기만 하
고 받지는 못하는 상황에 놓여 있다.

> "아들이 더해야 한다는 생각은 없어. 지금은 결혼했어도 딸을 보살
> 피니까 딸이 나를 보살펴야지. 며느리한테는 내가 해준 게 없으니
> 까 그럴 수는 없지. 딸이고 아들이고 봉사를 안 했다, 그러면 똑같
> 이 해야지. 며느리이기 때문에 더해야 한다고 생각하진 않아. 지금
> 은 며느리고 딸이고 똑같이 대해야 해. 지금은 딸을 밥 해먹이니까,
> 내가 보살펴준 자식이 돈을 더 내야 한다는 생각은 있어. 삼씩 낸
> 다 할 때 얘는 사를 내야지."(문성자)

> "자식이 못 미더워서 그런 게 아니라 애들이 할 수가 없으니까. 아
> 들은 성격이 찬찬하니까 할 수 있지. 근데 그것도 내 생각이지. 며
> 느리가 내 마음에 안 들지. 며느리는 뭘 할 줄 아는 게 없으니까.
> 그리고 내가 애도 안 봐주고 살림도 안 도와주는데, 따로 살다가
> 아프다고 같이 살자고 하는 건 좀 그렇잖아? 같이 사는 딸년도 화
> 가 나면 이 집을 나가면 뒤도 안 돌아본다고 하는데, 애들을 믿는
> 다고 할 수도 없지."(이영진)

이영진과 문성자는 아들이 결혼, 분가해서 근거리에 살고 있다. 이
들은 아들을 키워준 대가로 며느리에게 보살핌을 받아야 한다고 생

각하지 않는다. 이들은 아들이 딸보다 보살핌 노동에 대해 책임져야 한다고 생각하지 않는다. 문성자는 며느리가 학원강사로 일해 오다가 아들과 함께 가구점을 경영하고 있다. 그녀는 아들, 며느리와 함께 살지 않고 아들 부부를 경제적으로 지원하거나 가사노동을 도와주지 않기 때문에 몸이 아플 때 보살피라고 할 수 없다고 말한다. 오히려 작은딸은 같이 살면서 가사노동과 양육을 지원했기 때문에 자신을 보살펴줘야 한다고 생각한다. 또한 이영진은 아들이 딸보다 자상하고 섬세한 성격이기 때문에 자신을 잘 보살펴줄 것이라고 예상한다. 그러나 이영진은 며느리와 친밀하지 않은 상태에서 며느리의 보살핌을 받는 것을 불편하게 생각했다. 연구참여자들은 아들, 며느리에게 도움을 주지 않다가 아프다고 해서 어머니라는 이유로 보살핌을 받아야 한다고 생각하지 않았다.

연구참여자들은 부계중심 가족 내에서 어머니가 아들을 보살핀 대가로 며느리에게 보살핌 받는 것을 당연하다고 생각하지 않았다. 이들은 자녀에게 보살핌을 받으려면 노년기에 보살핌 노동을 해야 한다고 교환관계에서 해석한다. 이들은 노년기에 자녀들을 위해 노동하지도 않으면서 아플 때 보살핌에 대해 요구하는 것을 정당하지 않다고 해석했다. 이러한 사고는 여성들이 자녀를 양육한 사실만으로 노인 보살핌이 보장되지 못한다는 현실을 반영하고 있다. 이들은 노인 보살핌을 받으려면 자녀 결혼 이후 노년기에 보살핌 노동을 해야 한다고 생각했다.

자녀의 분가는 자녀가 이웃에 살고 친밀한 관계를 유지한다 하더라도 함께 사는 것과는 다른 관계를 형성한다. 함께 살지 않는 것은 적절한 거리를 유지하는 것이기 때문에 아들, 특히 며느리의 보살핌을 불편하다고 느낀다. 하지만 이러한 사고는 자녀와의 관계에서 이익을 도모하는 행동이라기보다는 보살핌이 필요할 때 보살핌을 자녀에게 요구할 수 없는 현실에 대한 체념을 반영한다. 연구참여자들은 노인이 독립해야 한다는 시대적 흐름에 부응하면서 양육의 대가로 자녀가 어머니를 보살펴야 한다고 해석하지 않았다. 이들은 부계중심 가족 내에서 시부모를 보살폈지만 아들, 며느리에게 다른 기준을 적용했다. 이들은 자녀에게 보살핌을 '선물'로 주었으면서도, 노년기에 보살핌 노동을 별도로 제공할 때 보살핌을 받을 수 있다는 불평등한 '교환'의 조건하에서 사고했다. 연구참여자들은 자녀와의 관계에서 손해 보는 기준을 적용했다. 이들은 자녀에게 책임을 묻지 않으면서 노인 보살핌을 독립적으로 해결하고 싶어 했다.

2) 모성의 품앗이에서 물질적 보상으로

경제적으로 독립적으로 생활하는 연구참여자들은 생일이나 명절 같은 특별한 때를 제외하고 자녀에게 용돈을 받지 않는다. 문성자와 오정현은 자녀와 함께 외식할 때 식사비를 지불하거나 자녀에게 용돈을 준다. 이들은 자녀에게 경제적으로 의존하고 싶은 마음도 있지만, 이러한 의존은 어머니의 권위나 자존심을 유지할 수 없게 한다고 생각한다. 이들이 자녀와의 관계에서 경제적으로 독립하거나 돈을 쓰는 이유는 한국 사회에서 연장자가 돈을 내야 하는 연령규범이 있고 자녀가 힘들게 번 돈을 쓰고 싶지 않다는 어머니의 배려와 연관된다.

중산층에 속하는 송진경은 남편과 단둘이 살고 있고 자녀와 경제적으로 독립적으로 생활한다. 그녀는 용돈을 받을 때 기분이 좋지만,

경제적 의존이 자녀와의 관계에 부정적인 영향을 미친다고 생각한다. 송진경은 양육의 대가로 자녀에게 경제적인 도움을 받아야 한다고 생각하지 않았다. 그리고 그녀는 아들들이 결혼, 분가해서 직업을 갖고 생계를 유지함으로써 부모에게 경제적으로 의존하지 않는 것에 충분히 만족했다.

“애들이 무슨 용돈을 줘? 나는 용돈 받는 거 없어. 애들한테 줄 돈도 없고. 우리 아들들은 직장을 다녔잖아. 그 돈은 결혼할 때 다 가져갔지. 하지만 우리 아들들같이 착한 애들은 없어. 돈을 벌어서 다 나한테 맡겼어. 내가 그 돈 모아서 집 샀지. 은행 대출 받아서 샀지만. 우리 두 아들같이 돈 안 쓰고 엄마 갖다 준 사람도 없을 거야. 이런 때나 아들 자랑을 해야지. 내가 언제 자랑하나.”(송진경)

송진경은 아들을 키워서 노년기에 경제적 도움을 얻기보다 아들들이 사회구성원으로 제 몫을 하면서 살아가는 것에 삶의 보람을 느꼈다.

또한 연구참여자들은 자녀에게 보살핌을 받기 위해서는 자녀를 양육한 사실만으로 부족하다고 생각했다. 이들은 자녀에게 물질적으로 보상을 할 때만 노인 보살핌을 받을 수 있다고 생각했다. 문성자는 평생 힘들게 고생했지만 일반주택 한 채를 장만했으므로 그나마 다행이라고 생각한다. 그녀는 이 집을 자녀의 보살핌을 받을 수 있는 교환조건으로 해석한다. 그녀는 나이들어 몸이 불편해지면 자녀들을 의존할 수밖에 없다고 생각한다. 그래서 자녀들이 직접 자신을 보살피든지, 사람을 고용하든지 간에 자녀들을 의지할 수밖에 없기 때문에 자녀들에게 집을 유산으로 남길 계획이다.

“병원에서 죽기보다 집에서 죽고 싶지. 그 상태로 오래 있지 말고

빨리 죽었으면 좋겠어. 누가 급살 맞아 죽는다고 그러잖아. 내가
집 한 칸은 있으니까 자식이 간병해주든가, 집을 팔아서 간병인을
쓰든가 하겠지. 그 정도는 하겠지. 아들딸이 셋이나 있으니까."(문
성자)

문성자는 집을 자녀와의 관계에서 노인 보살핌을 위한 교환자원으
로 해석한다. 그녀는 자녀들을 양육했다 해서 자녀들이 노인 보살핌
을 해야 한다고 생각하지 않았다. 문성자는 자녀의 보살핌을 받으려
면 물질적으로 보상해야만 마음이 편안하다고 생각했다. 이러한 계획
은 자녀와의 관계에서 노인 보살핌을 협상하는 방식이다. 하지만 이
러한 보상은 자녀양육의 대가를 요구하지 않으면서 자녀에게 고생을
시키고 싶지 않는 배려에서 비롯한다. 이러한 협상은 노인 여성들에
게 이익이 되지 않는다.

독거를 하는 오정현은 몸이 아프면 외아들에게 보살핌을 받아야
한다고 생각한다. 그녀는 현재 군인유족연금을 받고 있으므로, 본인
이 살아 있는 동안에는 연금의 혜택을 받을 수 있다. 연금은 아들의
도움을 받을 수 있는 자원이 된다. 그녀는 아들이 연금을 관리하면서
직접 보살피기 힘들면 간병인을 고용하면 된다고 생각한다. 오정현은
누워 있는 기간이 장기화된다 하더라도 의료비와 간병비를 지불할
만한 경제력이 확보되기 때문에 노인 보살핌에 대한 부담이 적었다.

연구참여자들은 자녀의 보살핌을 편안하게 받기 위해서 경제적 자
원이 중요하다고 생각했다. 이들은 노년기의 생활비뿐 아니라 보살핌
을 위한 의료비와 간병비를 마련하기 위해 임금노동과 저축에 관심
을 가졌다. 이영진은 옷가게를 운영하기 때문에 본인의 수입이 있고
단독주택의 주인으로서 세입자에게 월세를 받고 있다. 그녀는 경제적

으로 독립적으로 생활할 수 있지만 자녀들이 용돈을 줄 때 마다하지
않는다. 그렇다고 해서 이영진이 사치스럽게 생활하거나 소비를 많이
하는 편은 아니다. 그녀가 용돈이 필요한 이유는 돈을 많이 저축해서
의료비와 간병비를 위한 노인 보살핌에 대비하고자 한다. 이영진은
집에서 보살핌을 받고 싶어 하지만 노인요양시설에 갈 수도 있다고
생각한다. 어떠한 경우든 그녀는 그 비용을 스스로 마련하고 싶어 한
다. 그리고 나머지 돈은 유산으로 물려줄 것이기 때문에 결국 자녀들
에게 손해되는 일은 아니라고 해석한다.

> "그러니까 돈을 모으는 거야. 아무리 안 그러려고 해도 바로 죽는
> 건 아니니까. 오래 끌지 않고 바로 죽어야 하는데, 그런 걸 자꾸 물
> 으면 뭐라고 그래? 애들이 엄마가 똥 싸고 오줌 싸고 드러누우면
> 싫다고 하겠지. 애들이 정히 싫다면 시설로 들어가야지. 그러니까
> 돈을 모아놓는 거지. 거기 가면 내가 죽거나 말거나 애들이 손 떼
> 는 거지. 내가 움직일 수 있을 때 시설에 가서 다른 사람을 도와주
> 다가 죽으면 더 대접받고 좋지. 내가 집에서 죽어도 애들 도와주다
> 가 죽는 거니까. 그러면 애들한테 좋은 거지. 나랑 살기 싫으면 시
> 설에 가서 죽겠다고 하는 거지."(이영진)

연구참여자들은 노인 보살핌 비용을 스스로 마련함으로써 자녀에
게 피해가 되지 않으려고 노력한다. 이것은 어머니의 자존심을 유지
하기 위한 행동이다. 이들은 자녀양육과 노부모 보살핌에서 자신들이
했던 것과 같은 방식으로 자녀들이 자신을 정성껏 보살펴주었으면
하고 기대한다. 하지만 이들은 자녀에게 도움이 되지 않으면서 보살
핌을 거저 받으려는 것을 염치없는 일이라고 해석했다. 이들은 자녀
양육과 노부모 보살핌 등 가족 내의 보살핌 노동이 노인 보살핌과의
교환자원이 될 수 없다고 생각했다. 연구참여자들은 유교의 효 문화

에서 모성의 품앗이로서 당연시했던 노인 보살핌을 기대하지 않았다. 하지만 보살핌이 필요할 때 자녀를 의존할 수밖에 없기 때문에 물질적으로 보상하면서 자녀에 대한 미안한 마음을 덜어내고자 했다.

그러나 이러한 물질적 보상은 계층적인 차이가 존재했다. 노동시장에서 저임금이나 영세자영업에 종사한 여성들은 노년기에 경제적 자원을 갖지 못했고 이러한 상황은 여성들에게 자존감을 저하시켰다. 양현미는 이혼 이후 세 딸과 함께 살면서 가족의 생계를 책임져 왔다. 그녀는 단순노동직, 비정규직에 종사해왔기 때문에 연금 혜택을 받지 못하고 있다. 현재 그녀는 미혼의 딸들을 보살피면서 경제적으로 의존하고 있다. 딸들은 어머니가 나이들어 고생하는 것이 싫어 더 이상 임금노동을 하지 않기 바란다. 하지만 그녀는 아직은 일할 수 있다고 생각하므로 건강할 때 일해서 의료비나 간병비를 저축해서 딸들에게 보살핌의 부담을 덜어주고 싶어 한다.

"결혼해서 집에 있다가 집안 형편이 다시 안 좋아져서 취업을 한 거죠. …… 내가 놀고 있는 게 무료하고 자식들에게 손 벌리는 것도 미안해요. 근데 일하려고 하면 청소일밖에 찾을 수 없어요. 사무실에서는 나이 먹은 사람은 안 뽑아요. 아파트 단지나 다세대 주택 같은 곳에서 청소하는 거죠. 작은 다세대 주택에서는 청소 아줌마를 두지도 않지만 그런 일밖에는 없어요. 근데 애들이 엄마가 힘들다고 일을 못 하게 하니까 애들의 말을 너무 안 듣는 것도 상처 주는 것 같아서, 일하고 싶어도 그냥 참고 있어요."(양현미)

양현미는 돈을 벌고 싶지만 나이든 엄마가 고생하기를 원하지 않는 딸들의 의사를 존중해서 임금노동을 쉬고 있다. 또한 청소노동은 힘들고 사회적으로 저평가되는 노동이어서 하고 싶어 하지 않는다.

하지만 아무리 딸들이 착하다 하더라도 경제적 능력이 없는 노년기의 현실이 편안한 것만은 아니다. 그녀는 나이들면 간병비나 의료비의 지출이 증가할 것이고 딸들을 위해 가사노동조차 하지 못하는 때가 올 수 있기 때문에 임금노동을 하고 싶어 한다. 양현미는 딸들을 위해 가사노동을 하고 있지만 노인 보살핌의 교환자원으로 해석하지 않았고 다른 물질적 보상이 있어야 한다고 생각했다.

한편 연구참여자들이 건강할 때 자녀와 독립적으로 생활하고 싶어 하는 이유는 위급한 상황에 대비하기 위한 것이다. 이들은 나이들수록 자녀에게 의존해야 할 일이 많기 때문에 이를 최소화하고 싶어 한다. 노부모가 자녀에게 의존하는 것은 당연한 것이 아니라 폐가 되는 것이고 어머니로서 바람직하지 않은 태도로 해석된다. 송진경과 강명선(73세)은 남편과 단둘이 살고 있는데, 자녀와 독립적으로 생활비를 해결하고 있다. 송진경은 남편이 폐암 수술을 하고 입원했을 때, 강명선은 무릎의 인공관절 수술을 받았을 때에 자녀들에게 병원비를 지원받았다. 두 사람은 자녀들에게 고마워하면서도 부모가 노인이 되는 것만으로 자녀의 부담이 커진다고 생각함으로써 미안해했다. 이들은 평소에 자녀와 독립적으로 생활비를 해결하지만 큰돈이 필요한 상황에서는 자녀에게 경제적으로 도움을 받았다.

연구참여자들은 자녀양육과 모성의 품앗이로서 노인 보살핌을 당연하게 받아들이지 않았다. 이들은 경제력이 있는 경우 자녀에게 물질적으로 보상을 해야만 어머니의 자존심을 유지할 수 있다고 생각했다. 그럼에도 이들은 나이들어 신체적, 정신적 의존도가 심화되면 자녀밖에 의존할 사람이 없기 때문에 불가피하게 자녀에게 부담이 된다고 생각했다. 그래서 평소에 최대한 자녀와 독립적으로 살면서 경제적 지원을 받지 않으려고 했다.

자녀양육은 가족 내에서 여성의 역할이고 여성의 생존과 관련된 것이다. 어머니는 자녀를 보살피면서 경제적 자원에 접근하고 자녀의 성공은 본인이 속한 가족의 계층유지나 상승과 관련된다. 이러한 관점에서 어머니 역할은 자녀에 대한 선물이 아니라 생계부양자인 남편과의 교환관계에 놓여 있다고 해석될 수 있다. 그러나 교환과 선물의 경계선은 명확하지 않다. 폴브레(Folbre, 2007)는 경제적 이익을 위해 내 것을 주고 더 좋은 것을 받으려는 목적에서 교환이 시작됐다 하더라도, 호혜성이 애정을 불러오고 애정이 호혜성을 불러오기 때문에 교환과 선물의 결과는 유사하다고 지적했다. 로즈(Rose, 2005)도 선물과 교환이 모두 주고받는 것이고 '받는 것에 대한 기대'의 유무에 따른 차이가 있을 뿐이라고 설명한다. 이러한 관점에서 어머니의 보살핌을 선물/교환으로 명확하게 구분하기는 어렵다. 어머니의 보살핌은 교환관계의 틀에서 설명되지 않는 선물의 가치를 갖기 때문이다. 선물의 목적은 내가 준 것을 그대로 돌려받기 위한 것이 아니라 선물을 제공함으로써 받는 사람과의 유대를 돈독히 하려는 데에 있다(Anderson, 1990; Vaughan, 2007b).

연구참여자들은 자녀양육의 대가로 노인 보살핌을 받아야만 보살핌의 호혜성이 보장된다고 생각하지 않았다. 또한 이들은 자본주의 교환경제하에서 보살핌을 받는 것이 자녀에게 손해를 가져올 수 있다고 인식했다. 그래서 이들은 별도의 물질적인 보상을 계획하거나 경제적으로 독립적으로 살면서 자녀들의 부담을 덜어주려고 노력했다. 이것은 노인 보살핌의 계획에서조차 자녀를 배려한 행동이다. 연구참여자들은 자녀에게 많은 것을 주고 적게 받겠다는 의지를 보여준다. 그러나 이들이 자녀에게 의존하지 않는다면 노인 보살핌을 어떠한 방식으로 해결할 것인가에 관해 의문을 갖게 된다. 더욱이 노년기의 생활비를 비롯해서 의료비, 간병비 등을 자녀에게 의존하는 연구참여자들은 자존감이 저하되었다. 선물로 자녀에게 보살핌을 제공했다 하더라도, 연구참여자들은 경제적 자원이 없고 자녀 외에 대안이 없는 상황에서 노인 보살핌을 받는 데에 구조적으로 취약한 현실에 놓여 있다.

폴브레는 가족 내에서 보살핌의 역할 전도가 힘들다는 점을 지적하면서 가족을 넘어선 노인 보살핌의 보상에 대해 제안하고 있다. 자녀를 양육한 부부는 아이가 없는 부부에 비해 노년기에 상대적으로 가난해지는 한편, 자녀 유무와 상관없이 노년기의 생활비와 노인 보살핌 비용까지 해결해야 하는 부담을 갖고 있다. 노부부가 자녀를 양육하면서 경제적으로 얻는 이익이 없고 보살핌의 기쁨으로 만족해야 한다면 부당하다(Folbre, 2007; 윤자영, 2008). 여성들은 자녀양육을 위해 취업을 중단함으로써 임금노동의 기회를 잃거나 경력단절을 감수해야 한다. 게다가 어머니는 보살핌을 통해 형성된 신뢰관계 때문에 보살핌을 기대하다가 심리적으로 상처 입을 가능성이 높다. 폴브레는 국가의 차원에서 자녀라는 공공재를 생산한 노부모의 보살핌 비용을 보상해야 한다고 주장한다(Folbre, 2007: 89). 즉, 국가가 자녀에게 의식주를 제공하고 교육비를 지원하고 보살핌으로써 노동력의 재생산에 기여한 부모의 공로를 인정해서 경제적인 보상을 해야 한다는 것이다. 이러한 논의는 자녀를 양육한 여성이 아니라 노부모에게 보상하는 것이고, 자녀를 양육한 사람과 그렇지 않은 사람을 구별해서 보살핌을 제공하는 것이 전제된다. 이러한 지원은 핵가족의 성별분업을 전제로 한 결혼제도와 정상가족 이데올로기를 강화한다는 비판을 받을 수 있다. 독신이나 자녀가 없는 노인들은 보살핌에서 불리한 상황이 될 수 있고 여성의 정체성을 결혼, 모성, 가족에게 국한시킨다는 비판에서도 자유로울 수 없다. 그럼에도 이러한 제안은 자녀양육에 대한 재평가이면서도 노인 보살핌에 대한 가족의 부담을 덜어주면서 노인 여성의 보살핌을 해결하는 대안으로 고려해볼 수 있다.

3. 나가면서

연구참여자들은 자녀와 동거하기보다 자녀를 분가시키고 노년기에 자녀를 위한 보살핌 노동에서 자유로워지고 싶어 했다. 이들은 자녀와 함께 있으면 어머니로서 보살펴야 한다는 부담감이 있었다. 중산층 연구참여자들은 경제적으로 독립적이면서도 정서적으로 교감하며 자녀와 분리되어 살기를 원했다. 자녀와 독립적인 삶을 원하는 연구참여자들의 태도는 자기방어적이다. 노인 여성들은 보살핌을 받고 싶은 욕구마저 은폐할 가능성이 높다.

기혼자녀와 동거하는 연구참여자들은 가사노동과 손자녀양육 등을 통해서 자녀들의 임금노동을 지원하고 있다. 기혼의 딸과 함께 살거나 며느리가 부재한 현실에서 연구참여자들은 자녀에게 도움이 된다는 사실에 삶의 보람을 느끼기도 한다. 그러나 맞벌이하는 아들 부부와 함께 사는 연구참여자들은 경제적 능력이 있다면 자녀와 분리되어 독거를 하고 싶어 했다. 이들은 저소득층에 속했고 일하는 며느리와 함께 살면서 가사노동을 책임져야 하는 현실을 불편해했다.

유교의 효 문화가 중심이었던 가족에서 아들을 성공시킨 어머니는 세대 간 연속선상에서 모성의 품앗이로서 노인 보살핌을 보장받았고 안정적인 노년기를 보낼 수 있었다. 하지만 현재 노인 여성들은 노부모와 자녀를 보살폈음에도 불구하고 실업, 주택난, 교육비 부담, 자녀 양육 등으로 성인자녀의 결혼 이후 자녀를 통해 노인 보살핌을 기대할 수 없는 상황에 있다. 경제적 능력이 있는 연구참여자들은 자녀들에게 물질적으로 보상하면서 보살핌의 부담감을 덜어내고자 한다. 이들은 평소에 자녀에게 경제적인 도움을 받지 않으려고 노력하거나 간병비나 의료비를 저축한다. 또한 이들은 자녀에게 보살핌을 받으려면 노년기에 자녀들을 위해 보살핌 노동을 해야 한다고 생각한다. 이러한 사고는 가족의 차원에서 노부모와 자녀를 보살폈다고 해서 노인 보살핌을 당연하게 생각하지 않는 의식의 변화를 보여준다. 이들은 자녀에게 보살핌을 선물로 주었지만, 역할을 바꿔 보살핌을 받는 상황이 자녀에게 부담이 된다고 생각하면서 미안함을 가졌다.

또한 연구참여자들은 어머니의 자존심 때문에 경제적 지원이나 보살핌을 받지 않으려고 했다. 간병비나 의료비 등을 마련하지 못한 연구참여자들은 자녀에게 부담을 주지 않기 위해 노력했다. 하지만 경제적으로 독립적으로 생활하는 연구참여자들도 나이들수록 자녀에게 도움을 요청할 일이 많아 나이듦이 자녀에게 부담이 되는 것으로 해석한다. 이러한 현실은 노인 보살핌이 가족, 특히 자녀의 일차적인 책임으로 간주되는 사회에서 자녀를 불가피하게 의존할 수밖에 없으면서도, 자녀에게 상처받고 싶어 하지 않기 때문에 내면적인 혼란과 갈등을 드러낸다.

제3장 '삶의 과정'으로서 노인 보살핌

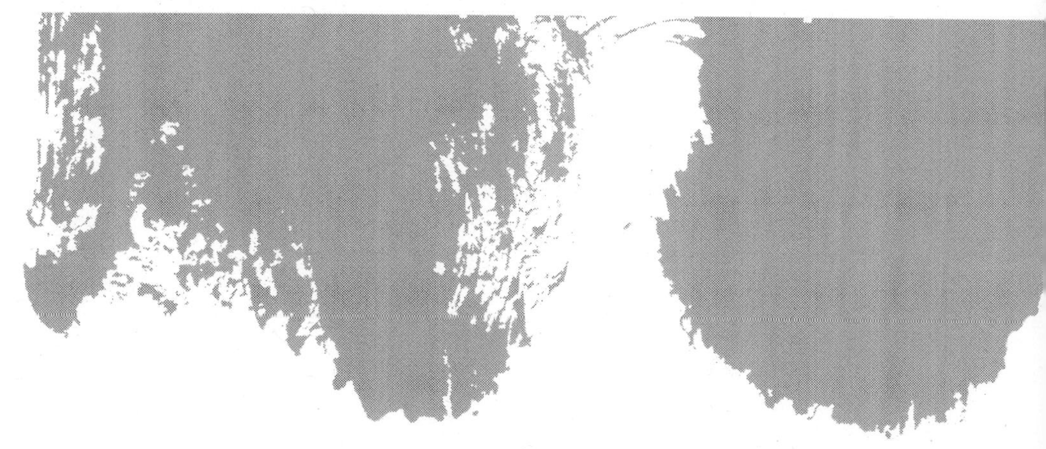

한국 사회에서 노인 보살핌은 자녀에게 부담을 주는 일로 해석된다. 노부모가 아픈 것은 바쁜 자녀를 귀찮고 힘들게 하는 일이다. 노인 여성들은 자녀를 보살폈듯이, 보살핌이 필요할 때 자녀에게 보살핌을 받고 싶어 한다. 하지만 노인 보살핌은 자본주의 사회의 지배가치와 상반된 특성이 있고 자녀들이 성공하는 데에 장애물로서 인식된다. 이 장에서는 가족 내에서 보살핌 노동을 해왔던 노인 여성들이 나이듦에 따라 불가피한 의존적 상태를 어떻게 의미화하고 자녀들과의 관계에서 어떠한 보살핌을 받고 싶어 하는지 살펴본다. 이 여성들이 자녀를 보살펴왔으면서도 자녀에게 노인 보살핌을 받고 싶어 하지 않는다면 그 이유가 무엇인지 사회구조 및 문화적 맥락에서 고찰한다. 또한 이 여성들이 노인 보살핌에 대해 어떠한 계획을 갖고 있고, 자녀 외의 관계에서 노인 보살핌을 지원받을 수 있는지 살펴본다.

1. 보살핌의 관계와 '부담'

대다수의 사람들은 노인 보살핌을 귀찮고 힘든 일, 자녀에게 부담이 되는 일로 해석한다. 한국 사회에서 언제부터 노인 보살핌을 이렇게 인식하게 되었는지 심층적으로 고찰할 필요가 있다. 과거에 노인 보살핌은 부모의 은혜에 보답하는 행위였지만, 현 사회에서는 될 수 있으면 회피하고 싶은 일로 간주된다. 이 절에서는 노인 여성의 경험을 통해 자녀에게 보살핌을 받고 싶어 하면서도 보살핌을 받을 수 없는 맥락과 상황을 살펴본다.

1) 능력과 업적에 대비되는 보살핌의 가치

자본주의의 지배가치는 빠른 속도, 경쟁, 생산성, 효율성이다. 이러한 가치가 중심이 되는 사회에서 나이듦, 죽음, 노인 보살핌은 생산이 아니라 쇠퇴 및 소멸과 연관된다. 신자유주의의 진행에 따라 노년기는 풍부한 경험, 지혜, 직관을 가진 존경받는 시기가 아니라 타자에게 의존하는 시기로 해석된다. 이러한 사회문화적 맥락에서 연구참여자들은 몸이 아파 보살핌이 필요한 상태가 될까 봐 두려워한다. 이들은 의존의 상태가 자녀에게 부담이 된다는 사실을 인식하고 있다.

박은희는 집에서 자녀에게 보살핌을 받고 싶어 한다. 그녀는 8남매의 자녀들이 효심이 깊고 착하며 우애 깊다고 말한다. 그래서 박은희는 며느리들이 돌아가면서 보살펴줄 것으로 믿는다. 그녀는 20년 전에 교통사고로 병원에 2년간 입원한 경험이 있다. 그때 며느리들은 돌아가면서 시어머니를 극진하게 보살펴주었고 이 사실을 고마워한

다. 그래서 그녀는 나이들어 아프게 되면 그때처럼 며느리들이 정성
껏 보살펴줄 것이라고 기대한다. 하지만 박은희는 누군가에게 도움을
받는 상태를 편안하게 받아들이지 못했다. 연구참여자들은 노인 보살
핌이 육체적, 정신적으로 힘든 일이고 의료비 때문에 경제적 부담이
된다고 해석하기 때문이다.

> "병원에 가 있으면 자식들의 돈이 들어갈 텐데 뭐하러 가. 큰아들
> 이 자기가 알아서 한다고 걱정 말라고 하지. 우리 어머니는 그렇게
> 힘들게 안 돌아가실 테니까. 손녀들이 '우리 할머니는 깔끔하니까
> 그렇게 안 돌아가신다'고 하지만 그건 모르지. 두고 봐야지. 나도
> 그러기를 바라지만 '내가 너희들 고생 안 시키고 가야 할 텐데' 그
> 게 걱정이야."(박은희)

박은희는 자녀가 8명이나 되고 관계도 원만한 편이어서, 아무리 노
인 보살핌이 힘들어도 자녀들이 분담하면 된다고 해석한다. 하지만
그녀는 노년기의 생활비를 비롯해서 간병비나 의료비를 마련하지 못
했다. 그녀는 일생 근검절약하면서 여행이나 맛있는 음식이나 비싼
옷 등 자신을 위한 소비를 최소화하면서 살아왔다. 또한 박은희는 가
족에게 헌신하면서 아내, 어머니 역할을 충실히 해온 사실에 자긍심
을 갖고 있다. 현재 그녀는 은퇴한 장남에게 경제적으로 의존하고 보
살핌 노동을 하고 있다. 그러나 박은희는 전적으로 보살핌이 필요한
상태가 되면 자녀들에게 경제적, 신체적, 정신적으로 부담을 준다고
생각한다.

한편 중산층 연구참여자들도 노인 보살핌을 자녀에게 부담 주는
일로 해석했다. 신미란은 강남에 거주하는 중산층 이상의 계층에 속
하는 여성으로서 생활비, 의료비, 간병비에 대해 경제적 부담이 적은

편이다. 하지만 그녀는 자녀에게 보살핌 받는 상태를 편안하게 받아들이지 못했다. 신미란은 최근에 대장암 수술 때문에 병원에 입원하면서 간병인을 고용했다. 그녀는 자녀들이 직접 보살피겠다고 했으면 병원생활이 더 불편했을 것이라고 말한다. 신미란은 자녀들이 엄마가 아파서 병원에 드나드는 것만으로도 미안했다고 말한다. 그녀는 바쁘게 일하는 자녀들이 어머니를 보살피느라고 일을 소홀히 하거나 육체적, 정신적 피로에 시달리는 것을 원하지 않았다. 또한 신미란은 남편과 성인자녀가 집에서 생활하는 데에 불편하지 않도록 가사도우미를 고용해서 관리했다. 그녀는 30세가 넘은 성인자녀(아들, 딸)와 건강한 남편이 있음에도 불구하고, 보살핌이 필요한 상황에서도 가족의 보살핌을 책임져야 했다. 신미란은 몸이 아플 때 자녀의 보살핌을 자연스러운 일로 해석하지 않았다. 그녀는 그러한 행위를 '자녀의 시간을 빼앗는' 일, 어머니로서 해서는 안 되는 일로 해석했다. 이러한 태도는 자녀에게 어머니를 보살피는 일보다 직장에서 일하는 것에 더 중요한 가치를 부여하는 데서 비롯한다. 신미란은 자신을 보살피는 일이 자녀에게 전혀 도움이 되지 않고 자녀들의 삶에 방해가 된다고 부정적으로 해석한다. 그래서 보살핌이 필요할 때 자녀에게 보살핌을 시키지 않고 돈으로 해결하는 것이 현명한 선택이라고 생각한다.

문성자는 함께 살고 있는 작은딸의 보살핌을 기대한다. 그러나 작은딸은 직장에 다니느라고 바쁘기 때문에 휴일에도 가사노동과 양육을 하지 못하는 상황이다. 이러한 현실에서 그녀는 노인 보살핌이 불가능하다고 생각한다. 작은딸은 어머니의 보살핌을 받으면서 직장에 다니지만 임금노동을 함으로써 육체적 피로에 시달리고 있다.

"옛날에는 간병인이 없었잖아. 하지만 이웃사람이 서로 봐준다든가, 아는 사람이 도와준다든가, 동서가 와서 며칠 도와준다든가 이 집에서 한 달을 모시고 저 집에서 한 달을 모신다든가 했는데. 지금은 그렇지 않지. 내 자식이 직장을 다니는데 노인을 보살필 수 없지. 요즘 세상은 회사에서 휴가를 낼 수는 있지만 자식이 벌어먹고 살아야지. 나는 떠날 사람인데 부모가 배려해야지. …… 세상이 그런 걸, 뭐. 노인들이 많으니까 빨리 안 죽으니까 걱정이지. 우리도 생각을 바꿔야 돼. 우리는 부모의 대소변 받아내고 살았지만 지금은 시대가 변했으니까 우리 부모처럼 대접받겠다는 그런 생각은 딱 잘라버려야 돼. 그러면 살 수가 없어. 내가 했으니까 내 자식한테 받아야겠다, 그런 마음을 가져서는 안 돼."(문성자)

문성자는 현재 맞벌이하는 딸을 위해 가사노동과 손자녀양육을 지원한다. 이러한 상황에서 자신이 아프면 딸이 가사노동, 손자양육 등을 처리해야 하기 때문에 자신을 보살피라고 요구하는 것은 딸을 힘들게 하는 일이라고 해석한다. 더욱이 그녀는 작은딸이 자신을 보살피기 위해 임금노동을 중단하기 원하지 않았다. 그것은 딸의 생계와 관련된 문제이고 어머니가 딸의 앞날에 걸림돌이 되어서는 안 된다고 생각하는 것이다.

연구참여자들은 자녀들이 노부모를 보살피지 않는 것이 좋다고 해석한다. 이들의 사고에는 노인 보살핌이 자본주의 사회에서 죽음으로 가는 비생산적이고 비효율적인 행위라는 인식이 반영되어 있다. 더욱이 이들은 임금노동에 부정적인 영향을 미치는 것을 손해로 해석함으로써 노인 보살핌을 권장하지 않았다. 러딕(Ruddick, 2002)은 어머니가 자녀를 양육하면서도 지배가치를 변화시키는 전사로 키우지 못하는 이유에 대해 설명한다. 즉, 어머니는 자녀를 사회에 적응시키고 지배가치에 부응하는 인간으로 사회화시킬 의무가 있기 때문에 보살핌

의 가치를 자녀에게 가르치지 못한다는 것이다(Ruddick, 2002: 64~
65). 연구참여자들은 노인 보살핌을 계획하는 과정에서 가부장제, 자
본주의 교환경제하에서 평가절하된 보살핌의 가치를 인식하면서 소
외감과 내면적인 갈등을 보여주었다. 이들은 자녀들이 사회에서 인정
받는 유능한 인간이 되기 위해서는 아픈 어머니를 보살피는 일에 전
념할 수 없다고 인식했다. 노인 보살핌은 경쟁에서 뒤처지는 일이고
느린 속도를 자처함으로써 손해 보는 일이기 때문이다. 그래서 이들
은 자녀에게 노인 보살핌을 기대할 수 없고 권장할 수 없다.

연구참여자들은 노인 보살핌에 관한 가치평가를 내면화하면서 경
쟁, 성취, 능력, 업적을 중시하도록 자녀들을 가르쳐왔다. 그렇기 때
문에 연구참여자들은 자녀가 어머니를 보살피면서 손해 보는 삶을
선택하기를 원하지 않았다. 그래서 성인자녀가 어머니를 보살피기 위
해 돈, 시간, 노동을 제공하고 희생하기를 원하지 않았다. 이 여성들
은 어머니로서 자녀를 위해 좀 더 좋은 것을 해줘야 하고, 자신은 노
인으로서 죽음을 향해 가는 존재로 자녀의 앞길을 가로막아서는 안
된다고 생각한다.[32]

자본주의 생산경제, 근대의 성별분업하에서 보살핌 노동은 의존,
임금노동은 독립으로 규정되어 왔다. 이러한 사회문화적 맥락에서 보
살핌은 삶의 과정으로 이해되지 못하고 귀찮고 힘든 일, 여성의 일로
저평가되고 비가시화되어 왔다. 또한 보살핌 노동은 임금노동에 방해
가 되는 것으로서 해석되어 왔다. 특히 노인 보살핌은 자녀양육처럼

---

32) 노인들의 삶을 다룬 다큐멘터리에서 노인 여성은 자신의 소비성향에 대해 다음과 같이 말하고 있다. "내
가 일찍이 우리 아이들이 아버지를 여의고 힘들게 살면서 자식들이 제대로 여물지 못했어. 반쪽정이로 길
렀거든. 그래도 나름대로 다 잘살아요. 내가 벌어서 쓰는 돈은 쓸 수가 있지만 자식이 주는 돈은 못 써요.
그거는 자식의 피와 살이거든. 못 써. 최소한으로 쓰지."(EBS-TV, 2008.4.29)

인간의 성장을 지원하거나 미래의 노동력을 생산하는 일이 아니다. 그것은 노동시장의 생산성, 효율성의 이면에 존재하는 나이듦, 죽음을 상징한다. 이러한 이유로 연구참여자들은 자녀들이 노인 보살핌으로 경쟁사회에서 도태되거나 임금노동의 기회가 제한되기를 원하지 않았다. 이들은 자녀들이 어머니를 보살피는 일보다 '중요한 일'이 있다고 생각했고 어머니의 보살핌을 소홀히 하는 데에 관대했다. 하지만 이러한 사고는 가족을 보살피면서 삶의 많은 부분을 '쓸데없는 일'을 하면서 시간을 보냈다는 사실을 인정하는 것이기 때문에 자기분열을 내포한다. 이들은 보살핌이 필요할 때 보살핌을 받을 수 없는 사회구조적 모순을 인식하고 있음에도 불구하고, 자녀를 위해 노년기에도 보살핌 노동을 하면서 희생하고 있다. 이들이 보살핌 노동을 하는 이유는 가족 내에서 보살핌을 담당할 만한 사람이 없고 자녀를 사랑하기 때문이다. 이들의 노동은 보살핌의 공백을 채워 줌으로써 임금노동을 지원하고 자본주의 교환경제를 뒷받침하고 있다. 하지만 언제까지 이들의 희생으로 이러한 제도가 유지, 존속될 수 있을지는 전망할 수 없다.

중년여성들은 노인 여성들과 같이 희생적인 삶을 살지 않고 다른 선택을 하게 될 것이다. 여성들이 더 이상 보살핌을 하지 않겠다고 결정할 때, 보살핌 노동이 평가절하되었다는 것을 인정하는 것이다. 삶의 과정에서 보살핌을 분리할 수 없다고 한다면, 여성 중에서도 더 주변화된 집단의 여성들은 보살핌을 도맡아하는 결과를 낳는다. 자녀에게 피해주지 않고 개인적으로 보살핌을 해결하기 위한 선택은 근시안적으로 개인적 차원에서 보살핌을 해결할 수 있지만 다른 여성의 희생을 전제로 한 것이다.

2) 거리 두기와 책임

연구참여자들은 자녀의 결혼, 분가를 통해 독거나 노부부단독가구를 구성함으로써 보살핌에서 자유로워질 것이라고 기대한다. 성역할 태도가 유연한 남편은 가사노동을 도우면서 이러한 기대에 부응한다. 강명선은 무릎 인공관절 수술을 받은 이후에 남편이 가사노동을 많이 도와주고 자신을 보살펴준 것에 감사한다. 그래서 그녀는 재활치료에 몰두할 수 있었다. 낮 3시쯤 강명선의 집을 방문했을 때 남편은 페트병을 분리해서 수거하고 있었다.

> "아, 남편이 많이 도와줘요. 쓰레기도 버리고 빨래도 널어줘요. 내가 병원에 갔다 와서 '부부라는 게 참 좋구나' 그런 걸 느꼈어. 남편은 자존심이 강해요. 근데 내가 몸이 불편하니 '나, 밖에 나가고 싶어' 하니까 따라 나오더라고. 부부가 참 좋은 거구나. 볼품도 없는 할머니, 남부끄러울 텐데, 내가 봐도 초라한데 할머니가 어디 간다고 하면 따라 나오니까, 그럴 때 '이게 부부구나' 하는 걸 느끼지."(강명선)

강명선의 남편은 은퇴 이후 아내와 가사노동을 분담하고 있다. 강명선의 남편은 은퇴 이후에 가사노동에 대해 유연한 태도를 보이고 있다. 그의 태도는 노부부관계를 친밀하게 한다. 그러나 남편은 가사노동을 전적으로 책임지지 못한다. 남편은 아내의 지시나 요청이 있을 때 특정 부분만을 담당한다. 그녀가 퇴원해서 집에 왔을 때 분가한 큰며느리는 매일 시부모의 집을 방문해서 식사준비와 청소를 도와주었다.

한편 연구참여자들이 전통적 성역할 태도를 갖는 남편들과 사는 경우 역할 분담은 가능하지 않다. 문성자와 송진경은 가부장적인 사고를 가진 남편과 살고 있다. 이들은 은퇴한 남편과 온종일 지내면서도 가사노동이 줄어들지 않아 스트레스를 받는다. 은퇴 이후 부부가 함께 있는 시간이 많아짐으로써 남편의 간섭으로 스트레스를 받는 여성들이 증가하는 한편, 노부부 간의 갈등이 심화되고 황혼이혼이 사회문제로 인식된다(KBS-TV, 2008.5.27). 문성자는 분식점을 정리하고 가사노동과 손자녀양육에 전념한다. 그러나 그녀는 집에 있으면서 남편의 식사를 끼니때마다 챙겨야 한다. 문성자가 임금노동을 할 때에는 남편의 식사준비를 대충 했고 남편도 설거지를 한 적도 있었다. 하지만 문성자가 일을 그만두자, 남편은 끼니때마다 새로운 반찬과 국을 아내에게 요구한다.

> "요즘은 남편에게 세 끼를 다 차려줘야 하니까 그것처럼 귀찮은 건 없어. 그게 더 힘들어. 장사하는 게 더 나은 것 같아. 아주 귀찮아. 아저씨는 국이 없으면 안 되니까. 마른 반찬이 아니라 국이나 찌개가 꼭 있어야 해. 아이고, 죽었으면 좋겠다. 맛있는 게 뭔지도 모르고 제 입에 안 맞으면 하나도 안 집어먹는 사람이야. 야채 무친 것, 그것도 김치 신 거는 안 먹고. 찌개도 오래된 건 안 먹어. 바로 끓여서 그 자리에서 먹어야 해. 밥은 밥통에 해놓으면 먹는데 반찬은 늘 새 거를 해야 해. 생선을 오늘 조리면 내일은 안 먹어. 채소 무친 건 먹고 내일은 안 먹어. 밥은 엄청 잘 먹어."(문성자)

문성자의 남편(보조사례 구병선)은 본인이 다니던 운수회사에 투자해서 정기적인 수입이 있다. 하지만 그는 친구를 만나 식사하고 술을 마시거나 차를 운전하고 낚시를 다니면서 소비하기 때문에 집에 생활비를 전혀 가져오지 않는다. 때때로 남편의 용돈은 이 액수를 넘어서 문성자는 남편의 카드값을 지불해줘야 하는 상황에 놓인다.

"남편은 외출을 좋아해. 외출하면 편하지만 그 사람이 집을 나가면
돈을 쓰잖아. 회사에 투자해서 돈 나오는 게 한 달에 80만 원 되나
봐. 그거 받아 차 보험료 내고 쓰면 모자라는 거야. 나는 집세 받아
서 살고. 차 기름값 들지. 친구들하고 어디 다니려면 친구들이 기
름값 내주는 게 아니라 자기가 내야지. (차를) 타는 사람들은 그냥
타잖아. 이 사람은 차 갖고 다니면 돈이 없는 거야. 차를 지니고 다
니려면 아무리 안 들어도 30~40만 원 들어. 친구들은 차가 없어.
이 사람만 차가 남았어. 아주 부자가 아니면 노인이 되면 차를 없
애지. 젊어서 돈을 벌 때는 차를 갖고 다니지만. 내가 평생 돈을 벌
어서, 약간 위에서 말하는 것 같으면 아저씨는 자존심이 있어 성질
을 부려. 나는 웬만한 건 말을 잘 안 해. 아예 물어보지를 않아. 어
떨 때는 큰일 나거든. 집 팔아서 이혼하자고 할까, 여기(목)까지 목
소리가 올라오는데 그 말은 못하지. 생각은 그래. 자기가 먼저 그
렇게 하자고 하면 좋겠어. 근데 먼저 그렇게는 안 하지. 그렇게 그
이가 (이혼)하자고 하면 참 좋을 것 같아."(문성자)

문성자는 남편이 집에 있으면 식사준비에 신경 써야 하고, 외출하
면 차 유지비와 술값으로 돈을 쓰기 때문에 고민이 많다. 문성자의
남편은 생계부양자 역할을 수행하지도 못했으면서도 가장의 권위를
중시해왔다. 아내에 대해 권위적이고 지배적인 남편의 태도 때문에
문성자는 남편과의 동거가 편안하지만은 않다.

송진경도 가사노동을 도와주지 않는 남편과 사는 것이 힘들다. 자
신이 몸이 아파도 남편이 물 한 잔 떠다 먹지 않는다고 불평한다. 심
층면접 당시는 한여름이었는데, 송진경이 남편이 외출할 때마다 옷을
수시로 갈아입어 빨래가 많아져서 힘들다고 하소연했다. 그러나 그녀
는 불만이 쌓여도 남편에게 이러한 이야기를 하지 않았다.

"아저씨가 물 한 잔을 안 떠다 먹는데 물을 떠달라고 하는데, 약간
거부감이 들다가도 '네, 그래요' 하는데, 물을 주자마자 머리가 여
기가 딱 꼬챙이로 쑤시는 것 같았어. 너무 피곤하면 일을 할 수가

없어. 피곤해서 탈진한 거야. 내가 병원 간다고 하니까 평소에 아
프지 않으면 병원에 안 가는 사람인데, 병원에 간다고 하니까 남편
이 놀랐지. …… 남편은 한 번도 양말을 여기다 안 갖다 놔. 그 사람
은 옛날부터 손 하나 까딱 안 해. 너무 안 해. 이런 데(화분, 탁자)는
걸레로 닦아야 한다고 말해도 대꾸도 안 해. 여기는 손으로 빡빡
닦아야 돼. 남편이 아프지 않으면 그것만으로 다행이지. 그걸로 만
족해야 해. 여기서 어떻게 더 바래? 내가 여기저기 늘어놓고 앉아
있는 사람도 아니고 땀이 얼마나 쏟아지는지 죽겠어. 근데 아저씨
가 옷을 여기저기 벌여 놓잖아. 아저씨가 시장을 같이 가는 걸 좋
아해. ‘같이 갑시다.’ 나는 시장 간다고 했는데, 이 양반은 누가 본
다고 또 옷을 갈아입어. 딸이 그래. ‘엄마, 누가 아버지를 쳐다본
고 저렇게 옷을 자주 갈아입어?’ 그러는 거야. 저 할아버지는 외모
에 신경을 써. 보통 신경 쓰는 게 아니야.”(송진경)

혹쉴드(Hochschild, 2003)는 부부간의 성역할이 고착됨에 따라 서로
의 선물에 감사하기보다 희생을 요구하면서 잘못된 선물을 교환하고
있다고 비판한 바 있다. 노인 남성들은 은퇴 이후 평생 익숙해왔던
방식이나 더 높은 수준의 보살핌을 아내에게 요구한다. 은퇴로 끝나
는 남편의 성역할과 반대로, 아내의 보살핌 노동은 남편의 죽음까지
계속된다. 연구참여자들은 은퇴한 남편을 보살피는 일에 즐거움을 느
낄 때도 있지만, 부부간의 역할이 전도되지 않는 상황에서 부담감을
느끼고 있었다.

“내가 아플 때 영감이 나를 보살피기나 하면 좋겠지. 근데 남자들
은 그런 거 없어. 밥 안 내놓으라고 하면 그게 다행이야. 안 그래?
근데 매부는 안 그런다고 하더라고. 밥도 잘하고 설거지도 하고 집
안도 다 치운대. 하지만 우리 집 남편은 일을 안 해도 어디 안 나가
도 아침 8시가 되면 밥을 해놔야 해. 남자라고 다 그러지는 않겠지
만 이 사람은 그런 사람이 아니니까 그런 생각은 안 해. 아마 내가
죽어도 모르는 척할 거야. 난 아픈 적도 없고 꿈지럭거리고 여태까
지 다녔어.”(문성자)

젊은 부부들은 가사노동과 양육을 분담할 가능성이 높고 보살핌을 주고받는 것도 노부부들보다 원활한 편이다. 보조사례인 장혜진(46세)은 자궁암 수술을 받았을 때 남편의 극진한 보살핌을 받았다. 이들 부부간에는 가사노동 분담도 잘 이루어지는 편이라서 그녀는 자신이 아플 때 남편이 잘 보살펴줄 거라고 믿는다. 상대적으로 남편과 평등한 관계를 형성해온 중년여성들이 노인이 된다면 부부간에 보살핌을 분담할 수 있다고 예측한다. 하지만 노인 여성들은 보살핌의 제공자일 뿐, 그 대상으로 인정받지 못한다. 노부부간의 역할 전도는 이루어지지 않는다.

노부부단독가구의 자녀들은 결혼과 분가를 통해 노부모에 대해 유연한 책임을 갖는다. 반면에 노인 여성들은 자녀를 분가시킴으로써 남편 보살핌에 대한 책임을 떠안게 되고 자신의 보살핌은 스스로 해결해야 한다.

> "나는 항상 이렇게 말했어. 먼저 죽으면 아버지를 모셔라. 아버지가 먼저 돌아가시면 나는 혼자 산다, 그렇게는 얘기했지. 나 죽으면 아버지를 모셔 가야지. 어휴, 며느리들이 여태껏 자유롭게 살다가 시아버지가 가봐라. 얼마나 고통스럽겠냐. 하지만 어떻게? 며느리도 알지. 며느리한테 그런 말을 해봤지. 작은며느리한테는 그런 말 안 했는데 말해야겠어. 작은며느리는 그냥 사나. 큰며느리한테는 한번 얘기했지. 같이 살 때는 힘든 거 모르는데 따로 살다가 같이는 못 살아. 부부가 살다가 한날한시에 죽는 게 소원인데 그게 맘대로 되냐. 정말 내가 생각할 때는 저 양반보다는 내가 하루라도 더 살고 저 양반이 가는 게 좋겠다고 하지. 하지만 내가 저 양반보다 아프니까, 그게 걱정이야."(송진경)

송진경은 남편이 식사 때가 되어 아들의 집을 방문해서도 며느리에게 '밥을 달라'는 소리를 못 하는 것을 보면서 남편 보살핌에 대해 책임감을 느끼고 있다. 남편은 몇 차례의 암 수술을 받았고 병원에 갈 때마다 아내와 동행하기를 원한다. 그녀는 이러한 일을 귀찮아하면서도 남편의 의사를 존중한다. 하지만 송진경은 1년 동안 대상포진을 앓는 바람에 체력이 약화되었지만 남편을 보살피고 있다. 그녀는 건강이 좋지 않지만 남편이 병원에 입원하고 수술을 받았을 때 병실의 간이침대에서 선잠을 자면서 남편을 간병했다. 그녀는 간병인을 고용하지 않았고 자녀들의 일이라고 생각하지도 않았다. 아들, 딸은 회사에 다니고 며느리들은 어린 손자녀를 키우느라 바쁘기 때문에 도움을 요청하지 못했고 남편 보살핌을 본인의 책임으로 인식했다. 하지만 자녀들이 자신과 교대해준다고 하면 거절하지 않았다.

윤수진은 80세의 고령에도 불구하고 아픈 남편을 보살피는 일로 하루를 보낸다. 자녀는 7남매이고 막내아들을 제외하고 결혼, 분가해서 살고 있다. 윤수진은 시장이나 약국 등에 잠깐 외출하는 것 외에는 잠시도 아픈 남편의 곁을 떠나지 못해서 힘들어한다. 하지만 그녀는 이 일을 아내 역할로 인식하고 있었다. 노부부단독가구의 연구참여자들은 자녀를 분가시키고 노부부가 함께 살기 때문에 보살핌의 양이 줄어들 것으로 기대한다. 하지만 자녀의 분가와 상관없이 남편 보살핌은 노동의 강도나 양을 줄여 주지 못한다. 오히려 연구참여자들은 자녀의 결혼과 분가를 통해 적당히 거리를 두면서 독립적으로 살아가려고 노력하기 때문에 남편 보살핌에 관한 책임을 강화한다. 연구참여자들은 자녀의 분가가 양육에서 자유로워지는 한편, 남편 보살핌에서 그 책임을 혼자 짊어지고 있었다.

3) 보살핌의 기대와 어머니로서 자존심

> "효자가 부모를 모시는 태도는 다음과 같이 해야 한다. 평상시 집
> 에 계실 때에는 공경하는 마음을 다하여 모셔야 하고, 봉양함에 있
> 어서는 속으로부터 우러나오는 즐거운 심정으로 받들어 모셔야 하
> 고, 병환이 걸리신 경우에는 진정으로 걱정하는 심정으로 받들어
> 모셔야 하고, 병환이 걸리신 경우에는 진정으로 걱정하는 심정으로
> 치유해드려려 하고, 만약 돌아가시면 애통한 심정을 다 기울여야
> 한다." …… (子曰, 孝子之事親也, 居則致其敬, 養則致其樂, 病則致其
> 憂, 喪則致其哀, 祭則致其嚴 ……)(이민수·장기근 역주, 1984, 『효
> 경』, 紀孝行: 493)

> "겨울에는 부모를 따뜻하게 해드리고 여름에는 서늘하게 해드리며
> 저녁에는 부모의 주무실 잠자리를 정해 드리며 새벽에는 아침 문
> 안을 드리고 안녕히 주무셨는가를 살핀다. 동류와 평교간에는 다투
> 지 않는다."(凡爲人子之禮 冬溫而夏凊 昏定而晨省 在醜夷不爭, 남
> 만성 역주, 1984, 『예기 상』, 곡례: 47)

노인 보살핌이란 몸을 움직이지 못하는 노부모를 간병하는 것만을
의미하지 않는다. 자녀들이 노부모를 존중하는 마음과 함께 노부모가
무엇이 필요하고 무엇을 불편해하는지 관심을 갖고 행동하는 것을
포괄한다. 하지만 연구참여자들은 몸이 아픈 상태에서 자녀의 도움을
받는 것을 폐가 된다고 해석하면서 그것을 원하지 않았다. 하지만 이
들은 자녀와의 관계에서 부담이 되지 않는 범위 내에서 자발적인 배
려와 관심을 받고 싶어 했다. 이들은 분가한 자녀들의 전화나 방문을
좋아한다. 또한 연구참여자들은 자녀들과 같이 시간을 보내고 이야기
를 나누고 싶어 했다.

송진경은 분가한 자녀들의 살림에 관여하지 않지만, 집안에 큰일
이 생길 때는 자녀들이 이웃에 살기 때문에 언제든지 상의할 수 있다

고 생각한다. 또한 본인이 몸이 아파 보살핌이 필요할 때는 며느리들이 '알아서' 보살펴줄 것으로 생각하지만, 지금은 자녀들의 관심과 배려를 원하고 있다. 이영진의 아들은 결혼해서 분가했지만, 버스로 30분 이내의 거리에 살면서 자주 전화하고 일주일에 한 번 집에 와서 식사한다. 이영진은 아들이 찾아오면 식사를 준비해야 하지만, 아들과 집안일을 상의하는 것을 좋아한다. 연구참여자들은 자녀가 분가했다 하더라도, 이웃에 살면서 친밀한 관계를 맺고 도움이 필요할 때 정서적으로 의존하고 싶어 했다. 이러한 태도는 자녀와 독립적이기 위해 분가를 원하는 것과 불일치한 양상을 보여준다.

연구참여자들은 양육과정에서 애착관계를 형성함으로써 자녀와 친밀한 관계를 맺고 있다고 생각한다. 그래서 이들은 보살핌이 필요할 때 자녀에게 도움을 요청한다. 하지만 성인자녀들은 어머니의 이야기를 듣고 그 요구를 들어주는 것을 힘들어하거나 귀찮아한다. 이들은 어린 자녀처럼 어머니의 말에 순종하는 것이 아니라 성인으로서 자기 의견을 피력하기 때문에 어머니와 갈등한다. 송진경은 아들딸을 분가시켰지만 어떠한 관계보다 자녀와의 관계를 우선시한다. 그녀는 며느리와도 좋은 관계를 유지하지만 딸과의 관계를 편안하게 생각한다. 딸이 이웃에 살고 있고 전화도 자주 하는 편이다. 그러나 딸에게 도움을 요청할 때, 딸이 항상 친절하고 세심하게 어머니의 요구에 부응하는 것은 아니다.

"친구도 편안하지만 가족보다 친한 건 없지. 딸이 편안하지. 자식이 정말 좋아. 자식이 3남매, 다음에는 며느리야. 가장 편안한 건 딸이고 작은아들도 편안하지. 큰아들은 어렵지. 걔는 어려워. 작은아들은 전화하면 우리 집이 어떻게 됐나, 일일이 다 물어봐야 해.

근데 큰아들은 딱 할 말만 하지. 작은아들은 항상 애기짓 하지. 지
금도 어린애같이 느껴져. 항상 ‘엄마, 엄마’ 하고. 근데 이건 정말
창피한 일이야. 은행에서 돈을 입금하고 뺄 줄 알지만 기계에서 돈
빼는 걸 못해. 근데 통장은 내가 관리하거든. 아저씨가 지난번에
은행에 카드를 놓고 왔대. 은행에서 전화가 왔어. 카드를 놓고 오
셨다고. 또 세금고지서가 나왔는데, 은행 직원이 ‘이거 쉬워요. 이
렇게 하세요’ 하고 기계로 처리하는 법을 가르쳐주더라고. 근데 그
때 할 땐 되는데 그다음엔 또 모르는 거야. ‘그럼 이체를 하세요.’
근데 고지서가 나왔잖아. 그래서 딸한테 전화를 했어. ‘어떻게 하
냐?’ 그랬더니 자기도 모른다는 거야. 오히려 화를 내. 아무리 딸이
지만 이런 나쁜 년이 있나 했다니까. 걔는 입금을 핸드폰으로 하더
라고. ‘너는 그렇게 하잖아, 너더러 돈 내달라는 것도 아니고 가르
쳐 달라니까.’ 근데 못한다고 화를 내는 거야. 밤 11시에 전화했는
데 ‘너한테 다시 전화하나 봐라’ 그랬지. 내가 못 하는 건 그거야.”
(송진경)

　　은행업무가 전산화, 기계화되면서 겪는 문제들은 노인 여성들이
일상생활을 할 때 필요한 일이면서도 취약한 부분이다. 전적으로 보
살핌이 필요한 노인이 아니라 하더라도, 이 부분은 자녀의 도움과 관
심이 필요한 사항이다. 또한 저학력 연구참여자들은 영어를 하지 못
하기 때문에 컴퓨터나 인터넷을 이용하지 못하고 영어 간판을 읽는
데에도 어려움을 겪고 있었다.

“저는 초등학교밖에 못 나왔어요. 왜 공부를 더하고 싶으냐 하면,
엄마들이 옷을 고치러 오면 브랜드 있는 옷도 가져와요. 근데 라벨
을 못 읽을 때가 많아요. 영어로 되어 있어서. 그럴 땐 정말 자존심
이 상해요. 남들에게 얘기도 못 해요. 그래서 시간만 조금 나면 꼭
공부할 거예요. 제일 하고 싶은 건 영어고, 컴퓨터도 배우고 싶은
데, 그걸 몰라서 굉장히 어려운 점이 많아요. 아주 곤란한 점이 한
두 가지가 아니에요. 일을 안 하게 되면 수선일은 눈이 어두면 못
하잖아요. 내가 70살까지 일을 할 수 있을지 그건 모르겠어요. 하지
만 수선일을 그만두면 영어를 제일 먼저 배울 거예요. 그게 제일

하고 싶어요. 저는 간판하고 라벨만 읽을 수 있으면 자신감이 생길 것 같아요. 근데 그것도 모르는 거예요. 답답해서 미치는 거예요."
(김정혜)

김정혜는 어머니로서 두 아들의 교육과 생계를 책임졌고 아들들이 성인으로서 직업을 갖고 독립적으로 살아갈 수 있도록 뒷받침해 왔다. 하지만 사회에서 필요한 능력을 획득한 아들들은 어머니가 입장을 바꿔 도움이 필요한 사람이라는 사실을 인정하거나 이해하지 않는다. 김정혜는 자신이 약한 존재라는 것을 드러내는 동시에 자녀들에게 무시당할까 봐 두려워한다. 그녀는 어머니로서 권위를 유지하기 위해 자녀에게 항상 무언가를 주는 어머니로서 강한 모습을 보여야 한다.

한편 연구참여자들은 가족을 보살피면서도 몸이 아프다는 것을 가족들에게 표현하지 않는다. 이들은 본인이 몸이 아플 때 남편이나 자녀들과 역할을 바꿔 보살핌을 받지 못했고 자녀들에게 그러한 기대를 하지 않았다. 그리고 이들은 자녀들에게 아프다고 말하면 귀찮아할까 봐 상처받고 싶지 않아서, 가족들에게 걱정을 끼치고 싶지 않아서 아파도 아프다는 말을 하지 않았다.

"요즘은 노인네가 애들한테 어디 아프다고 하면 애들이 귀찮아 하니까, '엄마 어디 아파?' 그러면 '아니 괜찮아' 하고 '안 아프다'고 그래. 아프다고 하면 애들이 다 귀찮아하지. 나는 이때까지 보살핌을 받은 적이 없어. 지금까지 아파서 죽을 것 같은 때가 한 번도 없었어."(문성자)

"저는 엄청 부담스럽게 생각해요. 원래 몸이 약하기 때문에 나로 인해서 가족이 뭘 못 한다든지, 생활에 부담을 준다든지 하면 엄청 싫어해요. 가능하면 아프다는 표현도 잘 안 해요. 내가 아프면 빨리 잔다든지 좀 늦게 일어난다든지 그러면 식구들이 눈치로 때려

잡고 '어디 아프냐'고 물어보는 거지, 자녀들 앞에서 '아파 죽겠다'
든지 이런 말은 하지 않아요."(신미란)

연구참여자들은 아내와 엄마로서 가족을 보살피면서 몸이 아픈 것을 집안의 분위기를 어둡게 한다거나 자녀들에게 미안한 일로 해석하고 있다. 그렇기 때문에 이들은 보살핌이 필요할 때도 자녀에게 보살핌을 요청하지 않았다. 독거를 하는 민효주는 심층면접 당시에 한쪽 팔에 깁스를 하고 있었다. 그녀는 계단을 오르내리다가 넘어졌는데 팔을 헛디뎌서 다쳤지만, 혼자 병원에 다니고 식사를 준비하고 빨래하고 청소했다. 그녀에게는 6명의 자녀가 있지만 어떤 자녀도 그녀를 보살피지 않았고 보살핌을 요청하지 않았다. 그녀는 별일이 아니라고 하면서 바쁜 자녀들을 귀찮게 하고 싶어 하지 않았다. 자녀들도 어머니가 괜찮다고 하기 때문에 어머니를 보살피지 않아도 된다고 안심했다. 노인의 독거는 자녀와의 동거보다 자녀에게 도움 받을 확률이 적다고 할 수 있다.

그러나 자녀와 동거한다 해서 보살핌이 유리하다고 해석할 수만은 없다. 임금노동으로 바쁜 자녀들이 외출한 사이에 집에 남아 가사노동을 전담하는 연구참여자들도 있다. 이 여성들은 건강하지 않으면서도 보살핌 노동을 하고 있다. 최서희는 맞벌이하는 아들 부부, 대학생인 손자가 외출하고 나면 혼자서 많은 시간을 보내고 있다. 그녀는 집에 있으면서 청소, 빨래, 식사준비 등을 전담하지만 가족들은 그것에 대해 칭찬하거나 감사해 하지 않는다. 그녀는 3년 전에 중풍으로 한방병원에 열흘간 입원했고 그 후 1년 동안 외출하지 못했다. 현재 최서희는 건강을 조심해야 하므로 옆에서 누군가가 식사를 챙겨주는 등의 도움이 필요하다. 하지만 그녀는 가족 누구에게도 관심을 받지 못했다. 연구참여자들이 나이들어서도 가족을 보살필 수 있고 혼자 식사를 준비할 수 있는 것은 '건강'을 의미한다. 하지만 이들은 보살핌이 필요한 상황에서도 자녀에게 보살핌을 요청하지 않았다. 이들은 자녀와 함께 살거나 자녀가 이웃에 사는 경우에도 관심이나 배려를 받지 못했다. 이들은 건강이 좋지 않아 보살핌을 받아야 할 상황에서도 가족을 보살폈고 자녀들에게 도움을 요청하지 못했다.

길리건(Gilligan, 1997)은 남녀에게 다른 사회적 역할이 부여되고 이에 따라 남녀가 다른 도덕적 발달단계를 거친다고 설명하고 있다. 즉, 남성은 어머니와의 분리를 통해 타자에게 최소한의 피해를 주지 않는 범위 안에서 독립성을 발달시키고 일반적, 추상적 원칙에 근거해서 도덕적으로 판단한다. 하지만 여성은 관계의 그물망 속에서 타자에게 공감하고 배려하면서 상황에 따라 융통성 있는 결정을 내린다. 이러한 여성들의 도덕적 판단은 객관적이지 못하고 낮은 수준으로 평가절하되어 왔지만 관계성을 고려하는 판단기준에 대해서는 재평가될 필요가 있다. 한편 성역할은 남녀에게 삶의 다른 경험을 제공하고 자아발달의 다른 과정을 거치게 한다. 이러한 논의는 여성들이 '관계 지향적'이라는 본성을 의미하는 것이 아니다. 하지만 여성의 다른 사회적 배치와 경험은 타자를 위해 자신을 희생하고 고통을 인내하는 방식으로 훈육되고 도덕적 판단에 영향을 미친다. 보살핌을 경험한 여성들은 관계를 중시하고 자신의 욕구를 명확히 표현하는 것을 이기적으로 해석하는 경향이 있다. 또한 이들은 자신의 의사를 은폐하고 에둘러서 표현하는 방식에 익숙하다. 연구참여자들은 아들과 딸이 알아서 보살핌을 해결해주기를 바라면서 효에 대해 막연한 기대를 하고 있었다. 이들은 몸이 아파 보살핌이 필요할 때 자녀가 어머니를 내버려두지 않을 것이라고 생각하고 자녀를 무한히 신뢰했다. 이들은 보살핌이 전적으로 필요한 상태에서 자녀에게 부담을 줄까봐 두려워하면서도 아들딸에 대한 믿음으로 구체적으로 보살핌을 계획하지 않았다.

> "자녀들이 알아서 해줄 거야. 내 예감에 나는 많이 안 아프고 죽을 것 같아. 그것도 모르는 거지만, 난 쉽게 죽을 것 같아. 아프면 힘들잖아. 본인도 고생하고. 돈도 많이 들고. …… 애들한테 맡기는 거지. 애들 고생 안 시키면 참 좋겠다. 자다가 죽었으면 좋겠다. 그러니까 애들이 '기도를 많이 하셔, 엄마.' 근데 잘한 게 있어야지. 많이 아프면 힘들지. 내가 좋은 일을 많이 해야 하는데……."(윤수진)

> "현재는 애들과 같이 살고 싶은 마음이 전혀 없어. 혼자 살면 편하지만 서서히 안 좋아지겠지. 내가 아프면 자식들이 데려가겠지. 자식들 키워 놨는데 3남매가 못 하겠어? 그럼 내 정신이 아닌데 당연히 자식이 돌봐야지. 그거 한번 자식들한테 얘기해야겠네. 그렇지 않아? 아니야, 그건 당연한 거니까. 어떻게 될지 모르지만, 그런 얘기까지 할 건 없어. 알아서 해주겠지."(송진경)

가족은 친밀한 관계로 보살핌이 필요한 구성원에게 최고의 보살핌을 제공할 것이라고 기대한다. 하지만 자본주의 사회에서 핵가족은 한정된 자원을 공유하는 경제적 공동체로 구성원 간의 이해가 충돌할 가능성이 있다. 더구나 노인 보살핌은 가치가 평가되지 않기 때문에 어머니와 자녀의 이해는 다르게 작용한다. 연구참여자들은 보살핌을 통해 형성된 자녀에 대한 믿음으로 보살핌을 구체적으로 준비하지 않았다. 그러나 자녀들이 이러한 기대에 부응하지 않고 행동할 때, 이 여성들은 보살핌을 제대로 받지도 못하고 상처 입기 쉬운 위치에 있다.

"작년에 아프기 시작하더니 나동그라져 버렸어. 허리가 구부러져 서, 팬티를 빨아 널고 싹싹 걸레로 마루를 문질러 닦았는데 아래가 쑥 빠지는 것 같더라고. 다리가 내려앉는 것 같더라고. 그렇게 작 년에 죽는 줄 알았는데 살아났어요. …… 나는 건강하고 저녁밥 잘 먹고 그렇게 죽고 싶지. 아이고, 근데 '우리 할머니 이제 가셔야 하 는데……' 그런 소리는 자식들한테 안 들어야지. 다른 걱정거리는 없어. 지금 죽어도 고생이고 죽을 때에는 돈 때문에 걱정이야. …… 내가 똥이나 오줌이나 싸고 후딱 안 가면 자식들에게 부담주고 고 생시키니까 그러지. 죽는 건 안 두렵지. 죽는 게 그렇게 두려우면 몸이 이렇게 아픈데, 지금 죽는 게 낫지. 이렇게 아파도 '나 못 살 겠다' 안 그러고 살잖아?"(박은희)

연구참여자들은 자녀에게 보살핌을 받고 싶어 하지만, 보살핌을 받으면서 자녀와의 관계가 악화될 것을 두려워한다. 이들은 자녀에게 원망을 사고 나쁜 어머니로 기억되기를 원하지 않는다. 박은희는 아 들과 손녀의 입에서 할머니가 오래 사셔야 한다는 말이 아니라, '이 제는 돌아가셔야 한다'라는 말을 들을까 봐 걱정한다. 박은희는 노인 보살핌을 자녀를 고생시키는 일이라고 해석한다. 그래서 그녀는 보살 핌을 받는 상태에 대해 상상하고 싶어 하지 않는다. 자녀에게 보살핌 을 받는 것은 자녀를 힘들게 하는 동시에, 어머니로서 자존심을 유지 할 수 없게 한다. 자녀를 힘들게 하는 어머니는 나쁜 어머니이기 때 문이다.

"그렇게 되면 시설에 가는 게 나을 것 같아. 그래서 우리는 요만한 곽에다 죽을 준비를 해요. 거기다가 써놔요. 엄마가 치매가 걸린다 거나 정신이 없이 목숨만 붙어 있다거나 요럴 때는 시설로, 어느 시설까지 써놔요. 그렇게 해놔요. 옛날 노인네들과는 달라. …… 안 써놓으면 저희들이 모르잖아. 우리 엄마를 거기에 보낼 수 있나, 그러면서 자녀들에게 맡기면 구박하는 거지. 며느리는 호적상으로

나 법적으로나 부모지, 내 자식은 아니야."(서지연)

종교생활을 열심히 하는 서지연은 죽음준비의 일환으로 치매에 걸리거나 오랫동안 누워 있는 경우를 대비해서 아들딸에게 당부하는 글을 작은 함에 넣어 두었다. 하지만 그녀는 보살핌을 받는 상태를 "며느리가 밥을 조금 준다", "시설에 넣는다" 등으로 표현함으로써 노인 학대에 대한 불안을 드러냈다. 서지연은 자녀들이 아픈 어머니를 귀찮아할 수 있고, 며느리는 혈연으로 맺어진 자녀가 아니므로 자신을 제대로 보살펴주지 않는다고 말한다. 그러나 그녀가 자녀를 위해 시설에 가겠다고 말한다고 해서 진심으로 시설에 가고 싶은 것은 아니다. 집에서 자녀에게 보살핌을 기대하다가 제대로 보살핌을 받지 못하거나 존중받지 못할 수도 있기 때문에 시설에 가는 것이 낫다고 생각하는 것이다.

> "내가 죽을병이라도 걸려서 자식들을 이리 끌고 다니고 저리 끌고 다니고 기간이 길면 얼마나 지겹겠어. 옛날부터 한 부모가 열 자식 거느려도 자식들은 한 부모 못 거느린다고 아프면 얼마나 지겹겠어. 그냥 2~3일 아팠다가 죽든지 해야 할 텐데……."(김정혜)

김정혜는 경제적으로 독립적으로 생활하고 함께 사는 작은아들 가족에게 가사노동과 손자녀양육을 지원하는데도 불구하고 자녀들에게 존중이나 관심을 받지 못한다고 했다. 이러한 상황에서 어머니가 의존상태가 된다면 어떻게 자녀에게 보살핌을 기대할 수 있는가 하고 반문했다.

연구참여자들이 자녀에게 노인 보살핌을 받고 싶어 하지 않는 이유는 의존상태에서 아들, 딸, 며느리에게 함부로 다뤄질 것을 두려워하기 때문이다. 생산중심의 경제하에서 의존의 상태는 자율성을 상실하고 타자의 도움 없이 생존할 수 없는 약자의 위치를 의미한다. 연구참여자들은 성인으로서 독립적으로 생활하다가 의존도가 심해지면 타자의 도움을 받아야 하는 사실을 두려워한다. 이들은 자녀의 기저귀를 갈아주었고 (시)부모의 대소변을 처리해왔지만, 아픈 노인이 되어 자녀에게 보살핌을 받는 상태를 편안하게 받아들이지 못했다. 연구참여자들은 아픈 가족의 곁에서 관심을 갖고 보살핌을 해왔으면서도 의존상태를 자율성의 상실로 부정적으로 해석하고 있었다.

> "시어머니하고 같이 살았는데, 중풍이 들었어요. 시어머니가 3년 정도 앓았지만, 날 그렇게 고생시키거나 똥오줌을 받아내지는 않았어요. 몸이 불편하셔도 화장실을 혼자 다니셨거든 …… 근데 대소변이 그냥 나오지. 똥은 자꾸 싸고 먹기는 자꾸 먹고. 그러면 참 힘들 것 같아. 병원에 입원했을 때 6인실의 그이는 사람과 접촉을 안 보고 시트를 가리고 싸더라고. 그이는 간병인을 뒀어요. 매일 아침마다 똥을 한 보따리 싸놓고. 나이도 안 많아. 60살도 안 됐는데 혈압이 높아서 그렇게 됐대. 아휴, 저렇게 살아야겠나. 재기할 수 있겠나. 내가 들어가서 이야기도 나누니까 그이도 웃어. 한 병실에서 분위기가 좋게 지내고 왔는데 마음이 안 좋았어."(강명선)

강명선은 3년간 아픈 시어머니를 보살폈지만, 시어머니가 돌아가실 때까지 혼자서 화장실을 다니셨기 때문에 간병이 그다지 힘들다고 생각하지 않았다. 하지만 인공관절 수술을 받기 위해 병원에 입원하면서 구체적으로 노인 보살핌을 고민하게 되었다. 같은 병실에는 고혈압으로 쓰러져서 대소변을 가리지 못하는 50대 여성 환자가 입원해 있었는데, 그 환자를 지켜보면서 노인 보살핌을 더욱더 두려워하게 된다.

"아무리 마누라고 자식이지만 자기 밑의 것, 치부를 보인다는 게 얼마나 마음이 아프겠어. …… 우리 가족 중에 이런 사람은 없었지. 아버지나 친척이 있어도 돌아가셨다고 하면 그냥 돌아가셨거니 했지. 아휴, 내 식구한테 저런 일이 올 줄 생각도 못 했지. 그래서 죽음에 대해 많이 생각하지. 이 순간은 건강이 최고다 싶어도 나도 늙으면 건강해서 저렇게는 안 돼야지, 그게 지금 내 소원이지. 자식들 애 안 먹이고 …… 본인이 서럽고 답답한 거야. 이 사람은 사족을 못 쓰고 아픈 건 그래도 몸은 꼼짝도 못하고 사지가 굳어 가잖아. 식물인간하고 똑같아, 몸은. 정신은 말똥말똥하잖아. 본인이 말을 못 해도 다 느끼니까 그게 더 비참하잖아. 너무 마음이 아파."(정유경)

정유경은 아픈 남편을 보살피면서 보살핌을 받는 것이 인간으로서 자존심조차 유지할 수 없다는 것을 인식하게 된다. 그녀는 남편이 자신에게 알몸을 보이고 몸을 맡기는 상황을 연민한다. 자신이 그 상태로 아들에게 보살핌을 받아야 한다면 수치스러운 일이라고 해석한다.

바이옥(Byock, 2001: 145)은 죽어가는 사람들이 평소의 이미지를 유지하고 싶어 하지만 의존상태는 이러한 소망을 가능하지 않게 한다. 어머니는 자녀에게 자애로운 모습으로 남고 싶어 하지만 죽어가는 과정에서 하루아침에 일생 쌓아온 이미지가 무너질 수 있기 때문에 자존감이 저하된다는 것이다. 연구참여자들은 어머니로서 자녀를 보살피다가 자녀에게 도움을 받는 것이 어머니로서 품위를 떨어뜨리고 자녀를 고생시키기 때문에 '해서는 안 될 일'로 해석한다. 질병이나 나이듦의 신체적 징표는 보살핌이 필요하다는 것을 의미하므로 인간의 존엄성을 손상시키는 것으로 해석된다(Byock, 2001: 146). 연구참여자들은 의존상태를 인간의 존엄성을 유지하기 힘든 상태로 해석했다. 이러한 사고방식은 나이듦, 죽음에 대한 공포와 억압이 작동하는 현실을 반영하고 있다.

연구참여자들은 보살핌이 필요할 때 아들, 며느리, 딸에게 보살핌을 받고 싶어 했다. 이들은 노인 보살핌의 평가절하된 가치를 인식하면서도 내 자녀에 대한 믿음과 기대를 포기하고 싶어 하지 않았다. 하지만 이들은 보살핌을 통해 형성된 자녀와의 신뢰관계가 자녀에게 보살핌을 받는 과정에서 악화되고 본인이 나쁜 어머니로 기억될 것을 두려워하면서 노인 보살핌에 대해 상상하고 싶어 하지 않았다.

> "날이 엄청나게 덥지. '선풍기 좀 틀고 가라' 하시더라고. 선풍기를 틀면 붓잖아. '선풍기 튼 거냐' 하고 묻더라고. '네, 약하게 틀었어요.' 그래서 딸에게 선풍기를 약하게 틀어놓다가 끄라고 했어. 그리고 어디 갔다 오니까 그때도 생생하시더라고. 그전 날까지는 요구르트를 꿀꺽꿀꺽 드시더니 그날은 전혀 못 드시더라고. 그전 날 저녁에 그렇게 앓는 소리를 하시더라고. 아침에는 괜찮았는데 오후 3시 됐을 거야. 시누이 남편이 와서 자는데 내가 옆에 있으면 뭘 해. 그때 어머님이 코를 곯다가 그냥 숨이 넘어갔나 봐. 그때까지 정신이 맑았으니까, 날이 덥다, 춥다, 선풍기 틀어라, 하셨지. 몸은 못 움직였지만."(문성자)

연구참여자들은 죽기까지 '맑은 정신'을 유지하고 싶어 한다. 이렇게 맑은 정신에 집착하는 이유는 죽을 때까지 자율성을 유지하고 싶어 하기 때문이다. 의존에 대한 부정적인 인식은 사회문화는 보살핌을 해온 여성들에게조차 자율성의 신화를 강화하는 태도를 보여주었다. 연구참여자들은 가족을 보살피면서 보살피는 대상에 대해 감정이입을 해왔다. 하지만 이들은 나이듦에 따라 불가피한 의존의 상태를 편안하게 받아들이지 못했고, 자녀에게 폐를 끼치는 일로서 해석했다. 특히 노인 보살핌을 경험한 연구참여자들은 아픈 노인과 함께 사는 가족들이 인간다운 삶을 누리지 못한다고 생각했다.

> "처음에는 대변을 싸더라고. 대변도 몇 번 싸잖아. …… 대변을 싸
> 는데 기가 차고 화장실에 와서 치우면서 엉엉 울었어. 내 자신이
> 너무 비참하고 저 사람이 움직이지도 못하고 대변까지 싸고……."
> (정유경)

정유경(65세)은 파킨슨병에 걸린 아픈 남편(68세)을 초기에는 직접
보살폈다. 그녀는 원래 건강이 좋지 않았지만 남편의 보살핌을 직접
해야 한다고 생각했다. 하지만 보살핌이 힘들어 두 번이나 실신했고
결국 남편을 집 근처의 요양병원으로 옮겼다. 남편을 보살필 때 가장
힘든 일은 대소변을 처리하는 일이었다. 정유경은 하루에도 수차례 남
편의 옷과 이불을 빨면서 신세를 한탄하다가 펑펑 울었다고 말한다.

> "친한 친구가 우리 집에 오고 싶다고 하면 오지 말라고 했죠. 우리
> 집에 오면 병원 냄새 나거든요. 또 아픈 노인네가 풍기는 오줌 냄
> 새가 나거든요. 그게 싫어서 오지 말라고 했는데, 근데 친구가 굳
> 이 온다고 해서 왔어요."(양현미)

양현미는 치매에 걸린 시어머니를 보살피는 동안 온 집안에 대소
변 냄새가 진동해서 손님이 방문하는 것을 싫어했다. 연구참여자들은
아픈 노인과 한 집에 사는 것이 집안의 분위기를 어둡게 하기 때문에
가족들의 삶을 불행하게 한다고 해석한다.

> "얼마나 힘들어. 서로 고통이지. 자식도 고통이고. 나도 고통이고.
> 어머니는 아주 건강하셨지. 근데 돌아가시기 1년 전에 우리 집에
> 오셨는데 팬티에 똥이 묻은 걸 모르시더라고. 근데 항상 자기가 빨

려고 그래요. 그 정도가 되면 오래 살 필요가 없어. 전혀 뭘 모르셨어. 사람의 몸에서 냄새가 나잖아. 그 냄새를 전혀 못 맡더라고. 동생이 팬티를 많이 보냈어. 왜 그런가 싶었는데 그걸 알고 팬티를 많이 산 거야. 어머니가 똥 싼 팬티를 감추시더라고. 어머니가 팬티를 벗어놓으면 내가 빨았지."(송진경)

송진경은 친정어머니를 잠시 보살피면서 인간이 대소변을 조절하지 못하는 상황이 될 때는 더 이상 살 필요가 없다고 단호히 말하고 있다. 그녀는 자율성을 상실한 인간이 타자에게 폐가 되는 존재라는 것을 강조하면서 의존상태를 혐오하고 있다. 위의 연구참여자들은 기저귀를 갈아주고 목욕, 음식먹이기 등에 숙련되어 있지만, 노인이 되어 도움을 받는 것을 수치심과 연관 지어 해석했다. 인간이 음식을 먹고 배설하는 것은 생명의 자연스러운 작용이지만, 어린아이가 아니라 성인이 대소변을 조절하지 못하는 것에 대해서는 수치심을 느끼게 한다(Breton, 1990). 몸에서 나는 냄새를 지나치게 가리거나 없애기 위해 노력하는 것을 문명이나 예의로 해석하는 것은 인간의 삶을 왜곡하는 것이 아닌지 비판적 접근이 필요하다.[33] 이들은 보살핌을 했음에도 불구하고 의존상태에 대해 폄하된 태도를 보여주었고 이러한 상황은 노인 보살핌을 두려워하는 결과를 초래한다.

한편 아픈 노인을 보살피는 것은 한시도 떨어져 있지 못하고 외출이나 휴식에 제약을 받기 때문에 힘든 일이다. 윤수진(80세)은 고령에도 불구하고 아픈 남편을 보살피고 있다. 그녀는 시장이나 약국 등 잠깐

---

33) 브레통(Breton, 1990)은 냄새를 야만으로 규정하면서 냄새를 제거하려는 근대인의 태도가 삶을 왜곡하고 있음을 비판한다. 아기는 자신의 배설물을 갖고 놀거나 냄새 맡는 것을 좋아하고, 개인의 배설물 냄새를 맡는 것이 혼자 있을 때는 별 문제가 되지 않지만, 다른 사람에게 그 냄새를 풍기는 것은 예의에서 벗어나는 수치스러운 행위로 사회적으로 금지하고 있다. 또한 엘리아스는 인간의 원초적, 동물적 측면들이 문명화 과정에서 사회적 규칙들과 양심에 의해 이전 시기보다 안정되고 포괄적이고 세분화된 방식으로 통제되는데, 그중에서 죽음은 가장 큰 생물적, 사회적 위험으로 통제의 대상이 된다고 설명한다(Elias, 2004: 20).

외출하는 것 외에는 잠시도 남편의 곁을 떠나지 못해서 힘들어한다.

> "친한 친구가 나를 못 알아보는 거예요. 우리 집을 못 찾아서 내가
> 마중을 나갔어요. 나는 걔를 알아보는데 걔가 날 못 알아보는 거예
> 요. 그 친구가 깜짝 놀라면서 내가 너무 마르고 늙어서 못 알아봤
> 다고 하더라구요. 해골만 남았다고 그랬어요. 그땐 몸무게가 43킬
> 로그램까지 나갔어요. 지금은 52킬로그램 나가요."(양현미)

양현미는 치매 걸린 시어머니를 7년 동안 보살피는 동안 시장과
같은 가까운 거리를 외출하는 것조차 힘들었다. 그녀는 시어머니를
간병하면서 신체적, 정신적 고통으로 살이 심하게 빠지기도 했다.
　치매노인을 보살피거나 그 모습을 옆에서 지켜본 연구참여자들은
의존상태를 두려워했다. 연구참여자들은 치매에 걸려 보살핌을 받는
것이 자녀에게 고통을 주는 일이라고 생각한다. 이들은 보살핌을 받
으면서 다른 사람을 힘들게 할까 봐 걱정했다.

> "죽는 건 신경 안 쓰는데, 노망들어서 난리치는 걸 봤잖아. 우리 집
> 안, 친정 집안에서는 그런 사람이 없는 줄 알았는데 오라버니가 그
> 렇게 됐지. 우리 오라버니는 치매에 안 걸릴 줄 알았어. 성당에 다
> 녀도 상관없더라고. 우리 오라버니가 서울에서 떵떵거리고 잘살아
> 서 절대 그런 일은 없을 줄 알았지. 근데 치매에 걸려서 6년 만에
> 죽지 않았어? 앓기만 했으면 말을 말아. 정신을 잃어버려서 여기저
> 기 돌아다녔지. 가만히 앉아 있으면 괜찮은데, 맨날 돌아다니다가
> 잃어버려서 조카들이 오라버니 찾아다니는 데에 넌덜머리가 났
> 지."(박은희)

> "어머님이 86세에 돌아가셨는데, 88년 올림픽이 열릴 때 차사고가
> 나서 뇌를 다쳐 치매가 생기셨어요. 그래서 7년 동안 대소변을 다
> 받아냈어요. 5개월 동안 병원에 계셨다가 퇴원하셨는데, 중환자실
> 엔 한 2개월, 일반병실에서 서너 달 계셨어요. 그리고 5개월 만에

퇴원하셔서 7년을 그렇게 살았어요. 치매였으니까 대소변은 다 받
아냈고 내가 어딜 가지 못했죠. 시장을 조금 갔다 와도 번호 키 같
은 걸 밖에서 잠그고 갔다 왔어요. 왜냐하면 문을 열어놓고 가면
어머니가 없어지니까. 밖으로 그냥 나가시니까. 그렇게 살았어요.
…… 본인도 괴롭겠지만 본인이 정신이 맑은 건 아니잖아요. 그러
니까 상대편한테 고통을 준다는 걸 모르고 사는 거니까, 그게 더
고통스러운 것 같아요. 내가 마음대로 돌아다닐 수도 없고 시댁식
구들한테 매일 불평할 수도 없었어요. 괴롭고 고통스러운 거는 말
로는 표현이 안 돼요. 사람이 육체적인 고통은 참아요. 정신적인
고통은 말로 못 해요. 치매 걸려서 매대기치고 시어머니처럼 그럴
까 봐. 난 그게 제일 두려워요. 본인은 모르죠. 그러니까 그렇게 저
지르지. 알면 못 하지. 뭐 말도 못 해. 며느리 된 도리, 또 남의 집
에 자식으로 왔으니까 힘껏은 해야 되겠다 해서 끝까지 했어요. 당
신이 아무것도 모르지만 상대편한테 괴로움을 주니까 안 좋은 것
같아요. 짧게 앓다가 사그라졌으면 좋겠어요. 그게 내 소원이에요.
소원이 있다면 그것밖에 없어요.”(양현미)

연구참여자들은 치매에 대해 다른 사람에게 괴로움을 주는 것조차
의식하지 못하는 불행한 일로 해석한다. 우리 사회에서 치매는 당사
자뿐 아니라 보살피는 가족, 특히 여성들의 고통과 연관된다.[34) 치매
는 인간의 기억력, 판단력, 언어능력 그리고 육체적인 건강까지 강탈
해가고 자율성을 상실하게 함으로써 본인과 가족구성원의 행복추구
권을 침해하는 ‘재앙’으로 규정된다(Bell & Troxel, 2006: 7; 권중돈 외,
2002: 24; 최경구, 2003). 이러한 치매 담론은 보살피는 가족의 부담을
덜어주기 위해 사회적 지원과 치매예방을 위한 정책의 실행을 촉구
했다. 하지만 이러한 담론은 의존자의 삶이 독립적인 사람들의 삶을

---

34) 치매노인은 뇌혈관질환 등으로 인해 누워 있는 노인들처럼 특별식을 제공하거나 음식을 먹여 주는 일부
터 대소변 처리와 목욕, 옷 갈아입히기, 그로 인해 늘어나는 빨래와 같은 일상적인 보살핌 외에, 뇌 인지
능력의 저하로 밤에 잠을 자지 않고 돌아다닌다든가 집을 잃어버린다든가, 대변이나 재활용품을 모아들이
고 주변의 사람에게 폭력을 행사하기 때문에 보살핌 제공자는 신체적, 심리적으로 질병에 시달릴 만큼 고
된 노동을 하고 있다(장혜경 외, 2006).

위협한다는 자율성의 신화에 근거한다. 더욱이 치매 담론은 공동체의 산증인으로 노인의 경험과 지혜, 통찰력을 평가절하하는 한편, 인간의 주체성과 개인성을 위협하고 의존상태의 불안과 공포를 생산해내기 때문에 문제점이 있다(Agich, 1996: 143~145; Post, 1996: 154). 치매 노인을 보살피는 것은 신체적, 정신적으로 힘든 노동이다. 그러나 치매 담론이 자율성의 신화를 강화하고 삶의 과정으로 노인 보살핌을 부정하는 결과를 낳는다면 비판되어야 한다.[35]

　　노인을 보살핀 사람들은 대소변을 가리지 못하는 노인들의 수치심을 배려해야 한다고 권고한다.[36] 의존도가 심화되어 가는 노인의 마음을 배려하는 것은 중요하다. 하지만 그보다 중요한 것은 삶의 과정으로 의존의 상태를 자연스럽게 받아들이지 못하는 이유를 고찰하는 것이다.『모리와 함께한 화요일』에서 모리 교수는 의존을 재해석하면서 편안하게 받아들이고자 노력한다.[37] 하지만 이러한 상황은 타자

---

35) 치매노인의 삶의 질이 낮다고 생각하는 것은 합리적 이성의 기준에 따른 것이기 때문에 이 기준은 적절하지 않을 수 있다. 신학자 포스트(Post, 1996: 160)는 "인지적인 결함 때문에 삶의 질이 없다고 생각한다면 삶의 질을 강화할 수 있는 것은 어떤 것도 없다"고 하면서 동물과 대화하고 꽃을 보고 기뻐하는 치매환자를 '인지적으로 손상된 존재'가 아니라 '합리적 이성의 틀 안에서 설명할 수 없는 뛰어난 영감'을 가진 존재로 해석하고 있다. 더 나아가 포스트는 치매환자들이 환경과 상호작용함으로써 부분적으로 주체적일 수 있으므로 그들을 인지적인 차이 때문에 삶의 질이 없다고 생각하는 것은 잘못되었다고 비판했다. 치매에 걸린 사람들은 합리적 이성의 틀에서 해석되지 않고 나와 남의 구분하지 못함으로써 소유의 개념을 넘어서서 자선을 베풀고, 완고한 성인들과 달리 아이처럼 자신의 실수나 착각을 순순히 인정하고 반성하며 보호자의 얼굴을 기억하지 못하므로 작은 배려에 감사하면서 칭찬, 격려를 아끼지 않는다(나관호, 2007: 53; 코메디닷컴, 2008. 6. 9). 또한 치매에 걸린 노인 여성은 가족 내에서 자신의 목소리를 내지 않고 남편과 자녀의 눈치를 보고 살아오다가 치매에 걸리면서 당당하게 큰소리를 치고 자기주장을 함으로써 수동적이고 가족들에게 양보만 해왔던 어머니, 아내의 모습에 익숙한 가족들을 놀라게 한다(전희식 · 강정임, 2008: 108; EBS-TV, 2008. 2. 13). 그러나 치매환자의 소통방식은 합리적 이성의 틀 안에서 언어화되거나 설명되지 못한다. 그래서 그들의 언어를 이해하지 못하는 '정상'의 사람들은 치매를 가족의 재앙이나 자기조절의 실패로 폄하한다.

36) 이러한 기술은 노인들이 팬티에 실수를 해서 몰래 빨래하고 있을 때 자신의 팬티도 같이 빨아 달라고 한다든지, 화장실에 스스로 가려고 한다면 그 노력을 존중해주는 것이다(유희인, 2005; 나관호, 2007).

37) "'나는 죽어가고 있지만, 날 사랑하고 염려해주는 사람들에 둘러싸여 있잖나. 사랑하는 사람들에게 둘러싸여 산다고 자신 있게 말할 수 있는 사람이 과연 몇이나 될까?' 그가 전혀 자기 연민을 가지고 있지 않다는 사실이 정말 놀라웠다. 이젠 춤을 출 수도 없고, 혼자선 수영도 할 수 없고, 목욕도 할 수 없으면서, 아니 걷지도 못하면서, 또 초인종 소리가 나도 나가볼 수도 없고, 샤워 후 자신의 몸을 닦지도 못하면서,

의 보살핌을 기쁨이나 애정으로, 보살핌 받는 것을 다른 사람에게 도움을 주는 능력으로 해석하는 사회에서만 가능하다(Albom, 1998; Schwartz, 1998). 장애인 활동가 웨이드(Chery Marie Wade)는 대소변을 처리하기 위해 다른 사람의 손을 빌려야 하는 것을 수치스럽게 해석하지 않는다(Wendell, 1996). 장애인이 생존하기 위해 타자의 도움을 필요로 하는 것을 부끄러워할 것이 아니라 장애를 사회적으로 인정하고 장애인 스스로 의존상태를 받아들이는 것이 더욱더 중요하다. 슈워츠나 웨이드의 주장처럼, 의존상태는 자율성의 상실이 아니라 '인간의 조건'으로 해석되어야 하고 보살핌의 관계는 중시되어야 한다.

연구참여자들은 평생 도움이 필요한 사람들에게 감정이입을 하면서 보살핌을 제공했지만, 역할을 바꿔 의존상태가 되는 것을 편안하게 받아들이지 못했다. 이들은 노인 보살핌을 자녀에게 폐를 끼치는 것이나 자율성의 상실로 해석함으로써 자본주의의 지배가치에서 자유롭지 못했다. 또한 이들은 죽을 때까지 맑은 정신이나 대소변 가리기에 집착하면서 보살핌을 받고 싶어 하지 않았다. 이들은 삶의 과정에서 타자에게 도움이 필요한 상태를 인정하지 못했다. 더욱이 이들은 의존상태를 삶의 질을 저하시키거나 인간으로서 존엄성을 유지할 수 없는 상태로 부정적으로 해석했다.

아니 침대에서 몸을 뒤척이지도 못하면서. 어떻게 저렇게 매사를 잘 받아들일 수 있을까? 난 선생님이 힘겹게 포크를 가지고 애쓰고 있는 모습을 지켜보았다. 선생님은 토마토 조각을 두어 번 놓친 후에야 겨우 집을 수 있었다. 애처로운 광경이었지만 선생님 앞에 앉아 있으니 이상하게도 엄숙함이 깃들어 있다는 느낌을 받았다. 대학시절 나를 위로해주었던 그 차분한 바람이 우리의 주위를 감싸고 있었다. …… 변기에 앉힌 후 소변을 보는 동안 몸을 붙잡아 드렸다. 볼일을 보고 돌아올 때마다 선생님은 무척 피곤해 보였다. '내가 테드 코펠에게 이제 곧 누군가 내 엉덩이를 닦아줘야 할 때가 올 거라고 말했던 걸 기억하나?' 그가 물었다. 나는 소리 내어 웃었다. 그리곤 '그런 말을 듣고 잊을 사람이 어디 있겠어요'라고 말했다. '내 생각엔 그날이 오고 있는 것 같아. 그게 마음에 걸린단 말야.' '왜요?' '그것은 내가 타인에게 완전히 의존한다는 신호니까. 다른 사람이 내 엉덩이를 닦아준다! 하지만 난 잘 해낼 거야. 그 과정을 즐기려고 노력할 거야.'"(Albom, 1998: 117~118; 153~154)

4) 귀찮고 힘든 일의 전가와 분담

국가는 효 문화를 권장함으로써 가족 내의 노인 보살핌을 강조하고 책임을 최소화하려는 경향이 있었다. 어버이날이나 노인의 날에는 중앙정부나 지방자치단체에서 각종 효부상의 수상식이 열린다.[38] 효부상의 수상자는 몸이 불편한 노부모를 장기간 보살핀 며느리가 주 대상이 된다. 이러한 수상자들은 농촌으로 결혼 이주한 여성들로 대체되고 있다. 한국 여성들이 독신을 선택하거나 전통적인 며느리의 역할을 수행하지 않고 저항하는 태도를 보이는 한편에서, 결혼이주여성들에게는 이러한 역할을 부과함으로써 가부장제의 가족을 강화하고 있다(황정미, 2009).

한편 효부상의 시상은 이중적이고 역설적인 의미를 담고 있다. 효는 자연스러운 인간의 도리가 아니라 시상으로 공로를 치하할 만큼 힘든 일이라는 것을 입증하고 있는 것이다.[39] 또한 국가가 효를 권장하는 것은 가족의 차원에서 노인 보살핌을 해결함으로써 자녀가 없는 '문제의' 노인의 보살핌에만 개입하려는 의도를 은폐하고 있다.

아픈 노인을 가끔 방문해서 연민하고 위로하는 것은 쉬운 일로 간주된다.[40] 하지만 노인 옆에서 보살핌을 전담했던 연구참여자들은

---

38) 매일신문, 2008.4.24; MBC-TV, 2008.5.9; 연합뉴스, 2008.9.10.

39) 일본의 사회학자 우에노 치즈코(Ueno, 2008)는 "긴 병에 효자 없다"는 것이 자녀가 부모를 보살피다가 지치는 것이 당연하다는 논리보다 부모의 보살핌보다 자녀의 효가 실천하기 힘들다고 설명하고 있다.

40) 할머니를 보살피는 손자의 이야기를 그려낸 모브 노리오의 소설 『간병입문』에서는 겉으로는 할머니를 위하는 척하지만 할머니를 직접 보살피지 않는 '고모'의 예를 들면서 혈연가족이라서 노인 보살핌을 자연스럽게 받아들이는 것이 아니고 아픈 노부모를 연민과 존경으로 보살피는 것이 쉽지 않다는 것을 보여준다. "엄마, 엄마, 꼭꼭 씹어서 잘 삼켜야 해요, 알았지! 하고 평소의 고모다운 말투를 입에 올려 나를 든든하게 해준 일도 있었지만, 간병 현장에서 당사자로 진정한 땀을 흘리는 일은 없다. 아니, 그것을 깊이 고려해보는 눈치조차 없다는 점이 나를 짜증나게 만든다. …… 고모 이외의 할머니 자식들도 한결같이 우리 집에 올 때는 일부러 간병인이 있는 시간대를 골라, 무슨 병문안을 온 기분으로 그럴 듯하게 꽃다발 같은 것을

신체적, 정신적 부담을 갖는다. 이들은 밤잠을 충분히 자지 못하고 목욕이나 기저귀나 이불을 갈기 위해 노인을 들어 올려야 하고 본인의 욕구를 억제해야 하기 때문에 힘든 경험으로 해석한다. 며느리가 아니라 딸의 위치에서 친정부모와의 친밀한 관계에서 자발적으로 보살핌을 시작한다 하더라도, 노인 보살핌은 신체적, 정신적으로 힘든 일이다. 보조사례 전숙희(52세)는 아들이 없는 막내딸로서 결혼 이후에도 친정어머니와 함께 살았다. 그녀는 맞벌이를 하면서 어머니의 보살핌을 받았지만 나이들어 어머니의 몸이 불편해지자 어머니를 직접 간병하게 되었다.

"3년 전부터는 밖에 나가면 자꾸 넘어지고 대화도 잘 안 되고 어디 가는 거 싫어하시더라고. 3년 전부터는 밖에 나갔다 오면 아프니까 어딜 안 가려고 하셔. 성당만 가시려고 해. 성당은 돌아가시기 1년 전부터는 매주 가시고 6개월 전부터는 한 달에 한 번은 가셨어. 엘리베이터 타고 올라가니까 가지. 계단으로는 못 올라가시지. 휠체어 타자, 그래도. 3년 전부터 안 나가려고 하셔. 경로당에는 가셔, 살살. 늘 가던 길이니까 희미하게 보이신데. 그러니까 경로당은 매일은 안 가고 2, 3일에 한 번씩. 3년 전까지는 거기서 밥을 줬어. 점심을 주니까 늘 가셨지. 3년 전부터는 밥을 안 주니까 10시쯤 가셨다가 한 시간 있다가 11시쯤 오셔. 경로당에 너무 오래 계시면 불안해서 모시러 갔지. 워낙 잘 넘어지니까 시야가 좁으니까 잘 넘어져. 허리를 다치고 다리가 안 좋고 병원도 많이 다니셨어. 침 맞으러 다니고. 3년 전에 구안와사가 왔어. 입이 돌아간거야. 언니네 집에 있었는데 그 집이 추웠대. 입이 돌아갔어. 침을 맞고 두 달 만에 얼굴이 돌아왔어. 그때 정말 돌아가시는 줄 알았지. 돌아가시기 3년 전부터 치매기도 왔고 결정적인 노쇠의 원인이 되었던 것 같아."(전숙희)

<hr>

들고 현관문을 연다. 병문안과 시중은 전혀 다른 행위다……. 이 아이가 있으니 나는 손대지 않아도 되겠지, 하는 그런 냉랭한 기운까지 풍기는, 환갑을 앞에 둔 어른들은 침대에서 할머니를 들어 올릴 때, 어머니나 내가 허리에 느끼는 묵직한 통증의 공포를 뒤로 한 채 그 일에 임한다는 사실 같은 것은 상상도 하지 못할 것이다."(Mob, 2005: 62)

전숙희는 아픈 어머니를 보살피면서 자유롭게 외출하지 못했다. 또한 그녀는 잠깐 외출한 사이에 어머니가 전화를 안 받으면 걱정이 되어 집으로 다시 돌아와야 했다. 어머니가 병원에 입원하면서 의식이 없던 기간은 3개월이지만, 보살핌이 전적으로 필요했던 시기는 3년, 어머니가 혼자 집에 있으면서 불안해하고 누군가의 도움이 필요했던 시기는 7년이었다. 이러한 상황은 친정어머니와 친밀한 관계를 유지했다 하더라도, 노인 보살핌의 경험은 쉬운 일이 아니었음을 입증한다.

전숙희는 어머니의 보살핌을 받으면서 직장생활에 몰두할 수 있었다. 그녀는 공기업에 다녔고 여성으로서 유례없이 과장급에 승진했으며 능력을 인정받았다. 그러나 어머니가 나이듦에 따라 의존도가 높아지자, 전숙희는 어머니가 걱정이 되어 직장생활을 할 수 없었다. 그녀는 집에 간병인을 둘 것을 고려했지만 완벽주의 성향을 가진 친정어머니가 낯선 사람과 온종일 함께 집에 있는 것을 불편해한다고 생각해서 그렇게 할 수 없었다. 그래서 전숙희는 회사를 그만두고 어머니를 보살피기로 결심한다. 남성들은 노부모를 보살피기 위해 직장을 그만두거나 고용형태를 변화시키는 선택을 하지 않지만, 가족 내의 일차적 보살핌 제공자인 여성들은 노인 보살핌 때문에 임금노동을 중단하는 결정을 내린다.[41] 당시에는 IMF 구제금융 위기에서 명예퇴

---

41) 이옥수는 동화 『똥 싼 할머니』(2004)에서 치매 걸린 할머니와 함께 사는 것이 힘든 일이라는 것을 묘사하고 있다. 가족들은 치매 걸린 할머니와 함께 살 수 없어서 할머니를 시설에 입소시킨다. "할머니의 치매증상이 심해질수록 가장 큰 문제는 오줌똥이었다. 할머니는 금방 밥을 먹고도 또 밥 달라고 소리를 질렀다. 그렇게 자꾸 먹으니 오줌과 똥을 쉴 새 없이 누고, 기저귀를 채워 놓으면 금방 쏙 빼버리고 옷을 버린다. 엄마 아빠는 저녁마다 빨래를 하고 집안을 닦아내야 했다. 그리고 할머니는 얼마나 무서운 말을 하는지 모른다. 누가 우리 집에 칼을 들고 들어와서 사람을 찌른다고도 하고 앞산에 불이 붙었다고 벌벌 떨기도 한다."(이옥수, 2004: 152) 하지만 할머니를 시설에 보낸 가족들은 할머니와 함께 살 때보다 행복한 것이 아니라 할머니를 버린 죄책감과 가족 간의 갈등에 시달린다. 아버지는 할머니를 시설에 버렸다는 자책감으로 괴로워하고 임금노동을 하는 어머니는 시어머니를 제대로 보살피지 않는다는 이유로 외할머니에게 야단을

직을 권고하는 회사의 분위기가 있었다. 전숙희는 여성으로서 최초로 과장급에 오르는 승진을 했고 여성 노조원들은 그녀의 퇴직에 대해 반대했다. 하지만 전숙희는 회사에서 남성들과 경쟁하면서 남성하급자들을 다루면서 힘들게 살아왔지만 성취를 이룬 만큼 행복하지 않았고, 딸로서 어머니를 보살피면서 얼마 남지 않은 시간을 어머니와 함께 하고 싶어 했으므로 퇴직을 결심한다. 그녀는 어머니가 돌아가신 후(당시 48세) 재취업을 시도했지만 임금 등의 노동조건이 이전보다 좋지 않았기 때문에 취업을 하지 않았다. 더욱이 고등학교 교사인 남편은 가족의 경제적인 측면도 어느 정도 만족한 수준에 이르렀고 맞벌이 부부로 살아오면서 아내의 보살핌을 충분히 받지 못했기 때문에 아내가 전업주부로 살기를 희망했다. 이러한 맥락에서 전숙희는 노인 보살핌을 통해 경력이 중단되었을 뿐 아니라 반영구적인 취업 중단으로 이어졌다.

한편 친정부모를 보살핀 연구참여자들은 노부모를 직접 보살피는 것을 효라고 생각하지만 보살피는 과정에서 신체적, 정신적 피로에 시달린다. 이들은 노부모에게 마지막으로 효도를 하고 싶다는 선의에서 보살핌을 시작하지만 힘든 일이라는 것을 체험하면서 내면적으로 갈등하게 된다. 보조사례 전숙희는 어머니가 '오래 살 수 없다'는 의사의 진단을 듣고 네 명의 언니들과 번갈아 가면서 병원에서 어머니를 보살핀다. 어머니가 의식이 없으면서도 딸들이 직접 보살피는 것

맞는다. 어머니는 경제적 문제 때문에 직장을 그만두면서 치매 걸린 할머니를 보살피고 싶지 않지만 아버지는 아내가 직장을 그만두고 시어머니를 보살폈으면 하고 바라면서 갈등을 겪는다. 또한 일본 영화 〈소중한 사람〉(Hatsui, 2002)에서도 남편은 치매 걸린 어머니가 걱정된다면서 아내가 일을 그만두기를 바라는 한편, 어머니를 시설에 보내고 싶어 하지 않는다. 그러나 자신이 할 일은 돈을 버는 일이고 어머니를 보살피는 일은 며느리인 아내가 해야 한다고 생각한다. 위의 두 작품에서 아들은 어머니를 보살피기 위해 직장을 그만두지 않지만, 가족들은 며느리에게 임금노동을 그만두고 시어머니를 보살피라고 강요하고 있다.

을 좋아할 거라고 생각했기 때문이다. 그래서 낮 동안은 자신이 보살 핌을 전담했고, 저녁때는 언니들이 돌아가면서 어머니를 보살폈다. 언니들도 어머니와 마지막 시간을 보낸다고 생각해서 막냇동생의 의 견에 동의했다. 하지만 언니들은 50대 중반에서 70대의 연령대로 낮 에 임금노동을 하거나 가족을 보살핀 후, 병원에서 불편한 잠을 자면 서 어머니를 돌보면서 체력의 한계를 경험한다. 또한 전숙희는 저녁 때 병원에서 집으로 돌아가서 쉬는 것이 아니라, 남편과 대학생인 아 들을 위해 낮 동안 하지 못했던 가사노동을 해야 했다. 이러한 과정 에서 그녀는 신체적, 정신적으로 힘든 시간을 보내야 했다. 전숙희의 남편은 낮 동안 친정어머니를 보살피는 일에 협조해주었지만, 직장에 다니고 있었으므로 가사노동을 전담하지는 않았다. 결국 전숙희는 어 머니가 돌아가실 때까지 직접 보살펴야 한다는 처음의 계획과 달리, 체력의 한계로 고민하면서 간병인을 고용해야 할 것인지 고민하게 되었다. 이러한 과정에서 친정어머니가 돌아가셔서 문제는 해결되었 지만 그만큼 노인 보살핌이 생각만큼 쉽지 않았음을 털어놓는다.

또한 보조사례 안영미(42세)는 친정아버지가 말기 암 진단을 받게 됨에 따라, 돌아가시기 전까지 석 달 동안 간병을 전담하게 되었다. 그녀는 결혼 이후 시집에 들어가 살면서 친정부모에게 시부모만큼만 했으면 효녀라는 소리를 들었을 거라고 생각하면서 친정부모님께 효 도하지 못한 것을 후회한 적이 많았다. 그래서 안영미는 시한부 판정 을 받은 아픈 아버지를 보살피는 것을 마지막 효도의 기회로 받아들 인다. 하지만 노인 보살핌은 힘든 일이었으므로 보살피는 기간이 장 기화되었다면 보살핌을 제대로 하지 못했을 것이라고 말한다.

연구참여자들은 누워 있는 노인의 대소변 처리, 식사, 목욕 등을 몸소 해오면서 노인보살핌을 노동으로 인식한다. 친정부모를 보살피면서 힘든 기색을 보이거나 짜증을 내는 것은 아픈 부모에게도 상처를 줄 뿐 아니라 불효를 한다는 죄책감을 불러일으키기 때문에 속상해한다. 친정부모를 보살피는 사람의 내면적인 갈등은 선의에서 노인보살핌을 시작했다 하더라도, 그 과정에서 후회하는 결과를 낳는다. 하지만 직접 보살피지 않으면서 서로 좋은 모습만 보여주고 적당히 거리를 유지하는 것이, 보살핌을 하다가 힘들어하는 모습을 보이는 것보다 좋은 관계인지는 의문의 여지가 있다. 이러한 관계는 부담을 덜어줄 수 있지만 친밀한 관계는 아니기 때문이다.

또 하나, 노인 보살핌이 힘든 이유는 가족 내에서 한 사람이 노인보살핌을 전담하는 것과 관련된다. 보살핌 제공자는 대상과의 애착관계가 형성되기 때문에 다른 사람과 보살핌을 분담하기 어렵다고 말한다. 이러한 이유로 보살핌 제공자는 신체적, 정신적 부담을 감수해야 한다. 양현미는 시어머니가 교통사고로 머리를 다쳐 입원했을 때, 시집 식구들이 교대로 어머니를 보살피면서 큰 어려움을 겪지 않았다. 하지만 시어머니가 퇴원한 이후에는 가족들이 전혀 도와주지 않아 그녀는 혼자서 보살핌을 전담해야 했다.

> "병원비는 식구들이 다 지불했고. 어머니가 병원에 계실 때는 간병도 많이 도와줬어요. 근데 집으로 모셔 온 이후로는 도와준 게 없어요. 시어머니가 나만 몸을 만지게 했으니까. 딴 사람이 건드리면 못 만지게 하고 딸이 몸을 만져도·싫어하셨으니까. 그럼 나만 힘들지. 나 혼자 다해야 하니까요. 딴 아들네도 갔다 오면 좋은데, 정신이 없으면서도 그렇게 안 하시는 거예요."(양현미)

치매 걸린 시어머니는 며느리인 양현미와 애착관계를 형성했기 때문에, 다른 사람들에게 보살핌을 받고 싶어 하지 않았다. 하지만 양현미는 남편과 시누이가 이러한 사실을 이용해서 시어머니의 보살핌을 전가하고 철저하게 무관심한 사실에 대해 섭섭함과 부당함을 표현했다. 부계가족 내에서 노인 보살핌은 딸과 아들의 역할이 아니라 며느리의 의무였던 것이다.

또한 이영진의 경우 남편이 장남이기 때문에 시집을 와서 시아버지를 모시고 살았지만 남편과 시아버지의 관계가 좋지 않아 그 사이에서 중재 역할을 해야 했다. 남편은 성장과정에서 고학을 하고 시아버지로부터 지원을 받지 못했으므로 두 사람 간에는 해결되지 않는 갈등이 잠재되어 있었다. 이영진은 시아버지를 보살피면서 힘들었지만 남편에게 불만을 털어놓으면 남편이 화를 냈기 때문에 이에 대해 어떠한 일도 남편과 상의할 수 없었다. 또한 시아버지가 몸을 움직이지 못하고 보살핌이 전적으로 필요했을 때 남편은 아무런 도움을 주지 않았다. 시아버지의 기저귀를 간다거나 목욕을 시켜야 할 때 남편은 조금도 거들어주지 않았다. 부계중심 가족 내에서 며느리는 노인 보살핌을 역할로 받아들인다. 가족들이 노인 보살핌의 책임을 며느리에게 전가하기 때문에 연구참여자들은 억압적인 상황에서 보살핌을 수행할 수밖에 없었다.

하지만 친정부모를 보살핀 보조사례들은 며느리의 역할이 아니라 부모에 대한 사랑으로 가족 내에서 노인 보살핌을 전담함으로써 희생과 고통을 감수한다. 그러나 이들은 다른 가족구성원들과의 분담이 균등하게 이뤄지지 않기 때문에 갈등하게 된다. 전숙희는 노인 보살핌이 장기적인 일이기 때문에 보살피는 사람이 휴식을 취할 수 있고 외출이나 여행을 할 수도 있다고 생각한다. 전숙희는 친정어머니를 보살피는 동안 언니들은 직접 보살피지는 않았지만 기꺼이 작은 도움을 주었다. 언니들은 어머니에게 위로의 전화를 하거나 보살피는 자신을 방문해서 격려해주었다. 그러나 그녀가 외출하거나 여행한다고 할 때, 언니들은 자신을 이기적이라고 비난하면서도 잠깐이라도 보살피는 일을 대체해주지 않았다.

또한 보조사례 안영미는 다른 형제자매들의 사정이 좋지 않아 아버지의 간병을 전담한다. 어머니는 그녀의 학창시절부터 건강이 좋지 않아 아버지의 보살핌을 받았고 아직도 건강이 좋지 못하다. 또한 언니는 직장에 다녀야 했고, 올케(남동생의 아내)는 너무 어려서 아버지의 보살핌을 하기에 적합하지 않다고 판단했다. 이러한 사정으로 안영미는 아버지를 보살피게 된다. 가족들은 부모님을 언니네 집에 모셔왔고 안영미는 언니네 집에 매일 가서 아버지를 보살핀다. 안영미는 언니네 집에서 10분 이내의 거리에 살고 있었고, 남편이 인도에서 사업을 하고 있으므로 시간을 자유롭게 사용할 수 있었다. 하지만 학교에 다니는 아들들을 보살펴야 했고, 볼일을 봐야 할 때에 어느 누구도 보살핌을 대체해주지 않아 짜증이 난 적이 많았다. 연구참여자들을 통해 노인 보살핌을 기쁘게 할 수 없는 이유는 노동이 한 사람에게 전가되고 다른 구성원들과 분담하지 못하기 때문에 힘든 일이 된다는 것을 알 수 있다. 그러나 이러한 현상은 보살핌 제공자와 대상의 애착관계에서 비롯한 것이 아니라 가족 내에서 보살핌 노동을 하는 사람이 주변화되고 비가시화되는 데에 원인이 있다.

근대 핵가족의 이상은 여성으로 하여금 그 구성원에게 안식처를 제공하고 가족의 생존과 계층유지 및 상승에 몰두하게 한다(Thorne & Yalom, 1991). 연구참여자들은 서구의 핵가족과 달리, 대가족과 핵가족의 혼합된 형태에서 살면서 가족들을 보살피고 있다. 한국 사회에서 노인 보살핌은 가족의 차원에서 그 책임을 규정하고 있다. 가족의 폐쇄성은 여성의 위치를 집으로 한정하는 한편, 여성들이 가족구성원 외에 다른 사람에게 무관심하고 가족에게만 배타적으로 관심을 갖게 한다. 이러한 보살핌의 책임은 가족이기주의, 연고주의, 혈연주의의 폐해를 낳는다.

"누구하고 앉아서 얘기하고 놀면 집의 일은 못해. 여자가 손 한참만 놓아봐……. 어디를 안 가니까. 그러는데 저놈들 집에서 살림하면서 집안일에 손 안 대게 하려면 눈코 뜰 새 없어. 내가 손대놔야 쟤들이 손 안 대게 하지. 밖에서 뭐한다는 사람들보고, 집에서 가만히 앉아 있으면서 그놈들을 일일이 시킬 수 없잖아."(박은희)

"이사 오기 전에 동네 사람들하고 문 밖에서 얘기했지. 그 집에 들어가 보지도 않았어. 거기서 18년 살았어도. 오히려 아파트 이사 오니까 이웃 같은 느낌이 들어. 여기서 경로당에 나오라고 하면 아프다고 하고 안 가지. 경로당에 와서 점심도 먹으라고 하고 그러지 …… 난 집안 치우고 빨래하고 그런 게 좋지. 아주 나가는 게 싫어. 내가 좀 특이하지."(송진경)

가족의 배타성은 가족/비가족의 구별을 통해 가족구성원의 단결과 친밀감을 강화하지만, 연구참여자들은 가족 이외의 관계에 대해 보살핌의 책임을 부여하지 않는다. 가족 외에 보살핌을 받을 수 있는 사회장치가 구축되지 않는 현실에서, 보살핌의 책임은 가족, 특히 여성의 역할로 한정된다. 위와 같은 전업주부인 연구참여자들은 보살핌의 역할을 통해 가족, 친족을 중심으로 관계를 맺음으로써 가족 외에 지원받을 수 있는 관계를 맺지 못할 가능성이 크다. 따라서 자녀와의 관계에서 갈등이 발생하는 경우, 노인 여성들은 민감하게 상처 받을 가능성이 크다. 보살핌 제공자와 대상 간의 애착관계는 가족 내에서 한 사람에게 보살핌을 전담하는 결과를 초래할 수 있다. 한국 사회에서 노인 담론은 노인 학대, 유기에 대해 가족에게 도덕적 책임을 묻고 이들을 비난하지만, 노인 보살핌 제도의 부재와 공동체의 책임감에 대해서는 논의하지 않는다(허라금, 2006). 보살핌 제공자의 부담감을 덜어주고 보살핌이 즐거운 일이 되기 위해서는 가족구성원들이 보살핌 제공자를 배려하는 것과 더불어, 사회적·제도적 차원에서 노인 보살핌을 지원하는 것이 필요하다. 특히 가족 내에서 노인 보살핌을 일차적으로 제공하는 여성들의 정신적·신체적 부담을 줄여주기 위해서는 보살핌의 역할 전도가 가능해야 한다. 노인 보살핌의 경험이 희생이나 고통으로 해석되지 않기 위해서는 가족·사회·국가의 차원에서 보살핌을 분담해야 한다.

2. 개인 차원의 문제해결과 상품화의 한계

한국 사회에서 노인 보살핌은 자녀의 책임에서 노부부의 책임으로, 노인 여성 개인의 책임으로 축소되고 있다. 노인 여성들은 가족의 보살핌에 대해 책임을 지는 한편, 본인의 보살핌을 스스로 해결해야 한다고 생각한다. 이들은 자녀가 있음에도 불구하고 자녀에게 보살핌이 부담이 된다고 생각하면서 보살핌을 스스로 해결하고자 노력한다. 보살핌의 상품화가 진행되는 것은 노인 여성의 선택지를 다양화시킬 수 있다. 하지만 보살핌의 문제를 개인적으로 해결하려는 사고는 자율성의 신화와 관련된다. 이 절에서는 노인 여성이 자녀, 유급 보살핌 노동자와 어떠한 관계에서 선택을 고려하고 있는지 살펴보고자 한다. 그리고 그 선택이 여성을 위한 것이고 이들에게 유리한 것인지 고찰하고자 한다.

1) 나이듦과 의존에 대한 인식

(1) 건강관리의 몰두와 자율성의 신화

인간이 정기검진, 식이요법, 운동 등 건강관리를 하면 젊음을 유지하고 나이듦을 늦출 수 있다는 신념은 강화되고 있다. 이러한 과정에서 우리의 몸은 끊임없이 감시되고 통제된다. 하지만 인간이 자신의 몸을 통제, 조절, 관리할 수 있다는 신화는 암과 같은 질병에 걸린 사람조차 자기 관리를 하지 못한 사람으로 도덕적으로 비난하는 결과를 낳는다(Sontag, 2002). 이러한 사회문화에서 질병에 걸린 사람은 음주, 흡연, 운동부족, 일중독 등으로 건강관리를 소홀히 함으로써 자기 관리를 못 하는 사람으로 비난받는다. 신자유주의의 흐름 속에서 건강, 외모 관리는 자기계발의 중요한 과제로 제시된다. 이러한 흐름은 노인들에게도 영향을 미치고 있고 건강검진이나 예방, 치료 등의 의료적 처치와 운동, 식이요법 등 건강관리에 몰두하게 한다.

> "요즘에는 아침 먹고 뒷산에 가서 한 바퀴 돌고 돌아오지. 거기 가면 나오는 사람이 많고 서로 이야기하다가 집에 오면 한 시 반이야. …… 감기 걸렸다 하면 대파를 먹고 몸에 열이 나면 그렇게 하면 낫지. 그래서 감기를 모르고 살아. 건강은 괜찮은데…… 내가 운동해서 건강하니까 감기도 안 걸리지. 건강하지 않으면 감기에 여러 번 걸리거든."(엄수철)

엄수철은 아침을 먹고 오전 내내 동네의 뒷산을 오르고 건강관리를 꾸준히 하면서 많은 시간을 할애한다.[42] 그는 기계에 기름칠을 하듯이, 운동을 꾸준히 해야만 건강을 유지할 수 있다고 해석한다. 보조사례의 노인 남성들은 노년기의 건강관리를 중시한다. 이들의 건강관리는 친구들과의 비교를 통해 젊음의 유지, 강함의 과시 등 남성성과 밀접하게 연관되어 있다. 이러한 남성성은 자기 정체성과 깊은 관련을 갖는다.

> "나이들면 생에 대한 애착이 심해져. 나도 은연중에 건강식품을 선호하게 돼. …… 마늘 진액이 좋다고 해서 신문광고를 보고 샀어. 아는 사람이 산수유를 하나 사달라고 해서 샀는데 30개가 들었는데 생각나면 먹어. 안 죽으려고 그렇게 먹고 의존하는 거야. 친구들이 의식적으로 몸을 챙기는 건 말도 못해. 친구들은 커피도 잘 안 먹어요. 나는 주는 대로 잘 먹어. 죽으려고 하면 살고 안 죽으려고 하면 죽는다잖아. 너무 '건강, 건강' 하면 안 좋아. 어떤 형님이 몇백 억이 있는데 차도 운전 안 하고 한 달에 한번은 꼭 건강진단을 받았어. 고기도 등심으로 좋은 부위로 집에서 구워 먹고 영양을 챙겼고 한 달에 한 번 꼭 건강검진을 했어. 근데 왜 죽었냐 하면 쓸개 옆에 암이 숨어 있었나 봐. 사진을 찍어도 발견이 안 돼서 암으로 죽었어. 비근한 예인데 살려고 한다고 해서 사는 게 아니야. 그 사람이 산삼을 천만 원짜리 열 뿌리를 사다 먹었어. 산삼을 열 뿌리를 뽑았어. 1억을 썼어. 근데 그게 건강을 악화시켰어. 산삼을 재배하는 사장 친구가 있어. 어, 그럴 수도 있는데, 산삼의 효능이 암세포에 불을 질렀어. 그래서 그 사람도 죽고 우리 친구도 죽었어. 산삼이 어떤 점에서는 독이 된다는 얘기야."(구병선)

구병선은 친구를 만나 술 마시는 것을 좋아한다. 그는 나이들어서도 술을 마실 수 있을 만큼 건강하기 때문에 친구들과 비교하면서 건

---

42) 등산은 운동을 의미할 뿐 아니라 비슷한 연배의 남성들을 만나 정치와 시사에 관한 이야기를 나누는 공간을 형성한다.

강상태를 확인한다. 그는 10년 전에 후두암 수술 이후에 좋아하던 술을 5년 정도 먹지 않았는데, 그것이 건강에 도움이 되었다. 그는 주위의 친구들이나 선배들이 건강식품에 집착하는 태도를 비판한다. 구병선은 건강에 지나치게 신경을 쓰던 또래의 친구들이 갑자기 죽는 경우를 보았기 때문에 건강관리를 열심히 한다고 해서 장수를 보장받지는 못한다고 생각한다. 또한 건강검진을 철저히 한다 하더라도 질병이 발견되지 못하거나 건강식품이 신진대사를 원활하게 함으로써 암을 키우는 결과를 낳는다고 생각한다. 그럼에도 그는 몸에 좋다는 건강식품을 가끔 구입하면서 건강을 관리하고 있다.

보조사례의 노인 남성들과 마찬가지로, 연구참여자인 노인 여성들은 몸이 아프면 예방의 차원에서 신속하게 병원에 가거나 건강식품을 선호하면서 건강관리에 힘쓰고 있었다. 하지만 이들은 본인이 아프면 자녀들이 고생한다는 이유로 건강관리에 몰두했다. 이 여성들은 자신의 몸을 보살핀다는 것을 이기적으로 해석하기 때문에 자녀의 걱정을 덜어준다는 핑계를 대면서 건강관리를 하고 있는 것이다. 또한 이들은 노인 남성들처럼 자신을 위해 건강관리를 하고 있고 가족들에게 보살핌을 받을 권리를 이야기하지 못하는 상황에 있었다.

연구참여자들은 본인뿐 아니라 자녀를 위한 배려에서 건강관리를 시작한다. 연구참여자들은 건강관리를 하면 젊음을 유지할 수 있고 오랫동안 앓지 않고 죽는다는 신념을 갖고 있었다. 이들은 노인 보살핌에 대해 자녀를 고생시키는 것으로 어머니로서 해서는 안 될 일이라고 생각한다.

　"약은 평균적으로 한 달에 4, 5만원. 약값은 적게 나가지. 아스피린 같은 진통제하고 원비디 먹지. 음료수 먹지. 혈압약은 안 먹고. 골다공증은 없고. 비타민 여러 가지 먹지. 어떤 때는 10만 원 넘게 고정적으로 들어가지. 영양제를 사먹으려면 고정적으로 들어가지. 몸은 아프지. 움직이면 운동으로 푸는 거지. 나이들어 아픈 건 당연하지. 이것저것 마시고 먹고. 그러니까 홍삼도 사다 놨잖아. 내가 벌어 사먹고 하지만 애들보고 일체 사오라고 하질 않잖아. 엄마, 이것 잡숴요. 내가 워낙 먹지 않으니까. 반찬이고 뭐고 내 입에 맞는 걸 해서 먹으면 되니까. 요새 사람들은 병원에 가는 걸 제일로 알아요. 난 그거 필요 없어. 약 먹고 나으면 그만이고. 정 아프면 내 발로 병원에 찾아가면 되고."(이영진)

이영진은 나이들어 몸이 아픈 것을 당연하다고 생각한다. 몸이 아파도 며칠씩 약을 먹다가 안 나으면 그때에서야 병원에 갈 정도로 병원을 선호하지 않는다. 그러나 자녀들에게 아프다고 말하기보다 건강식품, 영양제, 한약 등 몸에 좋은 약을 구입해서 복용한다. 그녀는 약을 챙겨 먹고 즐거운 마음으로 살면 오래 앓지 않고 편안하게 죽을 수 있다고 믿는다.

"우리 ○○회에서 회의 때나 교육 때 나는 그런 말을 꼭 해요. '건강관리를 내가 잘해서 자식들한테 괴로움을 주지 말자.' 자식들에게 뭐 하러 도움을 받냐, 이거야. 우리 ○○회는 건강도인술을 다 해요. 그걸 해서 그런지 회원 중에 아직까지 드러누운 사람은 없어요."(서지연)

서지연은 우연히 책을 통해 배운 도인체조를 몇십 년간 계속하면서 건강을 관리하고 있다. 그녀는 불교단체의 평신도 여성 지도자로 활동하면서 회원들과 이 체조를 함께한다. 또한 여성 회원들에게 건강관리를 잘해서 자녀들에게 폐를 끼치지 말자고 강조한다. 이처럼 연구참여자들은 누워 있는 상태가 되지 않기 위해 건강관리에 몰두하고 있었다. 이러한 행동은 노인 보살핌을 삶의 과정으로 수용하지 않고 있음을 보여준다. 특히 자녀와의 관계가 원만하지 않거나 자녀에게 보살핌을 받을 수 없는 연구참여자들은 건강관리를 더욱더 중시한다. 이들은 아파도 보살펴줄 사람이 없다고 생각하므로 의료적 처치나 운동 등에 몰두한다.

> "손녀가 더 입원해 있으라고 해도 마다하고 나왔어요. 통원치료 일주일 만에 침 맞고 약을 지어다 먹었어요. 그리고 일 년 동안은 일을 못 하고 누워서 살았어요. 아프기는 해도 잘 다녔죠. 그러다가 밥 먹기 싫으면 안 먹으니까 또 아프더라구요. 병원에 갔더니 풍이 다시 오려고 한대요. 깜짝 놀라서 다시 신경 써서 밥을 챙겨 먹으니까 낫더라구요. 말도 잘 안 나오죠. 옛날에는 걸음을 걸어도 나를 따라다닐 수가 없었어요. 근데 지금은 걸음을 걸어도 느리고 말이 어눌해요. 추울 때는 더욱더 몸조심을 하죠. …… 걷는 운동을 하죠. 지금은 이 근처에 ○○공원이 참 크고 좋더라구요. 거기 가서 한 바퀴를 돌아요. 집에서 왔다 갔다 하면 몇 시간은 돼요. 아침 10시에 갔다가 12시에 돌아와요."(최서희)

최서희는 중풍으로 쓰러진 후에 외관상으로 몸이 회복되었지만, 예전보다 몸이 불편하다. 그녀는 가족들이 외출하면 집에 혼자 남아 식사하는 일이 많다. 식사 때를 놓치거나 귀찮아서 식사를 소홀히 하면 몸이 굳거나 불편해지는 것을 느낀다. 그때마다 그녀는 열심히 운동하고 식사에 신경을 써야 한다고 다짐한다.

> "한 달에 한 번씩 혈압을 체크하러 가요. 약을 타야 하니까. 감기 한번 걸리면 오래 가니까 몸살이 날 것 같으면 병원에 가요. 병이 생기기 전에 미리 가는 거야. '선생님, 몸살이 날 것 같아요. 주사 좀 놔주세요.' 그러면 혈관주사를 놔주더라구요. 주사 맞으면 괜찮아져요."(김정혜)

김정혜는 아들, 며느리와 살고 있지만 이들에 대해 신뢰감을 갖지 못한다. 그래서 자신이 몸이 아파도 자녀들이 보살펴줄 수 없다고 생각한다. 그녀는 고혈압 약을 복용하는 것 외에는 건강하다고 생각하지만, 감기 몸살 등 몸의 상태가 조금만 좋지 않다고 생각하면 병원에 달려가서 주사를 맞고 혈압을 측정하는 등 신속하게 대처한다.

"아들, 며느리, 딸들이 교회에 다녔는데, 아들이 아프면서 너무 멀고 병원에 다니라고 바빠서 요즘은 안 다녀요. 나는 교회에 가서 앉아 있을 수가 없어. 허리가 너무 아파서. 요즘은 혈압약, 관절약 등 서너 가지 먹고 있어요. 아파도 일어나서 일해야 되니까 밥을 끓여 먹어야 하니까 힘들지. …… 난 아프면 부지런히 병원에 가요. 애들 때문에 어디가 아프면 안 돼. 그래서 조금만 몸이 이상하다 싶으면 부지런히 병원에 가요. 피검사도 하고 사진도 찍어 봐요. 혼자서 가죠."(남보연)

한편 남보연은 좀 더 오래 살아서 손자들에게 도움이 되고 싶어 한다. 그녀는 손자들이 대학생으로 결혼, 취업 등으로 독립하지 못했으므로 손자들을 보살피기 위해 건강을 관리해야 한다고 생각한다. 그래서 남보연은 몸이 아프면 손자들에게 짐이 될까 봐 병원으로 부지런히 달려간다. 그녀는 손자들에 대한 연민과 보살핌의 책임감 때문에 마음 놓고 아플 수도 없다.

연구참여자들이 건강관리에 적극적인 태도를 보이는 이유는 의존상태가 되면 자녀들에게 폐가 된다고 생각하기 때문이다. 이들이 필사적으로 운동하고 건강식품을 복용하며 병원에 달려가는 태도는 자녀를 위한 배려에서 비롯한다. 그러나 이러한 행위의 이면에는 보살핌을 받고 싶은 욕구가 은폐되어 있다. 이들은 보조사례의 노인 남성들처럼 자신을 위해 건강을 관리한다고 당당하게 말하지 못한다. 이들은 '자녀에 대한 배려'라는 이름으로 건강관리를 합리화하고 있다. 계층적인 차이를 막론하고 모든 연구참여자들에게 건강관리는 강박적으로 이루어졌다. 의료비의 부담이 없는 중산층 연구참여자들은 병원을 자주 방문하면서 건강검진을 받았다. 하지만 저소득층이거나 자녀와의 관계가 좋지 않은 연구참여자들은 본인이 아프면 보살핌을 해줄 사람이 없는 절박한 상황에서 건강을 관리하고 있었다.

그러나 연구참여자들은 삶의 과정에서 보살핌이나 의존을 자연스러운 일로 받아들이지 않고 나이듦과 죽음을 극복할 수 있다는 신념을 갖고 있었다. 이들은 보살핌을 해왔음에도 불구하고 의존상태를 부정하면서 몸과의 전쟁을 벌인다. 이러한 상황은 현 사회에서 보살핌이 필요한 노인의 주변화된 위치를 보여준다. 가족을 보살펴왔던 연구참여자들은 노인 보살핌을 삶의 과정으로 자연스럽게 받아들이지 않았다. 이들은 죽을 때까지 자율성을 확보하기 위해 건강관리에 몰두하면서 삶의 과정에서 보살핌을 허용하지 않았다. 연구참여자들은 건강관리를 하면서 자녀에게 의존적이지 않기 위해 노력한다. 이들은 보살핌 경험을 통해 나이들어 죽는 과정에서 의존의 상태를 자연스러운 일로 받아들이지 못했다. 오히려 이들은 자녀에게 보살핌을 받는 것이 폐가 된다거나 자녀를 보살피는 시간을 확보하기 위해 건강관리에 몰두한다.

(2) 죽음 선택과 보살핌의 은폐된 욕구

연구참여자들은 가족을 보살핌으로써 타자를 배려하는 태도에 익숙하다. 이들은 자신이 보살폈던 자녀를 힘들게 하고 싶어 하지 않는다.

그래서 이들은 건강관리에 몰두하면서 자율성을 최대한 확보하고자 노력한다. 하지만 이들은 이러한 소망이 본인의 의지대로 되는 것이 아니라는 점을 인정한다. 아픈 노인을 보살피는 것은 이전의 상태로 회복해서 '생산' 활동에 참여하는 것을 목표로 하는 것이 아니라 현재의 상태를 유지하거나 악화를 방지하는 데에 의미를 둔다. 연구참여자들은 의존상태로 오랫동안 살아 있는 것이 본인뿐 아니라 자녀들에게도 고통을 주는 일로 해석한다. 의존상태는 인간다운 삶을 유지할 수 없을 뿐 아니라 자녀에게 폐가 된다고 생각하기 때문이다. 따라서 이들은 노인 보살핌의 기간을 단축시켜야 한다고 본다.

유교문화에서는 자녀가 부모의 임종을 지키지 못하는 것을 가장 큰 불효이고 죽음의 의례는 부모와 자식 간의 유대를 재확인하는 장으로서 의미를 갖는다(김상우, 2005: 83). 문성자는 자녀의 보살핌을 받고 아들, 딸이 임종을 지켜보는 가운데 죽는 것을 좋은 죽음이라고 생각한다. 하지만 그녀는 가장 좋은 죽음을 급사(急死)로 해석한다. 급사는 보살핌을 받느라고 아들, 딸을 고생시키지 않아도 되기 때문이다.

> "아파서 어머니처럼 뇌경색이 오면 가족들하고 아무 인사도 없이 가는 거지, 그러니까 죽을 때는 이별이고 뭐고 필요 없는 거야. 하루아침에 가는 게 편해. 길에서 안 쓰러지고 집안에서 쓰러져서 갑자기 죽으면 딱 좋을 것 같아. 자다 죽는 게 제일 좋을 것 같아."(문성자)

문성자는 자녀의 입장을 고려해서 3개월 정도만 앓다가 죽었으면 좋겠다고 생각한다. 자녀들이 정신없이 병원에 왔다 갔다 하면서 한 달을 보내고 어머니를 보살피면서 사별을 준비하는 시간이 필요하다는 것이다. 하지만 자신이 아픈 상태로 오래 있으면 자녀들에게 고통을 주기 때문에 적당히 아쉬움을 갖는 상태에서 죽는 것이 서로를 위한 일이라고 생각한다. 이처럼 보살핌의 기간을 최소화하고 싶어 하는 것은 의료비와 간병비의 경제적 부담이 관련되어 있기 때문이다.

> "이런 생각을 해본 적이 있어요. 아파서 죽지는 않고 오래 살게 되면 어떻게 죽을 것인가. 약을 사다 먹을 것인가, 그런 생각도 해보고. 그런데 안 죽으면 더 곤란할 것 같아. 내가 근력 있을 때 식사량을 줄인다, 점점 위가 줄어서 나중에는 못 먹잖아요. 그러면 굶어서 죽는 거지. 그렇게 죽을 생각은 했어요. 그런 길도 있다."(김정혜)

김정혜는 현재 수선일을 하면서 수입이 있지만, 몸이 아파 일을 못하면 수입이 없기 때문에 생활비, 의료비, 간병비 등을 지출할 여유가 없어진다. 이러한 상황에서 누워 있는 기간이 길어지면 경제적 부담이 커진다. 인간이 삶의 의욕을 느끼는 것은 당분간 죽지 않는다거나 위험을 극복할 수 있다고 믿을 때이고, 생명을 지킬 수 없다고 느끼거나 자신의 능력으로 극복할 수 없다고 느낄 때 자살을 생각한다(Simozono, 2004: 70). 하지만 경제적 부담 때문에 보살핌을 받고 싶어 하지 않는다면, 이들이 원하는 것은 죽음이 아니라 '보살핌'이다. 그녀는 현재 자녀들에게 존중받지 못한다고 생각하므로 보살핌을 기대하기보다 체념하고 있다.

보살핌을 받기보다 죽는 것이 낫다고 생각하는 사고는 종교생활을 하는 연구참여자들에게도 나타난다. 이들은 의존의 기간을 단축하기 위해 곡기를 끊는 것을 고려한다. 보살피는 기간이 장기화되면 이것은 본인이나 보살핌을 하는 자녀에게 괴로운 일이라고 생각한다. 그래서 이들은 교리에 대해서도 유연하게 해석한다.

"그건 잘하는 방법이라고 생각해요. 그나마 정신도 없이 죽을 때가
문제야. 음, 나도 그렇게 할 수 있을 것 같아. 정신이 맑으면 하는
데 치매마냥 먹기만 좋아하고 자기가 (똥을) 쌀 생각은 안 하고 먹
기만 할까 봐. 그렇게 되는 경우를 예상해서 써놓는 거야. 그렇게
써놓고 엄마가 그렇게 될 때는 적당히 먹이고 안타까워하지 말아
라. 엄마한테 오히려 해가 되니까 그렇게 써놔야지. 자식들이 두려
운 걸 알고 그렇게는 못 하지. 그나마 정신도 없이 죽을 때가 문제
야. 음, 나도 (곡기 끊는 걸) 할 수 있을 것 같아. 정신이 맑으면 하
는데 치매마냥 먹기만 좋아하고 자기가 (대소변) 쌀 생각은 안 하
고 먹기만 할까 봐 그렇게 되는 경우를 예상해서 (요양원에 보내
달라고) 써놓는 거야."(서지연)

"교회에 다녀도 그건 좋은 생각이야. 수면제를 사놨다가 나중에라
도 긴 병이 들었다고 하면 먹고 싶어. 내가 이렇게 말하면 애들은
질색을 하지. 누가 자기들을 알게 그걸 사와. 병을 고치려고 애쓰
려고 하지 말고 죽기 위해 약을 먹으려고 해. 자식들한테 짐이 되
고 싶지 않아."(남보연)

"그것도 나쁘지 않다고 생각해요. 성당에선 자살이 아주 큰 죄인데,
그렇게 사는 기간이 길어지다 보면 그렇게라도 해서 생을 마감하
는 게 옳지 않은가 싶어요. 자녀들도 그렇고 나 자신도 비참하고
그렇게 계속 살면 안 좋을 것 같아요."(양현미)

"그때는 굶어 죽어야지. 안 먹어야지. 근데 죽을 때 되면 그렇게 먹
더라고. 남편도 죽기 전에 목욕시키고 괜찮은 것 같더니 죽더라고.
저승길에 양식한다고 죽기 전에 그렇게 먹더라고. 죽을 때가 온 거
야. 병원 응급실에 실려 가면 몸이 마비돼도 살아 있는 거고. 곡기
를 끊는 건 괜찮지. 자살과는 좀 다르지. 자살은 약을 먹거나 목을
매는 게 자살이지. 곡기 끊는 건 자살이 아니야. 빨리 갈 수 있으니
까 오히려 나아."(이영진)

서지연은 불교 신자로서 단체의 장으로 열심히 활동하고, 남보연

은 기독교 신자로서 평소에 찬송가를 틀어놓고 생활한다. 하지만 이들은 자녀에게 고통을 주지 않기 위해 교리를 위반할 수 있다고 생각한다. 천주교 신자인 양현미와 이영진도 천주교에서 자살을 대죄로 가르치지만, 인간으로서 자존심을 지키고 자녀에게 고통을 주지 않기 위해 이러한 행동을 할 수 있다고 생각한다.

종교생활을 열심히 하는 연구참여자들은 교리를 따르면서 죽음을 맞이하고 싶어 한다. 하지만 오랫동안 자녀에게 보살핌을 받는다면 고통을 준다고 생각하기 때문에 인위적으로라도 보살핌을 받는 기간을 단축하고 싶어 했다. 이들의 사고는 고통을 회피하려는 미성숙한 태도로 단정 지을 수는 없다. 이러한 태도는 어머니로서 자녀에 대한 배려와 한정된 자원을 가진 가족공동체를 위한 희생으로 해석되기 때문이다.[43]

연구참여자들은 노인 보살핌을 폐를 끼치는 일로 생각하기 때문에 자녀에게 보살핌을 받고 싶어 하지 않는다. 하지만 이들이 보살핌을 편안하게 받을 수 있다면 과연 똑같은 선택을 할 것인가 하고 질문할 수 있다. 여성들이 진정으로 죽음을 원하는가에 대해서는 심층적인 분석이 요구된다. 이들은 보살핌의 기간이 길어짐으로써 자녀에게 폐를 끼칠까봐 두려워했다. 이러한 상황에서 저소득층의 연구참여자나 자녀와의 관계가 좋지 않은 연구참여자에게 곡기를 끊는 일은 불가

---

43) 연구참여자들의 사고는 영화 〈나라야마부시코〉(Imamura, 1982)의 어머니 오린의 죽음을 연상시킨다. 이 영화에서는 식량이 부족한 공동체에서 일정한 연령에 도달한 노인들이 식량문제로 인한 공동체의 생존을 위해 나라야마에 가서 죽음을 맞이한다. 어머니 오린은 나라야마에 가기 싫다고 떼를 쓰면서 죽음을 거부하는 이웃의 노인 남성과 달리, 일정한 연령이 되기도 전에 가족들의 생존을 위해 아들에게 자청해서 나라야마에 가고 죽음을 의연하게 받아들인다. 어머니를 업고 나라야마에 가서 어머니를 두고 와야 하는 아들의 마음은 유교의 효로 해석된다. 이 영화에서 제시되는 죽음은 공동체를 위한 늙은 어머니의 숭고한 희생과 그러한 어머니를 지켜보아야 하는 아들의 효심이 유교적 예치사회의 바람직한 질서로 해석되기도 한다(한도현, 2004: 19). 이러한 어머니의 죽음은 공동체를 위한 구원과 희생에서 비롯한 높은 차원의 의연한 죽음으로 해석되는 한편, 죽음을 두려워하지 않고 삶에 집착하지 않는 노인 여성의 내면의 힘을 보여준다.

피한 선택이 된다.[44] 사회문화적으로 '생산적인 노인상'이 강조될수록 누워 있는 노인과의 분리는 강화되고 있다.[45] 삶의 과정에서 나이듦, 죽음, 노인 보살핌은 허용되지 않는다. 연구참여자들은 의존상태가 인간다운 삶을 보장하지 못한다고 생각하므로 자신을 보호하기 위해 이러한 상태에서 보살핌보다 죽음을 선호한다. 이들은 의존상태를 자녀에게 피해를 주는 행위로 죽음보다 더한 고통으로 해석한다. 이러한 태도는 보살핌을 받는 상태로 살아 있는 것이 '죽음보다 못한 삶'이라는 사회적 가치를 반영하고 있다. 어머니로서 자녀에 대한 '지나친' 배려는 노인 보살핌조차 개인적인 차원에서 해결하려는 의지를 보여준다. 그러나 죽음을 원하는 연구참여자들의 태도는 보살핌의 욕구를 은폐한다고 할 수 있다.

(3) 의료적 처치의 중단과 죽음 수용

연구참여자들은 몸이 아프면 병원으로 즉시 달려가서 삶의 과정에서 나이듦과 죽음을 수용하지 않는 태도를 보여주었다. 병원은 전문가의 도움을 받을 수 있고 고가의 최신기계를 통해 의료적 처치를 받을 수 있으며 위생적인 공간이 될 수 있다. 반면에 몇몇 연구참여자들은 기계에 대한 두려움과 의료적 처치과정에서 몸의 대상화와 의사의 권위적인 태도 때문에 병원을 선호하지 않는다.

---

44) 울프(Wolf, 1996)는 여성들이 보살핌을 받아야 하는 상황이 되면 가부장제하에서 희생과 고통을 인내해온 피해자로서 의료적 처치를 받기보다 안락사를 선택하지만, 이들이 진정으로 원하는 것은 죽음이 아니라 치료일 수 있고 자원이나 권력에 접근할 수 있는 기회가 있다면 다른 선택을 할 수 있다고 주장한다.

45) 기존 연구에서 노인이 생각하는 '좋은 죽음'은 '자녀가 임종을 지켜주는 죽음', '자식에게 부담주지 않는 죽음', '부모 노릇 다하고 맞는 죽음', '고통 없는 죽음', '천수를 다한 죽음', '준비된 죽음'이다(김미혜 · 권금주 · 임연옥, 2004).

"다리가 많이 아팠는데 ○○외과에 가고 큰 병원에 가서 연골주사를 연거푸 맞고 약기운이 돌 때는 좀 안 아프지만, 약기운이 빠지면 다시 아프더라구. 지금 여기 (전기 찜질 장치에 관한) 홍보관에 다니는데, 피가 맑아지더라고. 다리가 많이 좋아졌어. 그전에는 여기가 쑤셔서 너무 뜨거워 잠을 못 자니까 정형외과에서도 찜질해 주더라고. 근데 그거 할 때뿐이지. 또 아파. 여기가 뜨끈뜨끈하고 쑤시고 잠을 못 잤는데, 홍보관에 다닌 이후에는 잠도 잘 오고. 거기 다닌 지 7개월 됐어요. 하루도 안 빠지고 다녀요."(민효주)

"쉰일곱 살 됐을 때 잇몸이 너무 약해서 신경이 야단나니까 이빨을 어떻게 하지 못한다고 의사가 다 빼버리고 틀니 하라고 하더라고. 나는 죽어도 이빨 안 뺀다고 했어. 그러다가 그냥 살면서 저절로 이가 다 빠지더라고. 죽어도 틀니 안 한다고 그랬어. 생니를 빼고 틀니가 안 맞으면 어떻게 해? 이빨이 저절로 빠졌어 …… (생)명이 얼마나 길어서 그런지, 오래 살려고 그러는지, 남들은 틀니를 하더라구. 그렇게 아프더니 잇몸이 가라앉았어. 손녀들이 옆에서 도와주고 그랬어."(박은희)

노인 보살핌의 과정은 건강을 회복하는 것도 아니고 의료적 처치를 계속 받아야 하기 때문에 거부감을 갖는다. 한편 노인 보살핌과 죽음의 의료화가 진행되면서 노인 보살핌의 경험을 가진 연구참여자들은 존엄사와 생명연장에 대해 구체적으로 고민하게 된다.

"모르는 사람들은 왜 수술시켜 호스로 가래를 빼고 생명을 연장하느냐고 해. 내 일이 아닌 사람은 그렇게 얘기할 수 있지. 하지만 내 가족이 (목숨이) 넘어갈 판인데 그걸 가만히 두고 볼 사람이 누가 있겠어. 모르는 사람이나 나쁘게 생각하는 거지. 상대편이 고통을 당하고 경제적으로 힘드니까 그냥 가게 내버려두자고 이야기를 하지. 우리 남편도 조금만 기운 없으면 영양제를 맞히잖아. 어저께도 영양제 맞혔어. 맞히고 또 어떻게 하면 ○○병원에 가잖아. 나쁜 말로 하면 병원에 가만 놔두는 거잖아. 본인의 일이 아니고 자식 아니라고 하면 그렇게 말할 수가 있지만, 그렇게 숨이 넘어갈 판인데 어떻게 병원에 안 데리고 가. …… 나 같으면 지금 이 순간에 다

포기하고, 내가 암환자라면 주사도 맞지 않고 곱게 죽어갈 것 같은데, 내가 환자가 되면 어떻게 될지 모르겠어. 이 사람(남편)도 어지간하면 이렇게는 안 하지. 자신이 환자 아니었을 때는 '주사도 절대로 못 맞히게 하고 저렇게 오래 살 것 같으면 자살해 죽지', 그런 말을 많이 했거든. 근데 영양제 주사 놓으면 가만히 있어. 무반응이잖아. 싫다고 하면 그렇겠지. 지금 보면 가만히 있고 눈도 감고 있어. 성할 때는 절대 안 맞는다고 그랬겠지."(정유경)

정유경은 파킨슨병에 걸려 뇌간수축증으로 의사표현을 못하는 남편을 보면서 영양제와 음식물을 계속 공급하는 것에 대해 회의한다. 그녀는 평소의 남편이라면 이러한 치료를 거부할 것이라고 생각한다. 하지만 현재 남편은 의사표현을 할 수 없는 상태에서 치료중단의 의사를 표명하지 않고 수동적으로 의료적 처치를 받고 있다. 하지만 그녀는 남편이 회복될 수 없다 하더라도 본인이 의료적 처치나 음식물을 중단할 수 없다고 말한다.[46] 이러한 결단은 남편의 죽음을 재촉하기 때문에 가족이나 아내로서 할 수 없는 일이라고 생각한다. 하지만 정유경은 본인의 입장이라면 치료 중단을 결정하겠다고 말한다. 정유경은 남편을 돌보면서 의료적 처치가 환자의 생명을 연장해 주지만, 환자의 고통을 해결해줄 수 없다는 것을 인식하게 된다.

---

46) 가족들은 환자의 간절한 청을 거절하지 못하고 안락사를 도와주지만 환자의 죽음 이후에 죄책감에 시달린다. 다음의 두 영화는 안락사를 둘러싼 환자와 가족의 관계를 묘사한다. 영화 〈밀리언달러베이비〉(Eastwood, 2004)에서 권투경기를 하다가 장애인이 된 매기는 몸이 썩어가는 고통을 견딜 수 없어 코치 프랭키에게 죽여 달라고 부탁한다. 프랭키는 매기의 고통을 이해하지만 매기를 친딸처럼 사랑하므로 고민한다. 결국 그는 매기에게 주사를 놓음으로써 평안하게 세상을 떠나게 도와준다. 프랭키는 적극적 안락사를 실천한 것이다. 정신적·육체적으로 고통받는 매기의 안락사를 도와주기 전에 사랑하는 사람과의 이별이나 그 사람을 위한 일인가를 고민하고 매기가 세상을 떠난 이후에는 죄책감을 안고 살아간다. 또한 〈씨 인사이드〉(Alejandro, 2004)에서 라반은 추락사고로 얼굴 아래의 감각이 살아 있지 않는 장애를 갖게 되는데, 가족들의 보살핌을 받으면서 생활한다. 라반의 형과 형수, 조카는 라반을 극진히 보살펴주었고 사람들은 라반과의 만남을 통해 많은 것을 배운다. 하지만 라반은 안락사를 허용하지 않는 국가 에스파냐를 상대로 죽음을 선택할 권리를 달라고 법정 소송을 벌이고 결국 패소한다. 라반을 사랑하는 가족들은 그의 뜻에 따라 안락사를 도와주지 못하고, 라반은 결국 집을 떠나 여행지에서 약을 먹고 세상을 떠난다. 라반의 가족이나 프랭키처럼 친밀한 타자인 가족의 죽음을 결정하기 어려운 것은 환자를 위한 결정이라 하더라도 환자를 죽음에 이르게 했다는 죄책감을 갖고 일생을 살아가야 하기 때문이다.

또한 남보연은 암환자였던 아들을 보살피는 과정에서, 말기 암 환자가 의료적 처치를 받으면 경제적 문제뿐 아니라 죽음을 준비할 시간이 없다는 것을 깨닫게 되었다. 남보연은 아들이 병원치료를 받으면서 죽음을 극복하겠다는 의지만을 갖고 있었으므로 자신의 삶을 돌아보고 신변을 정리할 시간을 갖지 못하고 세상을 떠난 것을 안타까워한다. 아픈 가족을 보살핀 연구참여자들은 병원이 노인 보살핌이나 죽음준비를 위한 최적의 장소라고 생각하지 않았다. 이들은 의료적 처치를 받으면서 노인이 고통받는다고 생각하기 때문에, 병원을 선호하지 않았다. 하지만 유교문화에서 아픈 부모를 위해 돈을 아끼는 것을 불효로 간주하기 때문에 자녀들의 죄책감을 자극해서 의료비를 과도하게 지불하게 하는 횡포가 성행한다(최준식, 2006).

생이 술을 먹으면 사람을 들볶아. 꼬장을 부려. 난 그게 싫어서 '네 맘대로 해라.' 근데 병원에서 전화가 온 거예요. '누나, 엄마 모시고 병원에 왔는데 이것저것 꽂고 난리가 났다'고 하더라고, 자고 있는 사람에게 시티 찍는다, 아픈 사람을 더 못살게 군 거예요. '여기서 집으로 가자, 아무래도 못 사실 것 같다.' 근데 남동생이 아니래. 막 우기는 거예요. 아들이 우기는데 내가 우길 수가 있어야지. 나도 딸이지만 '그래, 네 맘대로 해라.' 그날 밤에 중환자실로 올라가서 산소호흡기 끼우고 뚫린 데는 다 뭘 꽂아 놓은 거예요. 그렇게 열흘 동안 하시다가 돌아가신 거예요. 노인네가 얼마나 고생했겠어요? 입에 호스를 끼웠기 때문에 말을 못 하는 거예요. 불쌍해도 그렇게 있었죠. 내가 원무과에 가서 엄마를 퇴원시켜 달라고 했더니, 숨이 끊어지지도 않은 사람은 퇴원을 못 시킨대요. 의료법상 안 된대요."(김정혜)

김정혜는 친정어머니를 집에서 편안하게 돌아가시게 하고 싶었지만, 남동생과의 의견 차이로 어머니를 병원의 중환자실에 입원시켰다. 가족들은 어머니가 의료적 처치로 고생하신다고 생각해서 퇴원시키려고 했지만 병원에서는 허락하지 않았다.

"집에서 돌아가셔서 병원에서 장례식을 치러야지. 병원에 가니까 할아버지가 아프셔서 서너 달 있어 봤는데 사람이 쉽게 죽지 않아. 영양제 놓고 링거 꽂고 연명해 나가니까 죽었다 깨났다 그래서 무서워. 병원에 갖다 놓으니까 집에 있으면 후딱 돌아가실 것도 죽었다, 깨났다 그래. 중환자실에서 옆의 할머니 하나가 죽었다고 자기네끼리 다 연락하고 형제간에 연락하고 그러면 또 깨나. 그러면 자식들이 집에 가. 며느리가 직장을 포기하고 아들은 직장에 갔다가 오면 힘도 없이 운동화를 신은 채 구부리고 자고 새벽에 일 나가더라고. 자식들이 효자들이었어. 며느리가 낮에 혼자 있다가 저녁에 아들이 오면 교대하고. 자식들이 다 쓰러져서 구부려서 자는 거야. 자식들이 고생도 많이 하더라고. 근데 우애가 참 좋더라고. 빨리 가셔야 하는데…… 자다가 후딱 가시는 게 좋지."(윤수진)

병원에 입원한 가족을 보살피는 일은 환자들을 관찰하는 기회가 되고 의료적 처치를 통한 생명연장을 회의하게 한다. 윤수진은 남편과 같은 병실에 입원한 환자가 중환자실에 갔다가 회복되면 일반병실로 옮기는 일을 반복하는 것을 지켜본다. 그녀는 이러한 경험을 통해 병원을 환자가 편안하게 보살핌을 받는 곳이 아니라 고통을 주는 곳으로 해석한다.

연구참여자들이 병원에서 보살핌을 받고 싶어 하지 않는 이유는 의료비와 같은 경제적인 문제를 넘어선다. 이들은 병원이 생명을 연장시킨다 해도 노인을 위한 것이 아니라고 생각한다. 연구참여자들은 죽음을 맞서 싸우고 극복해야 할 대상이 아니라 삶의 과정으로 수용하려는 자세를 보여준다. 윤수진의 친정어머니는 음식을 삼킬 수 없는 상태에서 며칠 동안 누워 계시다가 세상을 떠났다. 그녀는 인위적으로 곡기 끊는 것을 원하지 않지만, 입으로 음식을 삼킬 수 없는 상태가 되면 튜브를 통해 음식물이 공급되기 원하지 않았다. 그러한 의료적 처치는 노인을 편안하게 죽지 못하게 할뿐더러, 옆에서 지켜보는 가족들도 힘들게 하는 것이다.

문성자는 집에서 보살핌을 받은 시어머니와 병원에서 보살핌을 받은 친정어머니를 비교한다. 그녀는 1970년대 말 집에서 시어머니를 보살폈고 2005년 서울 근교 신도시의 대학병원에서 친정어머니를 보살폈다. 1970년대 시어머니를 보살필 때만 하더라도, 노인들이 집에서 자녀에게 보살핌을 받다가 죽었고 장례식도 집에서 치르는 것이 더 일반적이었다. 당시에 병원에 아픈 노인을 모시고 가면 '노환'이라는 이유로 치료하지 않고 집으로 돌려보냈다. 그래서 시어머니는 의료적 처치를 거의 받지 않았고 죽기 전까지 맑은 정신을 갖고 계셨다.

그리고 집에서 며느리의 보살핌을 받다가 석 달 만에 돌아가셨다.

반면 문성자의 친정어머니는 시설 좋은 대학병원에 석 달 동안 입원했다가 돌아가셨다. 친정어머니는 친정아버지로부터 물려받은 유산이 있었기 때문에 경제적 부담 없이 의료의 혜택을 받았다고 할 수 있다. 하지만 친정어머니는 돌아가시기 몇 분 직전까지 링거를 꽂고 산소호흡기에 의존해야 했다.

> "시어머니가 돌아가시는 모습이 더 나아. 우리 엄마가 돌아가시던 날에 병실에 있었잖아. 간호사가 들어왔는데 힘줄에다가 바늘을 꽂는데, 다리에 혈관이 안 잡히는 거야. 막 바늘로 쑤시는 거야. 간호사가 '꽂아야 하는데' 해서, '왜 그렇게 애를 쓰냐'고. '노인네가 돌아가실 때가 돼서 그러는데 왜 그렇게 하냐. 하지 마세요' 했어. 간호사가 그냥 나가더라고. 그러다가 5분 후에 다시 들어오더라고. 간호사는 그게 의무니까 그랬겠지. 한 10분을 혈관을 찾아도 못 찾더라고. 내가 보니까 어머니가 똥을 이렇게 싸놨더라고. 똥을 싹 치우고 기저귀 채우고 났는데, 간호사가 어떻게 하더니 바늘을 꽂더라고. 바늘을 꽂은 후에 옆에 앉아 있는데, 전화가 왔어. '어머니가 어떠시냐'고. 그래서 '괜찮다'고 전화를 끊고 어머니를 들여다보니까 약간 이상한 것 같아, 내 기분에. 아침 10시쯤 됐는데 간호사에게 들어와 보라고 했더니 의사를 불러. 의사가 와서 '가셨네요' 그러더라고. 간호사가 꽂고 나서 10분도 안 돼. 간호사가 그걸 꽂을 때도 몰랐던 거야. 난 그렇게 죽는 건 안 좋다고 생각해. 지난번에도 (어머니의) 목에 바늘을 꽂으려고 애쓰다 피가 나오고 그랬다잖아. 못 하게 했더니 팔에 혈관을 간신히 찾아서 꽂았어. 그래도 숨을 쉬셨어."(문성자)

간호사는 죽기 직전까지 혈관이 안 잡힌다고 하면서 바늘로 어머니의 온몸을 찔러댔다. 어머니는 마지막 순간까지 목에 구멍을 뚫고 가래를 빼고 호흡기 등에 의존해야 했다. 문성자는 시어머니가 친정어머니처럼 의료적 처치를 받았다면 좀 더 오래 사셨다고 생각하지

만, 의료의 혜택을 받은 친정어머니보다 시어머니의 보살핌 방식을
선호하고 있다.

> "의식이 없을 때 그렇게 있는 건 싫어. 어제 아침 텔레비전에 나오
> 더라고. 내가 남편한테 그랬어. 당신이나 나나 의식이 없으면 한
> 달 이상을 두지 말자고. 의식 없이 한 달 이상을 바늘 꽂는 거, 절
> 대 하지 말자. 내가 먼저 쓰러져서 한 달 지나면 호스를 뽑아라. 당
> 신이 먼저 그러면 내가 그럴 거다, 그렇게 둘이 약속했어. 그러니
> 까 아저씨도 그러래. 그게 나은 것 같아. 아무것도 모르는데 거기
> 다 놓고 사람 고생시키고. 아무것도 몰라도 죽는 게 낫지. 그렇다
> 고 그때 일어날 건 아니잖아, 솔직히 말해서, 엄마 같은 경우도 일
> 어나시진 못했지, 아무 때라도 가시는 거지. 그러니까 의식 없이
> 한 달 이상은 절대 두지 말라는 거야."(문성자)

연구참여자들은 병원의 경험을 통해 노인이 의료장치에 의존해서
숨을 쉬고 있다고 해서 삶의 질이 보장되는 것은 아니라고 생각한다.
그래서 이들은 자녀들에게 병원에 데려가지 말라고 당부하고 있다.
이들은 병원에서 의료적 처치를 받으면 편안하게 죽을 수 없기 때문
에 집에 남아 있고 싶어 한다.[47]

> "오래 앓지 말고 죽어야지. 그러니까 내가 병원에 데려가지 말라고
> 하지. 자식들이 잘하는 것 같아도 갈 때가 되면 가야 해. 그이의 남
> 편은 오줌도 호수로 나오고 말 한마디 못하고, 거기서 그 사람의
> 남편이 간병인들에게 1등 손님이래. 뭐라 하기를 해? 가만히 있으
> 니까 그런 환자는 좋지. 죽으려고 하면 병원으로 실어가야지. 그런
> 환자는 병원에서 퇴원시키라고 그래. 집에 오면 죽으니까 병원으로

---

47) 영화 〈버킷 리스트〉(Reiner, 2008)에서 말기 암으로 회복될 수 없는 상태의 두 노인은 죽기까지 의료적
처치에 의존하면서 죽음을 기다리고 싶어 하지 않는다. 이들은 죽기 전에 하고 싶은 일들의 목록을 작성
하고 병원을 나가서 여행을 하고 모험을 한 후 가족들과 화해하고 사랑을 표현하면서 마지막 시간을 보낸
다. 이들이 병원에서 의료적 처치를 받으면서 누워 있었다면 생명이 연장될 수 있었지만, 하루를 살더라
도 활기차게 살고 싶어 했기 때문에 이러한 결정을 내렸다.

모시는 거야. 그이는 응급실 왔다 갔다 하면 힘드니까 요양원에 들어갔지. 지금 병원에서 오랫동안 입원을 안 시켜. 요양병원이 생겼기 때문에."(이영진)

의사는 환자를 감정을 지니고 의견과 권리를 갖는 존엄한 존재, 인격적인 존재로 다루는 것이 아니라 의료적 처치의 대상으로서 다루면서 환자의 의견을 묵살하는 경향이 있다(Kubler-Ross, 1998: 24~25). 티베트 불교의 영적 지도자 린포체는 의료적 처치가 어떻게 편안한 죽음을 방해하는지 기술한다.

"어떤 의사는 이렇게 말한다. 병원은 극도로 흥분된 광란에 휩싸인다. 환자를 소생시키려는 마지막 수단을 취하기 위해 일단의 사람들이 침대 곁으로 달려든다. 죽은 것이나 다름없는 환자에게 무수하게 약을 투여하고 바늘을 찔러대고 전기충격을 가한다. 그가 죽어가는 순간 심전도, 피 속의 산소량, 뇌파 움직임 등이 면밀하게 기록된다. 최후에 의사가 이제 그만이라고 선언할 때에야 비로소 이런 히스테리는 막을 내린다."(Rinpoche, 1999: 594)

환자가 의식이 없는 경우 자신의 몸에 대해 결정할 수 없기 때문에 대리인인 가족은 의료적으로 결정하게 된다. 이러한 경우를 대비해서 생전유언(living will)은 본인의 결정을 존중하면서 의료적 처치를 하는데에 도움을 준다. 생전유언은 미국을 비롯한 여러 나라에서 환자가 의식이 있을 때 죽음에 관한 의사를 표현하는 것이다. 이것은 의식이 없는 상태에서 생명연장을 위한 무의미한 의료적 처치를 받지 않을 의사를 밝힘으로써 법적 효력을 발생시키고 치료중단과 존엄하게 죽을 권리를 요청하고 있다. 한국에서 의료적 처치의 중단은 가족 내에서 공공연히 이루어져 왔고 집보다 병원에서 죽는 것이 보편화되면서 죽을 권리, 존엄사 등 의사, 가족 간의 법적 논쟁을 불러일으키고 있다.[48] 병원에서 보살핀 경험이 있는 연구참여자들은 자녀들에게 의료적 처치를 하지 말아 달라고 생전유언을 하고 있다.

중환자실의 노인은 가족과 분리되어 혼자 죽음을 맞이해야 하기 때문에 죽음에 대해 두려움을 크게 느끼고 낯선 공간에서 고가의 의료장치에 의존해서 살아 있는 것은 아픈 노인을 위한 최선의 선택이 아니다(임정혜, 2000; Nearing, 1997: 207). 병원은 '생명연장'이나 '치료거부'에 집중해서 환자를 다루기 때문에 죽음을 '삶의 부재' 이상으로 다루지 않는다. 의사들은 환자의 죽음을 다룰 때 호흡과 맥박 부족, 자극에 대한 무반응, 플러그 뽑기, 영원한 생명에 관한 관심과 기술개발에 몰두함으로써 삶의 과정으로 죽음을 수용하지 못한다(Berger and Berger, 1995; Kastenbaum, 1986; Kubler-Ross, 1998: 26). 이러한 이유로 병원에서 가족을 보살핀 여성들은 노인 보살핌의 장소로 병원을 선호하지 않았다. 병원은 의료적 처치에 의존해서 돈, 시간, 에너지를 소비하면서도 편안한 죽음을 방해함으로써 본인과 가족에게 고통을 줄 수 있기 때문이다.

연구참여자들은 가족을 보살피면서 삶의 과정으로 출생, 성장, 나

---

48) 죽음은 불가역적인 현상이기 때문에 인권유린과 맞물려 있어 더욱더 신중해야 한다. 죽을 권리나 삶의 질의 논쟁은 보살핌이나 치료가 필요한 집단에 대한 지원이 제한될 수 있다. 1997년 보라매병원 사건과 2008년 신촌 세브란스병원 사건이 하나의 예가 된다. 보라매병원 사건은 환자의 아내의 요청으로 의사가 환자를 퇴원시켰지만 결국 환자는 사망했고 환자의 형제들이 이의를 제기해서 의사가 살인방조죄로 실형을 선고받았다(권복규·김현철, 2005: 119~120). 또한 2008년 노인 여성 환자의 가족들이 호흡기와 같은 의료적 장비를 물려줄 것을 주장하면서 환자의 죽을 권리에 관한 소송을 제기한 사건이 있다. 이 사건은 신촌 세브란스병원에 입원해 치료를 받던 중 식물인간 상태에 빠진 노인 여성(75세)의 자녀 4명이 병원을 상대로 '무의미한 연명행위 중지 가처분 신청'을 내면서 존엄사와 죽을 권리를 위해 인공호흡기를 제거해 달라고 요청했지만 법원은 죽을 권리를 인정할 수 없다고 기각했다(한국일보, 2008.7.11). 하지만 대법원은 2009년 5월 21일 "인공호흡기를 제거해 달라며 식물인간 상태에 빠진 김 모 씨 측이 세브란스병원 운영자인 연세대학교를 상대로 낸 '무의미한 연명치료 장치 제거 등 청구소송'에서 인공호흡기 제거를 명한 원심 판결을 확정"(연합뉴스, 2009.5.21)하면서 존엄사를 인정했다.

이듦, 죽음을 수용하는 통찰력을 갖는다. 이들은 의료적 처치로 인한 무리한 생명연장이 편안한 죽음을 방해하고 본인과 가족에게 고통을 준다고 생각한다. 이러한 이유로 이들은 집에서 보살핌을 받고 싶어 했다. 이들이 보살핌을 받는 것은 의료적 처치를 거부함으로써 생명을 단축하는 결과를 낳을 수도 있다. 하지만 이러한 선택은 삶의 과정으로 죽음을 수용하려는 태도를 보여준다. 이것은 아픈 가족을 보살핌으로써 죽음을 간접적으로 체험하면서 얻게 된 통찰력이다.

2) 보살피는 사람이 없는 공간, '편안한' 집[49]

'집에서 보살핌을 받고 싶다'는 것은 보살핌을 제공하는 사람이 집에 있어야 한다는 것을 의미한다. 보살핌이 필요한 노인이 집에 혼자 남아 있다면, 병원이나 시설보다 안전하지 않다. 여성학자들은 여성들의 보살핌 노동을 줄여주고 노인도 편안하게 보살핌을 받을 수 있는 장소로 집이 아니라 노인들이 주거하는 양로시설이나 노인들이 보살핌을 받는 요양시설[50]을 권장해왔다. 하지만 시설이 과연 노인

---

49) 변화와 유동성을 특징으로 하는 도시의 삶은 한 집에서 오래 사는 것을 정체나 퇴보를 의미한다. 이러한 관점에서 자녀의 교육환경, 교통, 물가, 생태적 환경, 집값 등을 고려해서 빈번하게 이사하는 것을 선호함으로써 집에 대한 애착도 변화되고 있다.

50) 2012년 현재 「노인복지법」 31조에 따르면, 노인복지시설은 노인주거복지시설, 노인의료복지시설, 노인여가복지시설, 재가노인복지시설, 노인보호전문기관 등 다섯 유형으로 분류된다. 첫째, 노인주거복지시설은 양로시설, 노인공동생활가정, 노인복지주택으로 분류된다(「노인복지법」, 32조). 둘째, 노인의료복지시설은 노인요양시설과 노인요양공동생활가정이 속한다(「노인복지법」, 34조). 셋째, 노인여가복지시설은 노인복지관, 경로당, 노인교실이 속한다(「노인복지법」, 36조). 넷째, 재가노인복지시설은 방문요양서비스, 주·야간보호서비스, 단기보호서비스, 방문 목욕서비스를 제공하는 시설이다(「노인복지법」, 38조). 다섯째, 노인보호전문기관은 국가가 지역 간의 연계체계를 구축하고 노인 학대를 예방하기 위하여 노인보호전문기관을 설치·운영하는 것이다. 즉, 이 기관에서는 노인의 인권보호에 관한 정책 제안, 연구 및 프로그램 개발, 노인 학대 예방의 홍보, 교육자료의 제작 및 보급, 노인보호전문사업에 관한 실적 취합, 관리 및 대외자료 제공, 지역노인보호전문기관의 관리 및 업무지원, 지역노인보호전문기관 상담원의 심화교육을 담당한다(「노인복지법」, 39조 5항).

여성들에게 편안한 공간인가 하고 질문하게 한다.

　보조사례인 노인 남성들은 노인 보살핌이 아내의 역할이라고 생각한다. 아내가 있는 노인 남성들은 집이나 병원이나 어느 곳을 선택하든지, 아내의 보살핌을 받을 수 있다고 생각하면서 심리적 안정감을 보여주었다. 엄수철은 자녀들이 서울에 살지만 한 시간 이상의 거리에 살아서 자주 만나기 힘들다. 그는 현재 연금과 다세대주택의 집세로 자녀들과 독립적으로 생활하고 있다. 하지만 엄수철이 자녀들에게 보살핌을 기대하지 않는 것은 아니다. 그는 아들이 몇천만 원 하는 틀니를 해주었다고 자랑하는 친구를 부러워하면서, 그 친구만큼 아들, 딸에게 본인이 보살핌을 받지 못한다고 불평한다. 또한 그는 아들이 결혼, 분가해서 살기 때문에 아플 때 보살핌을 받기 힘들다고 생각한다. 하지만 엄수철은 아내가 자신을 보살펴줄 거라고 믿고 있다. 그래서 아내가 아프면 큰일이라고 걱정하면서 아내를 병원에 데려간다. 그는 아내보다 연상이고 아내에게 보살핌을 받아왔으므로 본인이 아내를 간병하는 상황을 상상하지 않았다.

> "자식들은 같이 살지 않고 나가 사니까 안 되는 거고. 내가 옆엔 마누라밖에 없으니깐 마누라한테 의지하는 거지. 그래서 마누라가 아프면 내가 더 걱정이야. 마누라가 없으면 날 못 돌봐주니까 저 사람이 아프지 말아야 하는데, 저 사람이 아프면 내가 신경 써서 병원에 데려가. 나는 내 집에서 죽고 싶어. 마누라가 있으니까. 나 죽어서 없으면 마누라한테, '당신, 이 집 팔아서 양로원으로 들어가라'고 했어. 내가 자식들한테 해준 것도 없고 자식들도 나한테 해준 것이 없으니까, 이것 팔아서 양로원으로 들어가라고 했어. 애들이 멀리 사니까 한 달에 한 번 오기도 힘든데 나 죽은 다음에 아내가 아플 때 누가 돌보겠어. 그래서 '이 집 팔아서 양로원 가라' 이 말이야. 이거 팔면 양로원에 갈 돈이 안 되겠어?"(엄수철)

엄수철은 노인 보살핌의 장소로 집과 병원을 고려한다. 그는 집에서 아내의 정성 어린 보살핌을 받고 싶어 한다. 또한 그는 병원에 입원한다 해도 아내가 곁에서 보살펴줄 거라고 믿고 있다. 하지만 그는 남편으로서 아내의 보살핌 문제에 대해서 계획을 세워야 한다고 생각하지만 다른 계획을 세우고 있다. 그는 아내에게 유산으로 집을 물려주면 아내가 집을 팔아 양로시설로 들어가든지, 간병인을 고용하면 된다고 생각하면서 걱정하지 않는다. 그는 아내에게 직접 보살핌을 받고 싶어 하지만, 아내의 보살핌은 시장에서 해결하면 된다는 이중적인 태도를 보인다.

자본주의 사회에서 집은 성취와 능력의 증거이고, 집을 책임질 만큼 경제적 자원을 갖는 것, 집을 관리할 만한 자율성을 보장하는 것, 자아를 위해 마련한 사적인 공간의 확보를 의미한다(Waymack, 2001: 54~55). 근대 공사영역의 분리는 집을 사생활이 보장되는 공간으로 인식해왔다. 하지만 집은 남성 가장에게는 자유로운 성(城)이지만 여성들에게는 안식처가 아닌 노동의 공간, 인권유린의 공간이 되기도 한다(Fraser, 1997; Held, 2006). 성역할 태도에 충실한 여성들은 집을 가장 편안한 곳으로 인식하면서 집에 대한 애착을 갖는다. 이들은 오랫동안 집에서 생활해왔기 때문에 익숙한 공간에서 보살핌을 받다가 죽고 싶어 한다.

> "내 집이 제일 편해. 난 원래 집을 좋아하는 사람이야. 어렸을 때부터 어머니, 아버지한테 '너 좀 밖에 나가라' 하는 소리를 들었지. 지금도 평소에 집에 있어. 어렸을 때부터 지금까지. 집이 좋지. 어디 나가는 건 싫어. 친구들이 이 근처에서 와서 나오라고 하면 나가지만 그래도 집이 좋아. 책을 보면 좋은데 눈이 나빠서 책을 못

보지. 여기서 기도하고 화초 가꾸고 신문 보고 텔레비전 보고. 난
항상 집을 좋아하지.”(송진경)

송진경은 남편의 아침식사를 준비하고 깨끗하게 집안을 청소해 놓
는다. 그렇게 정돈된 집에서 한가롭게 화초를 바라보고 아파트 창으
로 강을 내다보거나 방에서 기도하고 신문을 보거나 낮잠을 즐긴다.
그녀는 남편과 각방을 사용한다. 또한 그녀는 성당, 동창회, 경로당
등을 통해 사람들과 관계를 맺고 있지만, 집에 있는 것을 가장 편안
하게 생각한다.

“내 집이니까 집에서 있다가 죽으면 편하지. 시설에 가면 시체는
치워 주지만 집에 있으면 병원에 왔다 갔다 하면서 자식 앞에서 죽
는 거지. 그게 다른 거지. 병원에 있으면 애들이 왔다 갔다 바쁠 수
도 있지만, 시설은 애들이 내던지면 그만이지. 집에 있으면 죽을
때까지는 내가 움직이지, 그렇게는 안 살 거야. 그때 가서 어떻게
해야 할지 생각해야지. 지금은 이러고저러고 할 필요가 없어. 죽을
때까지 미리 생각할 필요는 없지. 지금은 이렇게 일하지만 몸이 불
편해서 요양원으로 갈 수도 있는 거지. 애들이 엄마를 봐줄 수도
없고 간병인을 둘 수도 없으니까. 돈이 그만큼 나가잖아. 애들이
손해지. 근데 집이 편하지. 내 맘대로 하는 거니까 편하지. 내 집이
제일 편해. 어디 가는 것도 싫어.”(이영진)

이영진은 30년 동안 한집에서 살았고 죽을 때까지 이사를 가고 싶
어 하지 않는다. 그녀는 단독주택에 살면서 마당, 계단, 문 앞 등을 청
소해야 하고 헌 집을 보수해야 하지만, 아파트나 새 집으로 이사 가
려고 하지 않는다. 그리스 신화에서 화로의 여신 헤스티아는 집안 살
림을 지겨운 일로 생각하지 않고 화로를 지키는 것을 자신과 집을 잘
정돈된 상태로 유지하는 수단으로 의미화하면서 평화롭고 따스한 분

위기를 만들고 행복해한다(Bolen, 1992: 119~144). 이처럼 집은 노동의 공간이지만 의무감과 책임만이 부여되는 공간을 넘어선다. 때때로 집은 이들에게 화초와 애완동물을 키우는 곳이고 기도와 명상의 장소로 세상에서 가장 안락한 곳이기도 하다.

이영진은 집을 좋아하기 때문에 집에서 보살핌을 받고 싶어 한다. 하지만 집에 있으면 아들, 딸에게 부담을 준다고 생각하기 때문에 시설을 고려하고 있다. 집에 있으면 자녀들이 어머니를 보살피느라 힘들기 때문에 건강할 때 양로시설에 가는 것이 낫다고 생각하지만 시설에 들어가는 순간 자녀와의 관계를 비롯해서 모든 인간관계가 단절된다고 생각한다. 아울러 양로시설은 자녀에게 버림받는 것을 의미하기 때문에 주저한다. 하지만 집에서 간병인을 고용하는 것보다 시설에 입소하는 것이 경제적이라고 생각한다.

중산층 이상에 속하는 신미란도 집을 떠나 시설에 들어가는 것을 편안하게 받아들이지 않았다. 신미란은 집을 떠나는 것을 더 이상 독립적인 생활을 할 수 없는 의존상태로 이해하면서 불편한 심정을 드러냈다. 그녀는 노년기를 집에서 보내다가 몸이 아프면 시설에 들어가고 싶어 한다. 몸이 약한 신미란은 남편이 아프다면 간병인의 도움을 받으면서라도 집에서 남편을 보살필 계획을 세운다. 하지만 본인이 도움이 필요한 경우라면 남편이나 아들딸이 집에 있다 하더라도 시설에 들어가겠다고 결심한다.

"아직은 활동을 할 수 있으니까 괜찮지만, 그렇게 되면 시설에 가는 것도 괜찮아요. 밥을 해먹을 수 없고 자손들을 불편하지 않게 하기 위해서는 그것도 괜찮다고 생각해요. 내가 가고 싶어서 가야 겠다는 마음으로 시설에 가는 게 아니라 시설을 이용할 수밖에 없

잖겠는가 하고 생각해요. 죽는 순간에는 편안하게 있을 수 있는 곳,
내 마음을 조용하게 할 수 있는 곳에서 죽고 싶어요."(신미란)

신미란은 보살핌 노동을 할 수 있는 때 집에 있다가, 보살핌이 필
요할 때 가족의 부담을 줄여주기 위해 요양시설에 가겠다고 결심한
다. 하지만 그녀는 요양시설에 가야 하는 상황을 연상하면서 연신 어
두운 표정을 지었다. 이러한 상황은 자발적인 선택이라기보다 선택지
가 없는 불가피한 결정이다.

한편 문성자는 몸이 불편한 상태에서 가족들이 아침에 나가고 집
에 혼자 있으면 외롭고 심리적으로 힘들 것이라고 생각한다. 그래서
그녀는 의존도가 심해지면 간병인의 도움을 받을 수 있고 비슷한 처
지의 노인들과 소통할 수 있는 요양시설에 가기를 희망한다.

"요양병원에서 잘해줘. 이젠 다 요양병원이야. 병원이 아니라서 다
간병인이 있지. 말하자면 노인네를 하숙시키는 거야. 빨리빨리 죽
어야 하는데 요즘 노인들은 오래 살아서 그것도 문제야. 집보다 요
양병원이 훨씬 편해. 집에 있으면 애들이 나만 내버려두고 나가니
까 성질이 나겠지. 거기에 있으면 비슷한 사람끼리 있으니까 위로
가 될 것 같아. 간병인이 나만 붙잡고 있지 않아도, 집에 혼자 있으
면 외롭고, 애들이 늦게 들어오니까. 요양병원에서 똑같은 입장에
서 서로 쳐다보는 게 낫다고 생각해. 일어나서 마음대로 할 수도
없고. 안 그래? …… 서울에서 떨어진 한적한 데가 낫지. 애들이 매
일 찾아올 것도 아니고. 복잡한 곳보다 나아. 멀쩡한 사람들이 나
를 쳐다보면 싫어하잖아. 요양병원에서 노인네들이 주사바늘 차고
나오는 거 보면 그런 거 싫어. 시골에 가 있으면 공기도 좋고. 몸이
그렇게 됐을 때는 딴 사람들하고 어울려 봐야 소용도 없는 거야.
한적한 데가 나아. 내가 이렇게 살다가 요양병원에 갈 때가 되면
이 세상에서 필요가 없는 사람이니까, 자식도 자주 볼 필요도 없어.
먼 데 가 있으면 자식이 한 달에 한 번 와도 반가워. 가까이 있으면
괜히 불만만 쌓일 수 있어. 내가 자식이 그리운 생각이 있을 수도

있겠지. 하지만 여기 있어도 매일 찾아오는 건 힘들잖아."(문성자)

문성자는 자녀와의 친밀감 때문에 공간적으로 분리되어 사는 것이 힘들 것으로 예상한다. 하지만 의존적인 상태는 더 이상 집에서 자녀들과 어울려서 함께 살 수 없는 상태이기 때문에 집을 떠나고 싶어 한다. 연구참여자들은 오랫동안 살아오면서 자신과 동일시해 왔던 집에서 계속 살고 싶어 한다. 또한 집에서 편안하게 보살핌을 받고 싶어 한다. 그러나 이들은 집에 있으면 자녀를 힘들게 한다고 생각해서 집을 떠나고 싶어 한다. 이들은 요양시설의 입소가 어머니에 대한 보살핌의 책임감을 덜어준다고 생각했다.

보조사례의 노인 남성들은 보살핌 제공자인 아내가 있기 때문에 집과 병원을 보살핌의 장소로 고려했지만 시설을 전혀 고려하지 않았다. 하지만 주 사례의 노인 여성들은 편안하고 익숙한 공간인 집에서 보살핌을 받고 싶어 하면서도 자신을 보살펴줄 사람이 없다고 생각하기 때문에 양로 및 요양시설을 고려했다. 이들에게는 가족이 있지만 보살핌 노동을 할 사람들이 없다고 해석했고, 가족에게 부담을 주고 싶지 않아 집을 떠날 계획을 세우고 있었다.

또한 연구참여자들은 보살핌을 받아야 하는 상황을 더 이상 보살핌 노동을 하지 못하는 상태, 사회적 유용성을 갖지 못하는 존재가 되는 것으로 해석했다. 남성들이 은퇴로 역할상실과 함께 사회적 죽음을 경험한다면, 전업주부로 살아온 여성들은 남편에게 경제적으로 의존하고 살아오면서 1차적 죽음을 경험한다. 요양시설에 가야 하는 상황은 보살핌조차 하지 못하는 상태로서 2차적 죽음을 의미한다.[51]

____

51) 사회적 죽음은 육체적 죽음에 국한되지 않는 다양한 소수자들에 대한 비가시화와 차별을 의미한다. 노예

연구참여자들은 자신이 살던 집에서 보살핌을 받다가 죽고 싶어 한다. 하지만 이들은 집에서 보살핌을 받는 조건이 마련되어 있지 않으므로 요양시설의 입소를 고려했다.[52]

근대화 과정은 여성의 시간을 직선적, 역사적 발전의 바깥에 모성적인 것, 구원의 영역으로 남겨두고, 집을 향수에 젖은 그리움의 공간, 감정적·자연적 장소로 여성적 이미지인 태고의 어머니, 시원과 순수의 이미지로 배치한다(Felski, 1998). 연구참여자들은 가족을 위해 헌신하는 존재이면서도 자신을 보살펴줄 사람이 없다는 사실을 깨닫는다. 이들은 낯선 시설에서 보살핌을 받아야 하는 상황을 불편해하지만 의존도가 심화되면 집을 떠나는 것을 고려한다. 연구참여자들은 의존상태에서 요양시설에 들어가지 않고 집과 병원을 왔다 갔다 하는 것, 일반병실에 입원하는 것, 집에서 간병인을 두는 것이 가족의 보살핌이 있어야만 가능한 일이라고 체험해왔다. 이들이 요양시설을 선택하고 싶어 하는 이유는 가족 내에서 보살핌을 전담하면서 힘든 일이라는 것을 경험했고 자녀들에게 고통을 주고 싶어 하지 않기 때문이다. 이들은 간병인을 관리하는 일도, 자녀와 같이 살면서 자녀가 걱정하거나 신경 쓰게 하는 것도, 가족, 특히 자녀를 힘들게 하는 일이라고 생각했다. 그래서 이들은 가장 편안한 장소를 선택하기보다 자녀의 짐을 덜어주기 위해 요양시설의 입소를 고려했다.

제처럼 공동체에서 사회적 실존을 소유할 수 없고 주인에게 전적으로 종속되는 사물로 다뤄지는 폭력에 기반한 죽음을 의미한다(Hong, 2008: 56; Patterson, 1982).

52) 영화 〈안토니아스 라인〉(Gorris, 1995)에서 안토니아는 수십 년 동안 살아온 집에서 다양한 추억을 간직한 채 삶을 회고하고 가족들의 보살핌을 받으면서 죽는다. 이러한 죽음의 장면은 자녀, 친구, 이웃 등과 작별 인사를 하면서 서로를 축복하는데, 삶의 과정으로 나이듦, 죽음 등을 삶의 과정으로 수용하는 예가 될 수 있다.

3) 보살핌의 분리와 특수한 공간

노인 여성이 개별가족을 넘어서서 보살핌을 독립적으로 해결한다
는 의미는 상품화된 보살핌의 구매와 교환을 의미한다. 가족에서 시
장으로 노인 보살핌이 이동하면 가족 간의 관계가 악화되지 않고 질
적으로 좋은 보살핌을 받을 것이라는 기대는 노부모와 자녀의 관계
에서 변화를 보여준다. 이러한 선택은 가족 내에서 다른 여성의 희생
을 방지할 수 있다. 하지만 이들은 시장에서 보살핌을 구매함으로써
좀 더 낮은 지위의 여성에게 보살핌을 받게 된다.

(1) 전문화된 공간과 여성 간의 위계

중산층 이상의 연구참여자들은 무료 및 실비 노인양로시설이 아니
라 고가의 노인복지주택이나 노인요양시설 등을 선택할 경제적 자원
을 갖고 있다. 이러한 관점에서 이들은 고급시설에 대한 선택을 계층
적 특권으로 해석한다.

> "몇 년 전에 실버타운에 들어가려고 했는데 돈이 한두 푼 가지고
> 안 돼. 난 항상 실버타운에 간다고 했거든. 실질적으로 계산해보니
> 까 그 당시에 한 사람 앞에 최소 300만 원이 들더라구. 그러니 무
> 슨 수로 그 돈이 나와? 지금도 들어가려면 나이는 괜찮은데 재력이
> 딸리니까 못 들어가지. 실버타운이 비싸더라고. 200만 원 정도는
> 괜찮은데 그걸로는 안 되더라고."(송진경)

송진경은 남편과 함께 고가의 실버타운에 들어가서 비슷한 경제적
수준의 노인들과 어울리며 운동, 취미생활 등을 하면서 노년기를 즐
겁게 보내다가, 의존적 상황이 되면 의료적 서비스를 받을 수 있는

곳에 입소하기를 원했다. 그러나 마음에 든 실버타운의 가격이 예상
보다 비싸서 계획을 변경했다. 송진경이 실버타운에 입소하려고 했던
이유는 경제력으로 노인 보살핌을 독립적으로 해결하려고 했기 때문
이다. 그러나 노부모가 실버타운에 입소한다 하더라도 보호자인 자녀
와의 관계가 완전히 분리되는 것은 아니다. 노부모가 아픈 경우 의료
적 처치에 대한 결정에서 자녀의 동의를 구하기 때문이다.

경제적 자원을 확보한 연구참여자들은 자녀에게 서툰 보살핌을 받
기보다 간병인의 숙련된 보살핌을 받는 것이 낫다고 생각한다. 정유
경은 남편을 보살피면서 아픈 노인을 보살피는 일이 쉽지 않다는 것
을 알게 되었고, 건강 때문에 직접 보살필 수 없는 상황에서 남편을
집 근처의 요양병원에 입원시켰다. 하지만 요양병원을 방문할 때마다
남편의 눈빛이나 표정을 보면서 집에 오고 싶어 한다는 것을 알기 때
문에 미안함과 죄책감을 느낀다. 그러나 집에서 직접 보살피면 아픈
남편에게 짜증을 내고 서로 상처를 주기 때문에 요양병원이 최선의
선택이라고 생각한다.

"남편이 요양병원에 있으니까 내가 훨씬 낫지. 집에서는 내가 남편
을 보살펴야 하니까 건강이 안 따라오잖아. 허리가 아파서 일주일
동안 꼼짝을 못했어. 그래서 우리 아들이 휴가를 내고 간병하는데,
그걸 보고 있으니까 안 됐고. 남편이 열나면 응급실에 갔다가 한
달 두 달 있다가 집에 왔는데, 이번에는 내가 전혀 건강이 안 되잖
아. 아들이 아버지를 보살피고 아침 6시, 7시에 출근해야 하는데,
밤새도록 가래를 빼내면 잠을 전혀 못 자잖아. 나는 하고 싶어도
몸이 버티지 못하니까. 나는 사람들에게 요양병원에 가는 걸 권하
고 싶어. 집에서 가족들이 하게 되면 전부 힘드니까 짜증나고, 환
자한테도 눈치 주고 내 자신도 속을 썩었으니까, 자식들 서로 안
모시려고 하고. 물론 저런 병원에 모시려면 경제적인 게 따르기 때

문에 돈 때문에 못 모시는 사람도 많지. 그렇지만 자식들이 체면 때문에 못 모시는 사람도 많아. 또 환자를 병원에 넣어 놓고 자식들이 서로 돈 안 내려고 그런대. 부모가 재산이 많으면 서로 모시려고 그러겠지. 자식 부모 간에도 그렇지. 보살피는 게 힘드니까 돈이 아무래도 연결 안 될 수가 없어. …… 마음은 아프지. (요양병원에) 가보면 미안하지. 집에서 보살피고 싶지만 도저히 가족들이 살 수가 없어. 집에서 하면 경제적으로 절약은 되지만, 안 되지. 너무너무 힘들어서 우리가 다 쓰러질 판인데. 요양병원이 다 잘하지. 간병인이 있으니까. 대소변도 다 받아내고. 그리고 우린 들여다보는 거만 하지. 집 가까이에 있어서 편리해. 암이 아니고 고통이 없으니까 그나마 다행이야. 남편을 바로 앉히면 허리가 아프지. 딴 고통은 없어.”(정유경)

정유경은 의료비를 지불할 만한 경제적 능력이 있어 다행이라고 생각한다. 그녀는 건강이 좋지 않은 상황에서 남편을 보살피는 일이 힘들기 때문에 직접 하고 싶어 하지 않는다. 그러한 이유로 정유경은 간병인보다 자신이 보살핌을 못한다는 점과 요양병원의 시설이 좋다는 점을 강조하고 있다.

“간병인들은 돈은 받겠지만 대변 치워 주고 웃으면서 하는 거 보면 양심의 가책이 들어. 정말 간병인들을 존경하고 싶어. 아무리 월급을 받는다고 해도 환자들 여러 명이 하루에 몇 번씩 싸고 그걸 다 닦아주는 걸 보면 느낀 게 많아. 아픈 사람들을 저렇게 뒷바라지해 주는 걸 보고 내가 저 사람들을 존경하는 마음이 들어. 환자한테도 그렇게 잘해. 일주일에 목욕시켜서 깨끗하게 해놓지. 닦아주고 하니까. 집에서 내가 하면 체위도 변경해줘야 하잖아. 나는 남편의 몸이 무거워서 잘 못해. 이 사람들은 많이 해서 그런가, 간병인들이 완전히 체위 변경하는 것도 환자를 상체만 올리는 것도 잘해. 배워서 그런가. 환자가 죽 먹으려면 침대를 올려줘야 돼. 안 그러면 소화가 안 돼. 우리 집도 병원 침대 빌려 가지고 갔다 놨어. 죽 먹고 한 시간 이상 이렇게 앉혀 놔야 하거든. 집에서는 베개, 이불 고여 가지고 했는데, 참 우리나라도 정말로, 이 세상을 사는 데에

는 돈이 필요해. 돈이 뭘 필요한가, 하고 사람들이 그러지만, 돈은
정말 필요해. 돈만 있으면 다 되더라고. 아픈 환자도 일등실에 가
있고 간병인도 쓰고 편하더라고. 돈이 없는 환자, 가난한 사람은
참 불쌍한 것 같아."(정유경)

정유경은 돈을 지불하고 그에 상응하는 서비스를 받고 만족하면
된다고 생각한다. 또한 가족들이 고생을 덜 하고 환자도 보살핌을 편
안하게 받을 수 있으므로 상품화된 보살핌의 구매를 권장하고 있다.
그녀는 간병인에 대해 칭찬을 아끼지 않는다. 정유경은 간병이 돈 받
고 하는 일이지만 그 수고를 돈으로 환산할 수 없다고 말한다. 그렇
지만 그녀는 간병인에게 적은 대가를 지불하면서 그들의 노동을 이
용하는 한편, 그것을 구매할 수 있는 본인의 경제적 능력에 자긍심을
갖고 있다. 상품화된 보살핌의 구매는 여성 간의 연대가 아니라 계층,
인종, 민족의 차이를 강화하면서 특권적인 지위의 여성이 낮은 지위
의 여성의 노동을 착취하는 결과를 낳을 수 있다.[53] 정유경은 본인이
힘들고 귀찮은 보살핌을 돈으로 대신할 수 있다는 사실에 만족한다.
하지만 보살핌의 평가절하된 사회적 가치를 수용하고 있다.

요양병원을 고려하는 연구참여자들은 간병인의 대다수가 이주여
성 노동자라는 사실을 알고 있다. 그러나 이들은 보살핌 제공자가 같
은 여성으로서 자신을 잘 보살펴줄 것이라고 믿고 있다. 그래서 이들
은 간병인과 언어와 문화가 다른 점을 별로 문제 삼지 않는다. 하지
만 이러한 믿음은 본인을 위해 양질의 보살핌을 받겠다는 의지보다

---

53) 혹쉴드는 제3세계 여성들이 자신의 아이와 부모를 사랑하기 때문에 유급 보살핌 노동자로서 제1세계 아
동과 노인을 보살피는 역설적인 현상을 비판한다(Hochschild, 2003). 이러한 논의는 제3세계 여성의 이주
로 제3세계 아동과 노인이 보살핌을 받지 못하는 피해를 봄으로써 보살핌의 양극화를 초래한다고 지적하
고 있다.

자녀들의 부담을 어떤 식으로든지 덜어주면 된다고 생각한다.

> "사람들은 항상 똑같다고 생각하는데, 그때가 되면 지금과 정신이 똑같을 수는 없을 것 같아. 애들이 해주는 것보다 간병인한테 받는 게 괜찮다고 생각해. 중국 사람이건 한국 사람이건 사람은 같은 심정을 갖고 있지. 한국 사람도 나쁜 사람이 있는 거고. 말이 안 통해도 좋은 사람이 있으니까 괜찮은데. 그때가 되면 내 마음이 어떻게 변할지 장담할 수가 없어. 내 몸이 그렇게 될 때 내가 어떻게 한다고 말을 못 해. 그때가 되면 내 심정이 어떨지 알지 못하는 거지. 옛날에는 오래 살아야 1년이잖아. 지금은 까딱하면 1, 2년을 드러누워 있어. 그래도 옛날에는 빨리 죽었어. 그냥 딱하다고만 생각을 했지. 우리 때만 해도 시부모가 돌아가셨을 때 아무리 길어도 3, 4개월이었잖아. 지금은 의학이 발달해서 5, 6개월이 아니라 1년이더라고. 며느리나 자식이 하는 것보다 간병인이 마음이 편하다 이거지."(문성자)

연구참여자들이 자녀에게 직접 보살핌을 시키지 않는 것은 가족 내에서 보살핌을 둘러싼 시어머니와 며느리, 어머니와 딸 간의 여여 갈등을 완화시킬 수 있다. 능력 있는 전문직 여성이 임금노동을 하고 이주여성을 보살핌 노동자로 고용하는 것은 서로에게 이익이 된다고 해석할 수 있다. 이주여성의 경우 자국에서 노동하는 것보다 이주는 고소득을 보장함으로써 여성에게 힘을 부여하는 기회가 될 수 있다(Hochschild, 2003). 하지만 이러한 현상은 사회적으로 더욱더 주변화된 집단에 속하는 여성에게 보살핌이 전가되고 악순환되는 결과를 초래한다. 이들이 귀찮은 보살핌을 돈으로 해결한다고 생각할 때, 여성 중에서 더 낮은 지위의 저소득층 여성, 이주여성들이 저임금, 장시간 노동을 담당하고, 경제적 특권을 가진 노인 여성이나 보살핌을 해야 하는 딸, 며느리는 다른 여성의 노동을 전유하는 결과를 낳는다.

노인 보살핌의 책임을 요구하는 사회에서 가족 간의 여여갈등은 상품화된 시장의 여성 유급 노동자와 여성 소비자의 관계로 대체되고 있다. 연구참여자들은 숙련된 보살핌을 받을 수 있다는 이유로 표면적으로 상품화를 지지하지만, 보살핌 때문에 자녀와의 관계가 악화되기를 바라지 않았다. 이들은 본인이 어떠한 보살핌을 받고 싶은지 관심을 갖지 않는다. 단지 연구참여자들은 자녀의 부담을 덜어주기 위해 보살핌의 구매를 고려했다. 시장에서 보살핌을 해결하는 것은 양질의 보살핌을 받기 위한 목적이 아니라 자녀의 도움을 최소화하기 위한 배려와 관련된다. 그러나 이러한 선택은 어머니의 사랑에서 비롯한다. 이러한 사랑은 자녀에게 국한된 배타적인 사랑이지만 유급 보살핌 노동자인 다른 여성의 희생을 간과하는 한편, 보살핌의 폄하된 가치를 유지하면서 임금노동의 가치를 높여준다.

(2) 관계의 단절과 차별

유교의 효 문화에서 노인들이 보살핌을 제대로 받지 못한다면 사람들에게 동정을 받지 못한다. 오히려 자녀, 특히 아들을 잘못 키운 부모라는 이유로 자녀와 함께 비난받는다.[54] 한국 사회에서 요양시설은 저소득층의 가족이 이용하는 곳이거나 오랫동안 노인을 보살편 가족들의 마지막 대안으로 인식되어 왔기 때문에 가족이 직접 보살피지 못한다는 측면에서 부정적인 이미지를 형성한다(한은주·김태현, 2007). 연구참여자들은 양로 및 요양시설을 '자녀에게 버림받은

---

54) 일본의 경우 유교 효 문화의 맥락에서 친족이 노인을 보살펴야 한다는 문화가 있는데, 노인을 제대로 대접하지 않으면 가족 전체가 비난받기 때문에 노인들은 나이가 들면 가족에게 폐를 끼치지 않기 위해 자살하기도 한다(Yoro, 2004: 164).

노인들의 공간'이라는 편견을 갖고 있었다. 이 여성들은 자녀에게 불평을 털어놓으면서도 "우리 애들 착하다"고 하면서 방어적인 자세를 보여주었다.[55] 아들, 며느리가 노부모를 보살펴야 한다는 인식은 변화되었지만, 노인 보살핌의 책임이 자녀에게 있다는 인식은 연구참여자들 사이에서 작동하고 있었다.

> "집에서 애들을 도와주면 좋은 거지. 나랑 살기 싫으면 시설에 가서 죽겠다고 그러지. 아프면 자식이 알아서 해주겠지 하는 거지. 근데 이렇게 되면 시설로도 못 들어가. 몸이 그렇게 됐는데 시설에서 받아? 거기서 답답해도 할 수 없는 거고. 집에서 죽는 게 아니라 거기서 죽을 것 같으면 건강할 때 미리 시설에 가서 봉사하다가 아프면 대우받는 거지. 내가 죽는 대비를 그렇게 한다는 거야. 자식 못 미더워서 그런 게 아니라 자식이 할 수가 없으니까. 하지만 애들이 시설에 들어가지 말라고 하잖아. 차라리 시설에 들어가면 좋은데, 그래서 못 들어가고 있어."(이영진)

이영진은 아들딸이 바쁜데 보살핌을 제대로 받을 수 있을까 하고 의문을 갖고 있다. 그래서 그녀는 지인과 성당을 통해서 양로 및 요양시설의 정보를 수집하고 있다. 이영진은 건강할 때 시설에 들어가서 봉사하다가 보살핌을 받으면 그 동안의 공로를 인정해서 사람들이 좀 더 잘 보살펴주지 않을까 하고 걱정한다. 그러나 자녀가 있는데도 시설에 들어가면 아들, 딸의 명예에 부정적인 영향을 준다고 생각하면서 주저한다. 더욱이 이영진은 자녀들이 시설에 가지 말라고 만류하기 때문에 내심 기뻐한다. 연구참여자들은 자녀가 노부모를 보살펴야 한다는 유교의 효 문화에서 유연한 태도를 보여주고 독립적

---

55) 노인들은 무료양로시설에 대한 수치심과 낯선 곳으로 이전, 가족과의 관계단절에 대한 두려움으로 거부감을 강하게 드러낸다(장경숙, 2003).

으로 보살핌을 해결해야 한다고 생각한다. 그러나 이들은 시설이 자녀에게 버림받은 노인들이 사는 곳이라는 편견에서 벗어나지는 못했고, 노인 보살핌이 가족, 자녀의 책임이라고 인식하고 있었다.[56] 그래서 이들은 집을 떠나고 싶어 하지 않았다.

한편 보조사례 중에서 자녀가 없는 노인 여성들도 집에서 보살핌을 받고 싶어 했다. 홍순영과 양미경은 기초생활보장 수급자로서 동사무소 직원에게 시설의 입소를 권유받지만, 양로시설에 들어가고 싶어 하지 않는다.

> "동사무소에서 양로원에 자꾸 들어가라고 해. 예전에 동회장이 여자였는데, '할머니, 양로원에 가시는 게 나아요. 만약에 수족도 못 쓰시면 어떻게 해요' 하고 그랬지. '할머니 잘 모시는 양로원에 가시라고 모셔다 드릴 게요' 했는데 싫다고 했어. 양로원에 가면 자유가 없잖아. …… 나중에 간 사람은 먼저 간 사람이 구박하고 그런대. 텃세해서 방구석에 밀어놓고 화장실도 방에 있대 …… 나는 성질이 있어. 그렇게 대하면 가만히 있지 못해요. 그런 대접을 받으면 못 살 것 같아."(홍순영)

독거하는 홍순영(91세)은 식사를 손수 준비한다. 그녀는 여름철에 식욕이 없어 밥을 해먹지 않고 대신에 마가루를 타서 먹는다. 그러나 심장이 좋지 않아 약을 먹어야 하기 때문에 식사를 거르지는 않는다고 했다. 홍순영이 양로시설에서 생활한다면 식사준비를 비롯해서 사람들의 도움을 받을 수 있다. 하지만 그녀는 공동생활보다 독거를 편안하게 생각했다. 시설이 안전을 위한다 하더라도 외출, 방문 등을 통

---

56) 무료양로시설에 입소한 노인은 자녀에게 버림받았다고 생각해서 낮은 자존감을 갖고 생활하며, 시설에 대한 폄하 때문에 노인은 입소 때부터 집에 사는 노인보다 죽음 불안감이 높고 우울 수준이 높게 나타나며 자살사건이 벌어진다(박종환, 2006; 오미나·최외선, 2005).

제하고 식사시간이나 취침시간 등 규칙에 따라 생활하는 것을 불편
하다고 생각한다.[57]

> "내가 시설에 가면 생계비가 시설로 따라간다니까요. 그러니까 정
> 부에서 받는 생계비를 시설로 보내주는 거죠. 거기서 돈을 찾아서
> 내 생계비를 하는 거죠. 가고 싶어도 가만히 앉아 있으면 오금이
> 붙고 죽음을 자꾸 청하는 거 아니에요. 그렇게 앉아 있으면 힘이
> 없지 않아요. 그러니까 못 가는 거예요. 사방이 어둑하니 그 시간
> 이 얼마나 지겹겠어요. 또 밥은 먹여줘도 내가 사탕이라도 사먹으
> 려면 돈이 아쉽지 않아요. 내가 목욕탕을 가고 싶어도 돈이 없어서
> 못 가지. 가게에 가서 뭘 사먹고 싶어도 아쉽지. 너무 초라하잖아
> 요."(양미경)

양로시설에 들어가면 기초생활보장수급자로서 받는 생계비는 운
영자에게 돌아간다. 양미경(79세)은 용돈을 쓸 수 없기 때문에 양로시
설에 들어가는 것을 주저한다. 그녀는 가게에서 군것질을 좋아하고
대중목욕탕에 가는 것을 좋아하는데, 시설에 가면 자유가 없고 이러
한 일이 가능하지 않은 것이다. 정부는 시설에서 독거노인을 관리하
는 것을 효율적이라고 판단할 수 있고 시설관계자는 재정 확보를 위
해 수용하는 노인 수를 늘리고자 한다. 그러나 보조사례의 노인 여성
은 독거보다 시설의 삶을 불편하게 생각했다.

노인의 독거는 보살핌을 받지 못하기 때문에 불행한 삶으로 묘사
된다. 하지만 독거하는 노인들이 가족과 동거하는 노인이나 대규모
양로시설에서 사는 노인보다 불행하다고 단정할 수만은 없다.[58] 시

---

57) 무료양로시설의 노인들은 옷이나 물품의 획일화, 구속이나 감시에 대해 '불편'을 느끼면서, 노인들만이 있
는 곳이라 처량하다고 느끼면서 '감옥'으로 표현한다(박종환, 2006).

58) 일본의 노인요양시설에서는 배설을 도와주는 일이 신속하게 이뤄지지 않아 입소한 노인들이 어려움을 겪
고 있다. 이러한 상황은 독거보다 시설입소가 반드시 좋은 것이라고 할 수 없다. "너스콜을 했지만 T는

설에서도 안전사고가 발생하고 공동생활을 해야 하는 부담감이 있기 때문이다. 집은 타자를 배제하는 자율적인 공간이 될 수 있지만, 시설은 집단생활을 위해 관습, 규칙, 일정 등을 통해 사생활을 통제함으로써 불편한 공간이 될 수 있다(Waymack, 2001: 56). 이러한 이유로 무자녀 노인 여성들은 '안전한' 양로시설보다 '편안한' 독거를 원하고 있었다.

한편 시설은 사회와 분리되고 폐쇄적 공간으로 보살핌의 대상에게 폭력이 지속되는 공간, 인권의 사각지대가 될 수 있다. 보살핌 제공자인 보조사례 권은경(48세)은 어머니가 몸을 움직이기 힘드셔서 대소변 처리를 도와야 하는 상황이다. 하지만 그녀는 간병인을 고용하거나 어머니의 시설입소를 고려하지 않는다.

> "병원에서 간병하는 사람들은 중풍이나 말 못하는 사람들에게 말을 함부로 하는 거예요. 병원에 있으면서 간병인들이 그렇게 하는 걸 봤어요. 그런 경우가 너무 많아요. 가족이 잘 안 온다, 그러면 환자를 더 무시해. 의식이 있는 환자에게는 함부로 못 하는데, 감각이 있지만 언어중추가 문제 있는 경우에는 간병인들이 마음대로 하더라고요. 질이 안 좋은 사람들도 많아요. 그것도 좀 걱정돼요. 환자가 요구를 하는데도 태도가 다른 거예요. 아주 싹 무시해 버리더라고. 그걸 본 다른 환자나 가족들이 오면 환자한테 간병인이 함부로 한다고 알려주는 거죠. 간병인을 바꾸라고. 아휴, 그런 생각을 하면 머리도 무겁고 마음도 무겁지만 그건 그때 가서 생각해야죠."(권은경)

권은경은 어머니가 2년 전에 입원했을 때 간병인의 폭력을 목격한다.

늦게 도착해서 J는 오줌을 싸고 말았다. T는 다른 사람에게 배설을 의지할 수밖에 없는 사람의 아픔을 진정으로 헤아리지 못하고 있었다. …… 누구든지 배설은 타인에게 의지하고 싶지 않은 부분이고, 가능한 한 화장실에서 정상적으로 일을 처리하고 싶어 한다. 게다가 배설은 인간의 자존심과 관련 깊은 부분이다."(종합케어센터 선빌리지, 2006: 73)

그녀는 환자가 의사를 표현하지 못하거나 가족들이 자주 방문하지 않는 경우 간병인이 환자를 함부로 대함으로써 환자가 보살핌을 제대로 받지 못한다는 사실을 알게 되었다. 그래서 그녀는 어머니를 집에서 직접 보살피고 싶어 한다. 시설이라는 폐쇄적 공간에서 인권유린이 일어나는 경우 사회와의 단절로 말미암아 피해가 심각하고 지속되기 때문에 생존권과 인권의 차원에서 국가의 철저한 관리가 요청된다(정경희 외, 2002; 이지전 외, 2007 재인용). 이러한 현실은 노인 여성들이 보살핌 제공자가 부재한 집을 떠난다 하더라도, 시설 역시 보살핌의 최적의 공간이 될 수 없다는 것을 보여준다.

한편 무자녀 노인 여성들은 자녀가 있기 때문에 경제적 지원이나 보살핌을 받지 못하는 노인 여성들보다, 국가의 지원을 받기 때문에 경제적으로 유리한 위치에 있다. 이러한 사정을 고려해서 국가는 자녀가 없는 노인뿐 아니라 자녀가 있는 저소득층 노인들을 대상으로 생계비 지원정책을 확장할 계획을 세우고 있다. 홍순영은 독신으로 살아왔고 양미경은 결혼했으나 남편과 사별해서 자녀가 없다. 두 사람은 한 달에 40여만 원(2012년 현재 50여만 원)의 생활비를 지원받고 약값, 검진, 입원 등의 의료비 혜택을 받고 있다. 홍순영은 심장병이 있어 자다가 전화하면 119구급대가 병원 응급실로 실어간다. 그리고 이러한 비용은 국가에서 지원이 된다. 무자녀 노인 여성인 보조사례들은 가족을 보살폈으면서도 몸이 아플 때 보살핌을 받지 못하거나 자녀의 눈치를 보면서 의료비를 걱정해야 하는 유자녀 저소득층 여성보다 나은 상황에 있다고 할 수 있다. 그러나 이러한 지원을 받는 처지가 편안한 것만은 아니다. 홍순영은 노인 보살핌이 자녀에게 부담을 줄까 봐 걱정하지 않지만, 자녀가 없어 국가의 지원을 받기 때문에 자존감이 저하된다. 그녀는 국가에서 의료비와 생활비를 지원받으므로 국가의 돈을 마구 쓴다는 소리를 들을까 봐 신경을 쓴다.

"심장병으로 병원에 서너 번 입원했어. 병원에서 심장약을 계속 갖다 먹고 있어. '할머니, 심장약을 안 드시면 돌아가신다'고. 난 국립 ○○병원밖에 몰라. 그 병원에서 약도 보내주고 파스도 보내 줘. 난 심장하고 다리가 안 좋아. 다리보다 심장이 더 안 좋지. 어떤 때는 숨이 차서 119가 와서 병원으로 실어가. 다섯 번인가 병원에 실려 갔어. 그런 일이 많았지. 비용은 정부에서 다 대지. 정부 돈도 돈인데 함부로 쓰면 안 되지. 난 웬만큼 안 아프면 병원에 안 가. 숨도 못 쉴 때는 입원하지. 정부에서 나오는 돈을 함부로 하면 못 써. 여기 어떤 여자는 조금만 아프면 병원에 가서 돈이 너무 많이 나왔어. 그래서 난 그렇게 안 하니까 병원에서 알아줘. 할머니는 경우가 밝다고 …… '약 가지러 왜 안 오세요' 하고 병원에서 전화와. 정부 돈을 막 쓰면 못써요. 내 돈 아니라고 막 쓰면 안 돼. 자기가 돈 안 낸다고 덮어놓고 자주 가면 안 돼."(홍순영)

연구참여자들은 복지의 대상이 됨으로써 국가의 수혜를 받는 의존자로서 주변화된 위치와 낙인을 감수하고 있다. 노인 보살핌이 일차적으로 개별가족, 자녀의 책임이라는 사회구조는 무자녀 노인 여성의 삶에 부정적인 영향을 미친다. 이들은 자녀가 없다는 이유로 국가의 지원을 받기 때문에 심리적으로 위축되는 한편, 자녀가 있는 노인들을 부러워한다.

"자식이 있어도 속 썩는 걸 보니까 없는 게 나아. 친구가 아들이 둘이 있는데, 시어머니에게 못되게 구는데 밥하고 국하고 시어머니 방에다 삐죽 갖다 놔주고. 자식이 무슨 소용이 없어. 시어머니 하나 있는데 그게 뭐하는 거야. 거지도 그것보다 낫겠다. 밥 한 그릇, 국 한 그릇, 삐죽 갖다 주고. 무슨 상관이냐. 재판관도 가려주는 거야. 남이 먼저 하는 게 아니라. 네가 며느리를 얻으면 그렇게 하는

며느리를 얻어라. 불쌍하지, 뭐야. 저희는 갖은 반찬 다 먹고 노인
네는 반찬 하나 주고. 내가 그랬어. 아들보고 '엄마에게 그러지 말
고 한 상에서 먹자고 그래야지.' 내가 그렇게 하라고 하니까 친구
가 밥은 한 상에서 먹는다고 하더라구."(홍순영)

연구참여자들은 노인들이 자녀들과 함께 산다고 하더라도 노부모
를 소외시키거나 무시하고 푸대접한다는 현실을 인식한다.[59] 그럼에
도 불구하고, 이들은 노부모를 정성껏 보살피는 자녀에 대한 환상이
있었고 자녀가 있는 노인들을 부러워했다. 특히 본인들이 아파서 누
워 있는 상태가 되면 자녀가 없기 때문에 타자에게 폐를 끼친다고 생
각한다. 무자녀 노인 여성인 보조사례들은 국가의 지원을 받고 있지
만, 노인 보살핌의 책임을 자녀로 일차적으로 규정하는 사회에서 부
담감을 갖고 있었다.

> "자다가 죽는 게 제일 좋지. 앓다가 죽으면 어떻게 해. 그래서 난
> 자다 죽었으면 좋겠어. 내가 약이라도 먹고 그만 가는 게 좋은데
> …… 아무것도 없는 게 방 안에서 오줌똥이라도 싸면 그게 걱정이
> 야."(홍순영)

> "자식이 없어도 그런대로 살아요. 근데 이제 와서 왜 남을 부담스
> 럽게 해요? 살아서도 남에게 부담주기 싫어하는데 왜 죽으면서 부
> 담을 주냐고요 …… 오래 사는 게 문제가 아니라 어떻게 죽느냐가
> 문제예요. 쉽게 말해서. 간병비 같은 게 마련되어 있으면 마음이
> 조금 나을지도 모르겠어요. 내가 죽을 때 간병한다고 하면 돈을 내
> 야죠. 그것도 안 내고 잘 먹고 산다. 그만큼 내가 사람들에게 신세
> 를 졌잖아요. 그러면 돈을 내는 거예요. 한 푼이든 두 푼이든. 그럼

---

59) "서울 종로의 노인복지센터를 자주 찾는 김 모 할머니(74)는 자식 내외와 함께 살며 비교적 편안한 노후
생활을 보내고 있단다. 그러나 할머니는 최근 자신이 수저를 댄 음식을 중학생 손녀가 외면하는 것을 견
디기 힘들다고 털어놓았다."(뉴시스, 2008.5.31) 노인들은 식사할 때 손자녀들이 자신이 숟가락을 댄 음식
에 손대지 않을 때, 노인이라고 말상대를 하지 않을 때 자녀와 함께 살아도 인격적으로 존중받지 못하는
등의 차별을 경험한다.

죽을 때 감당하면 되는데, 내가 언제 죽을지 모르잖아요. 또 지금
다 먹고 죽으면, 죽을 때 돈이 없어 고생하기 때문에 돈을 모으는
거예요."(양미경)

양미경은 노인 보살핌을 생각하면서 불편한 마음을 감추지 못했다.
그녀는 남에게 폐를 끼치는 것을 몹시 싫어한다. 그러나 몸이 아플
때 보살핌을 스스로 해결할 수 없고 자신의 시체를 치울 수 없어 이
웃에게 폐가 된다는 사실에 괴로워한다. 양미경은 남편과 사별하고
시장에서 70세까지 노점으로 양말장사를 하면서 힘들게 살아왔다. 그
녀는 국가의 지원을 받고 있지만 평생 다른 사람에게 피해주지 않기
위해 나름대로 노력하며 살아왔다고 자긍심을 갖는다. 하지만 양미경
은 보살핌 문제에서 이러한 노력이 헛수고가 되기 때문에 좌절한다.
그녀는 나이듦에 따르는 의존상태를 인식하면서 인간이 독립적인 존
재가 아니라 보살핌이 필요한 존재라는 것을 깨닫게 된다.

한편 무자녀 노인 여성들은 양로시설에 입소하지 않는 대신, 노인
보살핌을 의지할 만한 사람을 찾고 있었다. 홍순영은 가난 때문에 어
려서 절에 맡겨져서 가족과 헤어져서 살다가, 텔레비전 방송 가족 찾
기 프로그램에서 언니와 여동생을 찾았다. 그녀는 자매들과 전화통화
를 하지만 자주 만나지 못하므로 보살핌을 기대할 수는 없다. 하지만
보살핌 문제에서 혈연에 대한 기대를 갖고 있었다. 또한 양미경은 조
카딸과 자주 통화하면서 안부를 묻는다. 조카딸은 어려서 자매처럼
함께 자랐으므로 친밀한 관계를 형성하고 있다. 조카딸은 부모(오빠,
새언니)가 모두 세상을 떠났으므로, 고모인 양미경을 부모처럼 따르
고 자주 전화통화를 한다. 하지만 조카딸은 양미경의 집에서 2시간이
나 걸리는 서울 근교에 살고 있고, 60세가 넘었고 요통으로 고생하고

있다. 최근에 양미경은 조카딸이 새 집으로 이사하면서 함께 살자고 권유하기를 기대했다. 하지만 조카딸은 그렇게 하지 못했다. 자녀와 독립적으로 보살핌을 해결하는 시대적 흐름에서, 부모가 아닌 친척 등의 혈연관계에 의존해서 보살핌을 기대하기는 어렵다. 그럼에도 불구하고 이들은 혈연관계에 의존했다. 이들이 혈연관계에서 보살핌을 받고 싶어 하는 이유는, 부모를 학대, 유기하는 자녀[60]가 있다 하더라도 혈연관계가 다른 관계보다 강한 구속력을 갖는다고 생각하기 때문이다. 실질적으로 혈연가족이 보살핌을 책임지지 않지만, 보조사례의 기대는 우리 사회에서 배타적 사랑, 집단적 이기주의라는 가족 신화의 단면을 보여주었다.

한편 무자녀 노인 여성들은 친구와 지인들의 관계를 더욱더 중시하고 확장한다. 또한 이웃은 이들의 삶에서 중요한 의미를 차지한다. 양미경은 아침에 성당에 가서 미사를 하고 노인복지관에 가서 운동하고 점심을 먹으며 친구들과 시간을 보낸다. 그리고 집에 와서 저녁을 먹고 동네를 산책한다. 그녀는 집에 있는 시간이 많지 않고 성당, 지역노인복지관, 시장을 중심으로 사람들을 만나면서 하루를 보낸다. 또한 홍순영은 경로당과 교회 등에서 만나는 동년배의 여성들과 함께 어울리면서 산책하고, 집 앞에서 친구들과 앉아서 지나다니는 사람들을 구경하면서 수다를 떨기도 한다. 그녀는 이웃에서 우연히 만나는 젊은 세대와 친밀한 관계를 맺거나 의사소통을 원활히 하지 않는다 하더라도, 같은 공간에 살면서 세대 간에 접촉을 하고 있다. 이

---

60) 이민 간 자녀가 노부모를 해외로 초청한다고 속여 노부모의 재산을 빼앗는 해외고려장이 성행하고 있다 (SBS-TV, 2008.4.12). 또한 여행 가자고 하면서 낯선 곳에 노부모를 버리고 돌아가거나 양로시설 앞에 노부모를 버리는 자녀들의 실태가 보도되기도 한다(노컷뉴스, 2007.4.9; 시사저널, 2008.3.4).

러한 삶의 방식은 형식적인 공존이라 하더라도 시설입소에 따르는 공간의 분리와는 다른 의미를 갖는다.

노인요양시설은 노인 보살핌을 삶에서 분리하고 비가시화하면서 나이듦, 죽음, 의존에 대한 공포를 불러일으킨다. 노인요양시설은 고독, 절망, 약함, 결핍, 상실감의 이미지를 갖는 감정, 표현, 열정이 억압된 곳으로 죽음을 덮는 천, 인간 존엄성의 상실을 의미한다(Agich, 2003: 2). 보조사례인 양미경은 양로시설을 노인들과 함께 살며 죽을 날을 기다리는 곳이라고 말한다. 그녀는 숨 쉬는 것만이 살아 있는 것이 아니라고 생각하므로 양로시설에 입소하고 싶어 하지 않는다.[61] 그녀는 살아 있다는 것이 다른 사람과 관계를 맺고 의사소통하는 것이라고 해석한다. 현재 친구, 지인들의 방문이나 외출에 제약이 있으므로 현재의 관계를 단절할 가능성이 높다. 양로시설의 입소조건은 건강할 때로 한정되지만, 보조사례들은 현재의 관계를 포기하면서 입소하고 싶어 하지 않았다.

> "나는 여든 살이 돼도 이렇게 쾌활하게 살기 때문에 양로원에 가서는 못 살 것 같아요. 가긴 가야 하는데 거기서 못 살 것 같아. 어떻게 가만히 앉아 있어. 힘들 것 같아요. 갑갑해서 한시도 못 있을 것 같아요. 산책도 하고 밥 먹고 밖에 나가야 하는데 밥 먹고 거기 그대로 앉았으면 얼마나 답답할까. 거기는 정신없는 사람이나 가 있어야지. 시설에 가면 수녀님들이 보살펴줘서 좋긴 하고, 내가 건강해서 들어가야 하지만 지금 가는 건 싫어요."(양미경)

---

61) 영화 〈너를 보내는 숲〉(Kawase, 2007)에서 양로원의 치매노인은 자신이 살아 있는가 하고 질문한다. 이 노인은 아내가 죽은 이후 30여 년 동안 사별의 고통을 극복하지 못하고 죽은 것처럼 살아 왔다. 스님은 자신이 살아 있다는 것을 아는 방법은 밥과 반찬을 먹을 수 있는 것과 숨을 쉬고 감각을 통해 타인이 손을 잡으면 따뜻함을 느낄 수 있는 것이라고 한다. 살아 있다는 것은 단순히 생명을 이어가는 것만이 아니라 관계 맺기를 의미한다.

무자녀 노인 여성들은 자녀가 없으므로 시설입소를 통해 새로운 관계를 만들 수 있다. 하지만 이들은 기존의 친구, 이웃과의 관계를 단절하고 싶어 하지 않았다. 그래서 이 여성들은 집에서 간병인을 고용하거나 병원에서 보살핌을 받을 계획을 세우고 있다. 이들은 병원에 입원해 있다면, 의식이 있든지 없든지, 친구와 지인들이 병문안을 와주고 장례식에도 참석해줄 것으로 기대한다. 가족이 없는 이들은 병원에서 보호자 없이 혼자 누워 있기 때문에 관계에 대해 더욱더 신경을 쓴다.

노인요양시설은 의존상태의 노인들이 사는 공간이다. 노인 보살핌의 특수한 공간을 마련하는 것은 전문화된 보살핌을 받고 노인의 안전을 보장한다고 생각한다. 하지만 이러한 시설은 젊음/나이듦의 이분법을 강화하고 누워 있는 노인에 대한 비가시화를 가져오는 차별의 공간이 되고 있다. 요양시설을 도심에 지으려고 할 때 지역주민들은 아픈 노인을 이웃에서 대면하는 현실을 불편하게 생각하고 땅값의 하락 등을 이유로 반대운동을 벌이기도 한다.[62] 노인 보살핌을 삶에서 공간적으로 분리하는 것은 우리 안의 타자로서 나이듦을 억압함으로써 사회 전반적으로 생산성의 가치를 강조하는 한편, 아픈 노인에 대한 감시와 관리의 기능을 하면서 노인 보살핌을 비가시화한다. 자녀가 없는 노인 여성들은 보살핌 제공자가 없기 때문에 요양시설을 선택할 수 없는 상황이다. 그러나 이 여성들은 이러한 사회문화에서 요양시설을 선택하면서 보살핌을 받고 싶어 하지 않았다. 그 이유는 기존의 관계를 단절해야 하고 새로운 상황에 적응해야 하기 때

---

62) 매일신문, 2007.12.5.

문이다. 이들은 이러한 사정 때문에 불편함을 감수하더라도 현재의 관계를 유지하면서 집에서 보살핌을 받고 싶어 했다.

3. 나가면서

연구참여자들은 보살핌 노동을 하면서 삶의 과정으로 보살핌이 수용되지 않고 임금노동이 우월한 가치를 갖는다는 것을 인식해왔다. 그래서 노인 여성들은 임금노동으로 바쁜 자녀들이 가족 내에서 보살핌의 시간을 확보하지 못하는 현실을 인식한다. 이들은 본인이 아프면 자녀들에게 부담이 된다고 생각한다. 이들은 자녀에게 전적으로 의존하면서 간병 받는 것을 싫어하지만 관심과 배려를 받고 싶어 한다. 하지만 바쁜 자녀들은 어머니의 요구에 무관심하거나 다른 생각을 가짐으로써 모자녀 간에 갈등이 불거지기도 한다.

연구참여자들은 자녀에게 보살핌을 받고 싶어 하지만 부담이 되어서는 안 된다고 생각한다. 그래서 이들은 건강관리에 몰두하거나 의료적 처치를 받는 데에 적극적인 태도를 보인다. 이들의 태도는 자녀를 위한 배려로 시작되지만, 노인 남성들처럼 자신을 위해 건강관리를 한다고 말하지 못했다. 또한 이들은 보살핌을 받는 기간이 장기화되면서 자녀들을 힘들게 하고 싶어 하지 않으므로 인위적으로 곡기를 끊는 것과 같은 생명단축에도 관심을 보인다. 종교활동을 열심히 하는 연구참여자들은 교리에 대해 유연한 태도를 보이면서 죽음 선택에서 자녀를 배려한다.

하지만 보살핌의 경험이 여성들에게 부정적인 영향을 주는 것만은 아니다. 병원에서 가족을 보살핀 연구참여자들은 죽음 극복 의지 때문에 의료적 처치를 받으면서 생명연장을 하고 싶어 하지 않았다. 이들의 사고는 경제적 부담이 아니라 보살핌의 대상을 통해 간접적으로 죽음을 체험하면서 편안한 죽음에 대해 통찰력을 갖는다. 이들은 죽음을 싸워야 할 적이 아니라 삶의 과정으로 나이듦, 죽음 등을 수용한다.

한편 연구참여자들은 집을 편안하게 생각하고 집에서 보살핌을 받고 싶어 했다. 하지만 이들은 집에 보살핌 제공자가 없고 자녀들에게 폐를 끼치고 싶지 않기 때문에, 보살핌이 필요할 때 집을 떠나고 싶어 한다. 이들이 요양시설의 입소를 계획하는 것은 가족, 자녀에 대한 배려에서 비롯한다. 이들은 양질의 보살핌을 받기보다 자녀의 책임을 덜어주기 위해 자녀와 분리되고 싶어 하면서 시설의 입소를 고려하는 것이다. 이들은 의존상태로 집에 있으면 자녀들의 책임이 커지고 부담이 되기 때문에 모자녀관계도 악화될 수 있다고 생각한다. 이들은 보살핌을 스스로 해결하기 위해 요양시설을 고려하지만, 이러한 결정이 과연 본인과 자녀를 위한 것인지 재고할 필요가 있다. 보살핌을 받지 않는 관계가 형식적으로 좋은 관계로 비춰질지라도, 보살핌을 해온 여성들이 자율성의 원칙에 따라 행동하고 있다는 사실은 비판적인 검토가 필요하다.

또한 연구참여자들은 유교문화의 맥락에서 양로 및 요양시설을 자녀에게 버림받은 노인들의 공간으로 인식했다. 그러나 의존상태에서 집에 있으면 자녀에게 도움이 되지 않는다고 생각해서 불가피하게 시설을 고려한다. 보살핌의 구매는 가족 내에서 여여갈등을 완화시킬 수 있지만, 다른 여성의 노동을 전유함으로써 여성 간의 위계를 만들어낼 수 있다. 내 자녀를 위한 배타적인 사랑은 다른 여성에 대한 착취로 이어질 수 있다.

보살핌이 필요한 노인을 위한 특수한 공간은 자녀와의 관계 단절, 다른 세대와의 관계 단절을 야기함으로써 차별의 공간이 된다. 그리고 이러한 공간은 삶의 과정으로 나이듦과 죽음을 분리하는 결과를 낳는다. 이러한 이유 때문에 연구참여자들은 시설입소와 동시에 자녀와의 관계도 단절된다고 생각함으로써 고통스러워했다. 그럼에도 여성들은 의존상태가 되면 보살핌조차 할 수 없는 무용한 존재가 되기 때문에 시설에 가야 한다고 생각하면서 노인 보살핌을 삶에서 분리했다.

제4장 보살핌 가치의 재평가와 사회적 책임

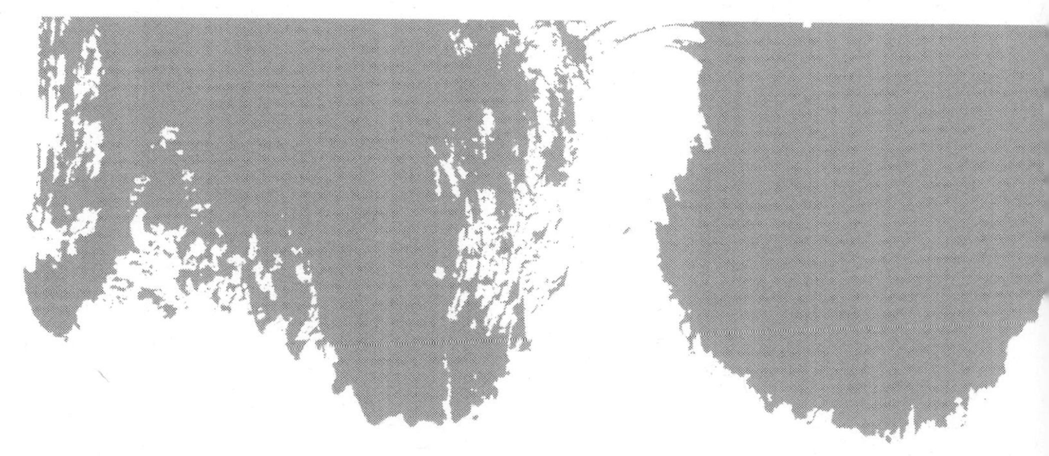

집에서 아픈 노부모를 보살피는 것은 가족 간의 불화를 가져올 수
있다. 사회문화적으로 노인 보살핌은 가족구성원의 삶을 불행하게 할
수 있고, 노인을 시설에서 보살피는 것이 보다 효율적이고 가족들의
행복을 가져온다는 사고가 지배적이다.[63] 이러한 담론은 '건강한' 가
족의 삶의 질을 보장하기 위해 노인 보살핌이 집에서 분리되어야 한
다는 사실을 강조한다. 또한 이러한 논리는 삶의 질이 인간의 자율성
이 확보되고 보살핌을 하지 않는 상황에서만 보장된다고 전제한다.
그러나 삶의 과정으로 노인 보살핌을 이해한다면 노인이 과연 가족
들의 삶의 질을 저하하는지 질문할 수 있다. 이 장에서는 노인 여성
들이 가족을 보살피면서, 특히 노인 보살핌을 통해 얻은 것이 과연
무엇인지 살펴보면서 보살핌을 즐겁게 하기 위한 조건에 대해 고찰
하고자 한다.

---

63) "자식을 알아보지도 못하고 소란을 부릴 때는 정말 내 부모님이 맞나 싶어요. 어떻게든 모시고 싶지만 우
리 가정이 먼저 파탄날 것 같아 차마 집에서 모시지 못했어요. 세 형제가 돌아가면서 부모님을 모셔왔지
만 서로 지쳐서 형제간 우애도 많이 상했지요. 어머니(81세)는 3년 전부터, 아버지(78세)는 지난해부터 치
매를 앓고 있는 집안의 장남인 윤 모 씨는 '두 동생 부부가 이혼 직전의 불화를 겪으며 부모를 요양원으
로 모셨다'고 털어놓았다. 치매가 환자의 고통을 뛰어 넘어 가족을 파국으로 내모는 '주범'으로 다가서고
있다."(한국일보, 2006.3.16)

1. 관계적 맥락에서 노인 보살핌의 의미

노인독립 담론은 생산적 노인상을 제시하면서 느린 속도를 인정하지 않고 노인들에게 젊은이가 되라고 강조한다. 이러한 담론은 노인 보살핌과 죽음을 삶의 과정에서 분리하고 의존의 의미를 부정하는 한편, 보살핌이 필요한 상태를 타자에게 폐가 되는 일로 규정한다. 자본주의 교환경제에서 임금노동은 생산적이고 보살핌은 임금노동을 뒷받침하고 있으나 비가시화되어 있다. 이러한 사회구조는 여성에게 보살핌 노동을 제공할 것을 요구하지만 그 수고를 제대로 평가하지 않는다. 노인 여성들은 이러한 구조하에서 보살핌을 통해 정서적인 만족감을 얻었다 하더라도, 의존상태를 자녀에게 고통을 주는 일로 해석하면서 보살핌이 필요한 순간 자녀와의 분리를 원하고 있다. 하지만 이들이 관계적 맥락에서 자녀를 비롯해서 노인을 보살펴왔다면, 나이듦과 죽음, 보살핌의 가치를 인식하면서 다르게 사고할 거라고 예측된다. 이 절에서는 여성들의 경험을 통해 노인 보살핌을 자녀양육보다 비생산적으로 평가하는 지배가치를 비판하고자 한다. 이 작업은 여성들이 평생 해왔던 보살핌을 재평가하기 위한 것이고 노인 여성을 포함해서 여성들의 임파워먼트를 위한 것이다.

1) 나이듦의 대면과 이해

사회문화적 맥락에서 어머니는 자녀를 위해 희생하고 헌신적이어야 한다고 생각한다. 자녀들은 어머니가 보살핌을 요구할 때 어머니의 모습을 낯설고 당혹스럽게 받아들인다. 자녀들은 어머니와 역할을 바꾸면서 내면의 복잡한 갈등을 경험한다.[64] 이러한 이유로 어머니에게 항상 받기만 했던 자녀들은 노인 보살핌을 힘들어할 수 있다.

그러나 노인 보살핌은 아픈 노인을 보살피면서 나이듦과 죽음을 대면하고 발견하는 기회가 된다. 젊음 중심의 사회에서 나이듦은 타자화되고 주변화되어 있다. 우리 안에는 미래의 노인이 살고 있으면서도 내부의 타자인 나이듦을 억압하면서 두려워한다(Beauvoir, 1994). 이러한 상황에서 노인 보살핌은 자신의 미래를 간접적으로 체험하는 충격적인 사건이다.

> "…… 내 미래가 보이잖아. 두려워. 내가 어렸을 때 나이가 마흔 몇 살이 된다는 걸 상상해본 적이 없었어. 어머, 근데 웬일이니. 지금은 연령대가 사십 몇 살 하면 애들이 할머니 그래. 그런데 막상 내

---

64) 소설가 최인호는 에세이 『어머니는 죽지 않는다』(2004)에서 치매에 걸린 어머니와의 관계에서 겪는 내면적 갈등을 기술한다. 그는 아픈 어머니를 보살펴야 한다고 생각하지만, 바쁘다는 핑계로 어머니를 자주 찾아뵙고 싶어 하지 않는 자신을 발견한다. "이제는 기운도 없어져서 전처럼 하루에도 두세 번씩 내게 전화를 걸어서 병원에 데려다오, 장어를 사다오, 오늘 밤 내가 죽을 것 같으니 내 곁에 와다오, 파출부가 안약에 물을 넣었으니 와서 혼내 다오, 파출부가 달걀을 훔쳐갔다, 파출부 그것이 바나나를 혼자 다 먹었다 하고 고자질하는 일도 없으시고, 어쩌다 전화를 걸어도 혼자만 웅얼웅얼하셔서 무슨 소린지 잘 모르겠다. 이제는 대소변도 방 안에서 보시고 꼼짝도 못 하신다니 마음이 무겁다. …… 그런데도 나는 자주 찾아가 뵙지 못하고 있다. 시간이 없다고 변명하고 있지만, 솔직히 말하면 그게 아니라 어머니의 늙으신 모습과 죽음을 앞두신 그 모습이 보기에 마음이 불편하고 고통스럽기 때문이다. 어머니! 저는 정말 이런 사람이 되고 싶습니다. 어머니가 마치 개구리처럼 오그라드시고 노망이 들으셔도 어머니를 목욕시키고 어머니의 시든 젖을 빨면서 지난 일들을 함께 이야기하면서 나누는 그런 아들이 되고 싶습니다. 그런데 그게 자신이 없어요, 어머니. 나는 용기도 없고 깊은 정도 없어서 옅은 정으로만 어머니를 웃기고 하기 싫은 숙제하듯 한 오 분 앉아 있다 '자아, 가자! 얘들아' 하고 일어서는 철부지 아들입니다, 어머니."(최인호, 2004: 102, 106) 한편, 소설가 차현숙은 『자유로에서 길을 잃다』(2008)에서 딸의 시선에서 치매에 걸린 어머니를 바라보는 고통을 묘사한다. 사람을 알아보지 못하면서도 식욕이 증가해서 악착같이 먹는 것을 밝히는 엄마의 모습을 통해 인간의 어두운 면을 그려낸다. "밥 냄새를 귀신보다 더 빨리 알아챈 엄마가 이불을 끌고 밥상 앞에 앉자 아버지는 양미간에 주름을 모으고 흠, 흠, 하며 엄마에 대한 자신의 감정을 노골적으로 드러낸다. '난 아마 굶어죽을 거다. 네 엄마하고는 같은 밥상에서 밥을 못 먹겠다. 더러워서!' …… 방문은 굳게 닫혀 있다. 방문을 열자 지린내가 먼저 방문 밖으로 나온다. '아유 냄새!' 언니는 엄마가 둘둘 말고 있는 홑이불을 홀쩍 벗겨낸다. 엄마는 놀라 엄지손가락을 입으로 가져가 세차게 빨아대기 시작한다. 언니는 종이기저귀를 하나 꺼내 그녀에게 준다. 그녀는 버둥대는 엄마의 두 다리 사이에서 종이 기저귀를 빼낸다."(차현숙, 2008: 120, 152) 차현숙은 치매에 걸린 엄마가 처음 중환자실에 입원했을 때 엄마를 어떻게든 살려내야 한다고 연민했던 가족들이 의존적인 어머니를 경멸하면서 서로 어머니를 보살피지 않기 위해 책임을 미루는 갈등적인 상황을 그려내고 있다. 최인호와 차현숙이 묘사한 것처럼, 자녀들은 역할을 바꿔서 아픈 노인어머니를 보살피면서 내부의 타자인 나이듦을 대면하는 것에 충격을 받고 고통스러워한다.

가 사십이 넘어가고 언젠가 60이 되겠지 …… 그런 나이가 된다는
거야. 죽는 거는 나이들어서 죽는 것 …… 힘이 빠져서 죽는 것 ……
나는 그전에 죽었으면 좋겠어. 누구의 손을 필요로 하지 않고."(안
영미)

"노인이랑 사는 거는 굉장히 슬픈 일이야. 물론 즐거울 때도 있지
만. 자식을 키울 때는 굉장히 즐거운 일이 많아. 하지만 노인하고
살면 노인한테서는 즐거움을 얻기가 어려워. 늘 아프고 쓰러지는
모습만 보니까. 노인이 가는 곳이 죽음이기 때문에. 건강한 노인은
괜찮아. 그러나 건강하지 않은 노인이랑 같이 몇 년을 살다 보면
같이 (나도) 불건강해져. 조금씩 슬퍼지는 마음이 굉장히 많아져.
애들한테는 기를 얻잖아. 근데 노인한테는 기를 뺏긴다기보다 내가
처져. 노인과 있으면 뭔가를 하기보다 노인과 있으면서 포기하게
된다고 할까? 인간이 사는 거에 대해서 자꾸 그런 게 생기지. 노인
은 죽게 된다, 사는 게 죽는 것이다, 그렇게 삶을 회의적으로 보게
되지. 그게 긍정적인 것은 아니지. 사람이 건강하지 않게 되니까."
(전숙희)

노인 보살핌을 경험한 보조사례들은 미리 보지 않아도 될 미래의
모습, 나중에 알아도 되는 노인의 현실을 간접적으로 체험하면서 삶
의 허무감을 느낀다. 이들은 이러한 경험을 부정적으로 해석하면서
자녀에게 노인 보살핌을 받고 싶어 하지 않는다. 그리고 이들은 나이
듦과 죽음을 삶의 '어두운' 면으로 해석한다. 이들은 노인 보살핌을
하면서 삶의 이면을 발견한 것이다. 이들은 젊음 찬미의 문화에서 노
년기의 자신을 상상하지 못했다. 그래서 보조사례들은 자녀양육을 통
해 어린아이가 성장해가는 모습을 보면서 삶의 보람과 기쁨을 느끼
지만, 노인 보살핌을 통해 나이듦과 죽음을 연상하기 때문에 슬픔을
느낀다고 고백한다. 중년층에 속하는 보조사례들은 노부모를 보살피
면서 나이듦과 죽음을 발견함으로써 내면의 갈등을 경험한다.

하지만 노인 여성인 주 사례들도 노인 보살핌을 통해 나이듦과 죽음을 대면하는 것이 처음부터 자연스러웠던 것은 아니다. 정유경은 파킨슨병에 걸려 움직이지도 못하고 사람을 알아보지도 못하는 남편을 보살피면서 힘들어한다.

"내가 저걸 보면 미래의 내 모습을 보는 것 같잖아. 남편을 보면서 저렇게는 안 죽어야지, 그렇게 생각하지만 그건 내 뜻대로는 안 되지. 저게 운명이고 하느님이 미리 계획하시는지는 모르겠지만 저렇게 안 죽어야지. 저렇게 된 데에는 내가 어떻게 살았는가 하는 내 책임도 있는 것 같아. 자다가 편안하게 갔으면 좋겠어. 식구들한테 폐 안 끼치고. 편안하게 죽는 건 정말 중요하지. 정말로 그게 제일 중요하지. 나는 저렇게 끈질기게 사는 모습을 보니까. 병원에 가보면 내 모습 같고 그분들이 저렇게 버텨 나가는 걸 보면 내가 태어나지 말 건데 왜 태어나서 이렇게 늦게 고통을 당하는가 싶어. 이렇게 늦게 당하니까 젊었을 때 고통을 당했으면 좋았을걸. 그런 생각도 하고. 내가 세상을 모르고 철없이 살았다는 생각이 들지."(정유경)

남편이 군인으로 은퇴한 후에 주식투자에 실패하면서 건강이 악화되었다. 그녀는 남편이 누워 있는 상태를 집안의 악재로 해석하고 자신이 죄가 많아 이런 일이 생겼다고 자책한다. 그녀는 천주교 신자가 아니었다면 무당에게 큰돈을 들여 굿을 해달라고 청했을 정도로 남편의 의존상태를 불행으로 해석한다.

"쉽게 가는 사람도 많지만 저렇게 …… 병원에 입원하는 사람들, 저렇게 죽어가는 걸, 얼마나 많은 사람이 저렇게 죽어가는 걸, 한 시간 후에 죽을지, 몇 년을 더 갈지 알 수 없잖아. 나도 허무함을 많이 느껴. 내가 젊었을 때 그랬으면 덜 했을 텐데, 내가 앞으로 더 살아봤자 얼마나 더 살겠어. 맨 처음에 나 혼자 많이 울었어. 하지만 내가 많이 커졌어. 내 자신이 많이 강해진 거야. 처음엔 너무 비

참했지만."(정유경)

정유경은 남편이 아프기 전에 나이듦과 죽음에 대해 구체적으로 생각해본 적이 없었다. 그녀는 노년기를 노부부가 함께 경제적 여유를 갖고 취미생활이나 여가를 즐기면서 사는 모습이라고 상상했다. 정유경은 남편을 보살피면서 심리적으로 고통스러워하지만 삶의 과정으로 노인 보살핌을 수용하게 된다.

연구참여자들은 노인 보살핌이 성장해가는 자녀를 보살피는 일보다 기쁘지 않다는 통념에 대해 다른 의견을 제시한다. 이영진은 시아버지가 몸을 움직이기 힘든 상황에서 혼자서 대소변을 처리하려고 하다가, 일을 더 크게 만들어놓은 경험을 이야기한다.

> "종이기저귀를 쓰면 시아버지가 다 빼내 던져. 그래서 이불 집에 소창을 부탁해서 기저귀를 만들어서 썼지. 더럽다고 생각하면 못 해. 노인들의 몸이 말을 잘 안 듣잖아. 벽에 똥칠한다고 그러는데 똥을 치우려고 하다가 바르는 거지, 일부러 그러는 게 아니야. 모르는 사람들은 노인이 심술이 나서 일부러 바른다고 하는데, 그게 아니라 자기 힘으로 치우려고 하다가 패대기 쳐놓는 거야."(이영진)

이영진은 시아버지가 심술이 나서 자신을 고생시켰다고 원망하기보다, 몸이 아픈 상태에서도 보살피는 며느리를 배려하려는 마음으로 해석하면서 시아버지를 연민했다. 그녀는 며느리의 의무로 수행했던 노인 보살핌을 신체적, 정신적으로 쉬운 일이라고 해석하지 않지만, 노인과 교감하면서 미래를 계획할 수 있다고 긍정적으로 해석한다.

노인 보살핌을 경험한 연구참여자들은 처음부터 나이듦과 죽음을 자연스럽게 받아들인 것은 아니다. 그러나 이들은 부모의 의존적인 모습과 노인 보살핌을 해야 하는 현실에서 노인으로서 미래의 모습을 발견함으로써 충격적인 사건으로 받아들인다. 젊음을 찬미하고 병원과 요양시설로 나이듦과 죽음이 분리되어 있는 문화에서 노인 보살핌은 나이듦과 죽음을 대면하는 고통스러운 경험이다. 하지만 이들은 보살핌을 통해 나이듦과 죽음에 대해 다른 시선을 갖게 되고, 보살핌을 삶의 과정으로 받아들이려고 노력했다.

2) 사별의 준비와 마지막 기회

보살핌은 신체적인 속성뿐 아니라 감정적인 속성을 요구한다. 보살피는 사람은 보살핌의 대상이 무엇을 원하는지 민감해지기 위해 투명한 자아를 유지해야 하기 때문에 심리적인 부담감을 갖는다(Rich, 1995; Folbre, 2007). 연구참여자들은 부계중심 가족 내에서 며느리로서 노인 보살핌을 억압적으로 수행했기 때문에 노인 보살핌에 대한 부담감이 컸다. 시어머니를 보살피는 경우에는 보살핌의 대상에게 연민을 느끼고 감정이입을 하는 것이 더욱더 쉽지 않았다. 하지만 이들은 보살핌을 주고받으면서 고통과 희생이 아닌 다른 의미를 발견한다.

문성자의 시어머니는 동네 사람들 사이에서 '호랑이 할머니'라고 소문이 날 정도였고 시집살이를 혹독하게 했다고 말한다. 이러한 상황에서 시어머니가 중풍으로 쓰러지자, 문성자는 며느리로서 심리적 부담감이 컸다. 시어머니는 몸을 움직이기 힘든 상황이었지만 맑은 의식을 갖고 있었다. 하지만 시어머니는 며느리의 정성 어린 보살핌을 받으면서 감사를 표시하게 된다. 시어머니는 시누이가 가져온 보약을 며느리에게 건네줄 정도로 아픈 와중에도 며느리를 배려해주었다.

두 사람은 보살핌을 주고받으면서 화해하게 된다.

> "정신이 없으면서도 어머니께 관장을 해드리잖아요. 그럼 '네 손이
> 약손이다' 그러세요. 어머님이 나만 알아보는 거예요. 관장을 시키
> 면 장갑 끼고 지저분하지만 항문 속으로 내 손이 다 들어가. 그렇
> 게 해드리고 그렇게 오래 걸리니까 관장약이 잘 안 들으니까, 면역
> 이 되어 '네 손이 약손이다' 그러더라고. 정신이 없으신 것 같으면
> 서도 그럴 땐 신기해요."(양현미)

양현미는 7년 동안 치매 걸린 시어머니를 혼자 보살피는 과정에서
심신이 피폐했다. 하지만 그녀는 자신을 엄마로 알고 딸처럼 따르는
시어머니에게 연민을 느낀다. 양현미는 아픈 시어머니와의 교감을 통
해 힘든 시간을 견뎌 낼 수 있었다고 해석한다.

한편 보조사례 장혜진은 결혼하기 전에 어머니와 함께 아버지를
간병한 경험이 있다. 그녀는 자녀에게 폭력적인 아버지와 갈등하면서
성장했다. 장혜진은 장녀로서 어머니와 동생들을 아버지로부터 보호
해야 한다고 책임감을 가지면서 살아왔다. 하지만 아버지가 중풍으로
쓰러지시자, 그녀는 병원에서 6개월, 퇴원해서 7년 동안 아버지를 보
살피면서 아버지와의 관계를 치유하고 회복할 수 있는 시간을 갖게
되었다.

> "아버지하고 좋은 관계가 아니었어요. 아버지가 연세가 있으면서
> 질병의 전조현상이 있었어요. 그때가 환갑 지나고 바로였어요. 근
> 데 가족력이라 전에 저희 집에서 할아버지 할머니가 중풍으로 쓰
> 러져서 두 분 다 대소변을 받아냈고. …… 간병과정에서 아버지의
> 전 생애가 다 보이면서 한 사람으로서 아버지를 이해하게 되는 과
> 정이 있었고 그러면서 드는 생각이 가족이 참 힘들잖아요. 가족의
> 이름으로 행해지는 폭력적인 상황이, 간병의 시간이 없었다면 그대

로 남아 있었을 텐데, 폭력의 상황이 해소가 되지 않고 간병의 의
무가 나에게 왔는데, 지금 와서 보면 힘들다고 생각하지 않고 창조
적으로 겪게 된 것 같아요. …… 7년이 지나니까 '아버지를 보내드
려야겠구나' 하고 생각했어요. 그러고 나서 아버지가 3개월도 안
되어 돌아가셨어요. 마음으로 아버지를 왜 보냈냐 하면 아버지가
살아계시면 계속 인격적이지 못한 상태로 계셔야 하잖아요. 아버지
가 말로 표현하지 못할 뿐이고 고통은 있는 거니까, 말을 못 하니
까 우리가 보기에는 고통이 아닌 것처럼 보이지만 고통스러울 수
있죠. 하지만 그대로 가셨으면 굉장히 허망할 텐데, 나쁘지 않게 7
년을 이렇게 있어 주셔서 너무 고마웠어요. 그러면서도 인제는 가
실 때가 됐구나, 그랬죠. 남들이 와서 저렇게 계시느니 돌아가시는
게 좋다고 그럴 때는 너무 서운했어요. 그건 모르고 하시는 말씀이
다, 그런 말을 할 때 나는 어디 가서 그런 말을 하지 말아야지, 그
랬어요. 사람을 짐으로 본다고 해도 그건 짐이 아니거든요. 나한테
는 그렇지 않았던 것이고 간병하면서 내가 보살핌을 했다기보다는
아버지에 대해서 이해하게 되었고 내 삶의 마지막도 생각할 수 있
게 됐어요. 사람에 대해서도 그렇고. 삶과 죽음이 같이 있다는 건
그런 의미고."(장혜진)

장혜진은 효도를 해야 한다는 딸의 의무감 때문에 아버지를 보살
폈던 것이 아니다. 그녀는 아버지와 관계가 좋지 않았지만 아버지가
질병의 전조현상을 보이던 시기에 아버지와 감정적 유대를 형성했기
때문에 보살핌이 가능했다고 말한다. 여동생은 성장과정에서 폭력적
이었던 아버지에 대한 분노가 너무 커서 보살핌을 하지 않았다. 그러
나 장혜진은 아버지를 보살피면서 교감하고 화해하는 시간을 갖게
되어 다행이라고 해석한다. 그녀는 노인 보살핌을 짐이 아니라 기쁨
이고 기회로 해석하고 있다. 이처럼 노인 보살핌의 제공자들은 노인
과 교감하면서 신체적, 정신적으로 힘든 상황에서도 힘을 얻게 되고
인격적으로 성장한다. 아울러 이들은 대상과의 관계가 보살핌을 통해
변화된 것을 경험한다.

한편 노인 보살핌은 노인과 사별을 앞둔 상황에서 이뤄진다. 보살핌 제공자는 대상과 교감하면서 더 큰 슬픔과 고통을 경험한다. 보조 사례인 전숙희는 어머니와 사별한 지 2년이 되었음에도 불구하고 간병하는 동안 어머니의 반응을 생생하게 기억한다.

"점심에 외출할 때가 있잖아. 어머니가 드실 점심을 차려놓고 나가야 해. 어머니가 입맛이 없으셔서 2년 전부터는 음식을 잘 안 드셨어. 방에 이렇게 음식을 갖다놔. 먹을 수 있는 걸로. 밥 말고. 밥을 안 좋아하셔서. 식욕이 떨어지니까 빵이라든가 계란 삶은 거하고 음료수하고 갖다 놓으면 좀 드셔. 그럼 일찍 와서 밥을 드리지. 수시로 전화를 해보지. 전화를 안 받으실 때도 있어. 많이 주무시더라고. 1년 전부터는 거의 주무셨어. 살이 빠지고 입맛이 없어지면서 아무리 먹이려고 해도 안 먹는 것, 그게 좀 힘들었지, 가슴이 아프지. 자꾸 마르니까. 첫째도 먹어야 하는데 잘 안 먹으니까 그게 힘들지. 식사를 바닥에 흘리고. 그때는 최선을 다했지만. …… 내가 간병했기 때문에 돌아가실 때 그 모습이 선하잖아. 자꾸 생각이 나고. 슬픈 모습이잖아. 얼마나 딱한 모습이야. 신음하는 모습이 눈에 선해. 간병을 안 했으면 그런 모습이 안 선할 것 같아. 신음하는 모습이 자꾸 떠올라서 괴로워. 그건 체험을 안 해도 될 것 같아. 가슴 아픈 엄마에 대한 기억이야. 그럴 줄 알았으면 건강할 때 좀 더 잘 해 드릴걸. 간병을 오래한 자식이 후회도 많은 거야. 그때의 마음이 정말 즐겁지만은 않기 때문이야."(전숙희)

노인을 보살핀 사람들은 대상과의 애착관계가 형성되어, 노인과 사별한 이후에 고인이 좋아하던 음식을 먹거나 함께 갔던 장소에 가면 기억을 불러일으키면서 사별의 고통이 배가된다(유희인, 2005: 188, 226). 노인과 사별한 여성들은 정서적 유대로 고통을 호소한다. 더욱이 보살핌 제공자가 기저귀를 갈고 음식을 먹이고 목욕과 마사지 등을 하면서 노인과의 신체적 피부접촉을 통해 형성되는 친밀감은 사별의 고통을 심화시킬 수 있다. 특히 보살핌이 두 사람 간의 공동작업이기 때문에 희로애락을 함께하면서 사별의 고통은 심화될 수 있다. 그래서 이러한 교감은 고통을 수반하기 때문에 자녀에게 노인 보살핌을 권장하고 싶어 하지 않는다.

"애들이 내가 죽어가는 걸 보면 뭐하냐? 애들한테 괴로움을 주고 싶진 않아. 내가 아파서 죽으면 마음이 더 아플 것 같아. 빨리 가면 애들한테 아쉬운 심정만 남지. 그러나 오래 앓다 보면 애들 가슴만 아프지. 그러니 빨리 가는 게 나은 거야."(문성자)

문성자는 보살핌을 받으면서 자녀에게 고통스러워하는 모습을 보여줌으로써, 죽음 이후에 자녀들의 마음을 오랫동안 아프게 할 수 있다는 것을 알고 있다. 이러한 이유로 노인 보살핌을 경험한 연구참여자들은 정서적 교감을 중시하면서도 자녀들에게 보살핌을 시키고 싶어 하지 않았다.

공적 영역에서 눈물을 흘리는 것은 이성적이지 못하고 성인답지 못한 행동이며, 여성들은 감정적이라는 편견 때문에 직장에서 눈물을 흘리지 않으려고 노력해왔다(Tavris, 1999). 또한 남성들은 감정을 억제하는 방식으로 사회화되기 때문에 정작 울고 싶을 때 울지 못하고 감정을 표현하지 못하는 어려움을 겪게 된다.[65] 이러한 사회문화에서 슬픔은 인간을 나약하게 만들기 때문에 고통을 전염시키는 위험한 것으로 억압되고 개인이 혼자서 감당해야 할 몫이 된다(Kuehne, 2001; Schwartz, 1998: 70; Kuebler-Ross & Kessler, 2007: 152). 자본주의 사회에서 슬픔은

---

65) 여성주의자들은 감정과 이성의 이분법에 의해 감정이 억제되어 왔고 사회적으로 구성되어 왔다고 비판해 왔다. 특히 재거(Jagger, 1989)에 따르면 여성들은 억압에 대해 정당한 감정인 고통, 분노, 상처 등을 사회적으로 인정받지 못했지만, 감정은 합리적 이성보다 삶에 대한 통찰력을 제공할 수 있다고 강조해왔다.

생산적으로 평가되지 않고 성취나 경쟁을 위해 절제, 관리되어야 하는 감정이다. 하지만 슬픔에 압도당하지 않기 위해 슬픔에 저항하기보다 슬픔을 받아들이는 것은 치유와 정화의 과정이면서 내면의 힘을 발견하는 기회가 된다(Kuebler-Ross & Kessler, 2007).

노인 보살핌은 한 인간에게 의존을 받아들이고 죽음을 준비하는 과정이면서, 친밀한 관계의 사람들에게 인격적으로 교감하는 마지막 시간을 제공해준다.[66] 아픈 노인은 보살핌을 허락하고 보살핌을 제공하는 사람은 친밀한 관계를 형성하는 기회가 되기 때문에, 보살핌을 주고받는 과정은 죽음과 사별을 앞둔 사람들의 관계에서 중요한 작업이 된다(Byock, 2001: 17). 이러한 관점에서 노인 보살핌은 힘든 일, 귀찮은 일이라는 의미를 넘어선다. 노인과의 공간적 분리는 신체적, 정신적 수고를 덜어준다 하더라도 친밀한 관계에서 고통을 주는 단점이 있다.

> "엄마는 나와 함께 사는 게 낫지. 나도 그렇고. 나는 엄마를 시설에 보내놓고는 못 살았을 거야. 나는 매일 가야 했을 거야. 우리는 서로 힘들어도 같이 살아야 하니까. 엄마도 절대로 나를 떨어져서는 살 수가 없어. 엄마가 어디 가서도 언니네 가서도 그냥 오잖아. 하루를 못 자고. 집에 가야 한다고. 특수한 애정관계가 아니면 같이 산다는 게 쉽지가 않아. 노인이 그런 자식이 있다면 같이 사는 게 좋아. 그런 끈끈한 관계가 서로 보살펴주거든. 하지만 그런 끈끈한 관계가 부모 자식 간에도 쉽지 않거든. 나는 그렇지 않은 경우가 더 많다고 봐. 딸하고 엄마와의 관계라고 해도 우리와 같기는 힘들지."(전숙희)

---

66) 인간으로서 존엄성은 죽어가는 과정에서도 일어날 수 있는 인격적인 성장의 과정이고 한 사람에게 죽음을 목전에 둔 단계는 자기존중과 자기긍정의 감정을 불러일으키는 자기만족의 시간이어야 한다(Byock, 2001: 147).

보조사례 전숙희는 어머니와의 친밀한 관계 때문에 어머니를 요양 시설에 보낼 수 없어 직접 보살폈다. 그녀가 어머니를 직접 보살피지 않았다면 신체적으로 힘들지 않았고 직장생활도 계속할 수 있었을 것이다. 그러나 전숙희는 어머니와 분리된 순간부터 더욱더 불안해서 아무 일도 하지 못했다고 말한다.[67] 그녀는 어머니가 좀 더 살아 계셨다면 잘해 드리고 싶다고 말할 정도로, 노인 보살핌을 후회하지 않았다. 또한 보조사례 권은경은 몸을 움직이지 못하는 어머니의 대소변을 처리해야 하는 상황이다. 그녀는 퇴근 이후에도 쉬지 못하고 어머니 곁에서 잠을 자면서 보살펴야 한다. 하지만 그녀는 임금노동과 어머니를 보살피는 일이 힘들다고 생각하기보다 어머니의 건강이 악화되지 않기를 바라면서 어머니와 함께하는 시간을 소중하게 느낀다.

"젊었을 때는 놀러 가고 싶은데 아픈 어머니 옆에서 싫은 내색을 하면 편찮으신 분이 얼마나 미안하고 그렇겠어. 근데 내가 나이가 드니까 혈기가 식은 거야. 그런 데 안 가도 괜찮아요. …… 난 부모님이랑 함께 있는 게 좋아요. 편찮으셔도 좋아요. 어떤 연예인이 아버지가 중풍으로 10년 누워 계시는데, 똥칠하고 오래 누워 계셔도 살아 계셔라, 그랬대요. 나도 그 마음이 이해가 돼. 내 가족이 있으면 덜 할 텐데, 내가 가족이 없으면 어떻게 하나 하고 생각하면 정말 …… 부모님 편찮으신 거를 보살펴 드리는 게 힘들다기보

---

67) 다큐 여자 〈내겐 너무 예쁜 며느리〉(EBS-TV, 2008.2.13)에서는 치매 걸린 시어머니와 9개월짜리 아이를 보살피는 30대 며느리의 일상을 다루고 있다. 시어머니는 같은 말을 하루에 열두 번도 반복한다. 하지만 며느리는 자신을 최고로 여기는 시어머니와 함께 살아서 행복하다고 말한다. 며느리는 치매에 걸려서도 자녀들만 걱정하는 시어머니에 대해 연민을 느끼기도 하고 기억을 잃어가는 시어머니를 통해서 자녀들이 치유하고 보살핌을 통해 오히려 많은 것을 얻는다고 말한다. 그래서 그녀는 시어머니의 기억이 남아 있을 때 좀 더 좋은 추억을 많이 만들어 보살핌이 힘들어질 때 견딜 힘을 얻고 싶다고 말한다. 또한 영화 〈어웨이 프롬 허〉(Polley, 2007)에서 치매에 걸린 아내 피오나는 기억을 잃어가는 자신의 모습을 남편 그랜트에게 보이면서 고통을 주고 싶지 않아 요양시설에 가겠다고 자청한다. 기억을 잃고 의존도가 심화되면서도 사랑을 하고 싶어 하는 아내와 그런 아내에게 상처받으면서도 아내를 보살피고 싶어 하는 남편의 태도는 인간의 사랑의 욕망과 보살핌의 욕구라는 주제를 다루고 있다. 남편 그랜트는 치매로 인해 의존도가 높아지는 아내 때문에 자신의 삶을 희생한다고 생각하지 않고 아내와 함께 시간을 보내고 싶어 한다.

다 이분들이 안 계셔서 드는 상실감을 생각하면 아찔할 때가 많아. 내가 의존적이어서. 같이 있다가 돌아가신다고 하면……. 어머니가 병원에 계셨을 때 집에 돌아와서 어머니가 안 계시니까 마음이 허전한 거야. 그래서 안 계시면 얼마나 마음이 허전할까, 그랬지. 그 때의 상실감을 생각해보면 계시는 게 얼마나 좋은가. 아직까지는 대화가 되니까. 의식이 있으니까 가는 데까지 가는 거야."(권은경)

이러한 의미에서 노인 보살핌은 죽음으로 가는 비생산적인 행위가 아니다. 노인 보살핌은 자신을 희생하는 손해의 시간이 아니라 한정된 시간 안에서 인격적인 교감을 나눌 수 있는 소중한 기회다. 보조 사례 장혜진은 열심히 해오던 정당활동을 중단하고 아버지를 보살폈다. 그녀는 당시에 여러 직책을 맡으면서 왕성하게 활동했지만, 아버지를 보살피는 일은 다시 할 수 없는 일로서 의미화했기 때문에 모든 활동을 과감히 정리했다.

"6개월 동안 간병하고 나오니까 사람들이 나를 '아, 지나간 사람' 이렇게 생각하더라고. 그걸 만회하는 데도 1년이 걸렸어요. 정당활동은 시간이 정해져 있고 언제든지 부르면 달려 나가야 하는데. 그만두는 게 하나도 아깝지 않았어요. 활동 안 하면 그만이지, 뭐. 그것도 의미 있는 일이지만 아버지와의 관계는 시간이 기다려주지 않잖아요. 그건 나중에 해도 되는 일이고 다른 사람이 해도 되잖아요. 하지만 아버지를 보살피는 건 그렇지 않죠."(장혜진)

장혜진은 아버지를 보살피는 시간 경력이 단절되었고 정당활동을 다시 시작하면서 적응의 시간이 필요했다. 하지만 그녀는 노인 보살핌이 사회에서 경력으로 인정되지 않는다 하더라도, 보살핌을 하면서 아버지와 함께한 마지막 시간을 후회하지 않는다. 그러한 경험을 통해 인간에 대한 이해의 폭이 넓어지면서 관계에 대한 인식이 달라졌기 때문이다.

티베트불교의 지도자 린포체(Rinpoche, 1999)는 죽음을 준비하는 사람과 사별을 준비하는 사람 모두에게 보살핌이 중요하다고 말한다. 아픈 사람을 보살피는 행위는 죽음을 대면하는 동시에 대상에 대한 애착을 내려놓는 소중한 시간이기 때문이다.

> "하지만 약 먹으면 안 되지. 아이고, 그러면 안 되지. 오래 잘 살다가 그러면 자식들에게 못할 노릇이지: 아무래도 부모가 돌아가면 자식들이 속 아플 텐데, 그렇게 죽으면 얼마나 속 아프겠어."(윤수진)

윤수진은 모자녀관계에서 보살핌을 허용하는 것이 중요한 일이라고 생각한다. 그녀는 어머니의 죽음으로 자녀들이 겪을 삶의 변화에 대비하기 위해 보살핌의 시간을 허용하고 싶어 한다. 그녀는 노인 보살핌이 육체적, 정신적으로 힘든 일이라는 것을 체험했지만, 보살핌의 가치를 인식하고 있었다. 그녀는 자녀들이 어머니를 직접 보살피는 일이 사별을 준비하는 데에 도움이 된다고 믿었다.

윤수진은 이러한 의미를 중시하면서 노인 보살핌을 자녀를 위해 권장해야 할 일로 해석하고 있다. 그녀는 보살핌의 기간이 길어지면 자녀들이 힘들까 봐 걱정하지만 그 기간을 단축하기 위해 곡기를 끊는다든가 약 먹는 행위에 대해서는 반대한다. 어머니가 인위적으로 생명을 단축한 사실을 나중에라도 자녀들이 알게 되면 더욱더 상처받을 수 있기 때문이다.

자본주의 교환경제에서 보살핌은 자신이 준 것을 받지 못하기 때문에 손해로 해석된다. 하지만 보살핌은 다른 의미의 호혜성을 가져온다. 보살핌은 상호작용을 통해 보살핌을 그대로 돌려받거나 다른 것을 얻는 것이 아니라, 보살피는 사람과 보살핌을 받는 사람 간의 창조성, 관계의 유지에 더 큰 의미를 부여한다(Vaughan, 1997).

연구참여자들은 대가 없이 가족들을 보살폈으므로 보살핌을 돌려 받아야 한다고 생각하지 않았다. 이들이 노인 보살핌을 보장받지 못하는 현실에 처해 있지만 보살핌 경험을 후회하지 않는 것은 타자에 대한 존중과 이해를 배웠고 인격적으로 성장했다고 해석하기 때문이다. 특히 노인 보살핌을 경험한 이들은 삶의 과정으로 나이듦과 죽음을 인식하고 관계적 맥락에서 보살핌의 가치를 인식한다. 이러한 관점에서 노인 보살핌은 자본주의 사회에서 돈으로 환산되지 않지만 충분한 가치를 갖고 있었다. 이들은 노인 보살핌을 죽음을 향해 가는 사람들, 결코 회복될 수 없는 노인들에게 쏟아 붓는 비생산적인 행위로 해석하지 않았고, 보살핌을 주고받는 과정에서 형성되는 친밀감이나 교감, 유대에 대한 가치를 얻음으로써 다른 의미의 호혜성을 갖는다. 더욱이 노인 보살핌은 한정된 시간 내에 이루어지기 때문에 자녀들에게도 사별을 준비하는 시간으로 도움이 된다고 해석했다.

3) 보살핌이라는 공동작업

보살핌은 일방적으로 제공함으로써만 형성되는 것이 아니라 대상의 반응에 민감해지는 과정을 거친다. 연구참여자들은 가족에게 보살핌을 제공하는 역할에만 충실해왔기 때문에 이러한 역할을 바꿔 생활해본 적이 없다. 그래서 이들은 보살핌을 받는 상태에 대해 어색해하고 힘들게 생각한다.

"아직은 정신력이 있고 남의 애라도 봐주잖아. 그런데 그걸 못하고
남에게 밥을 받아먹어야 한다면 이 세상에서 없어졌으면 좋겠어.
난 누가 밥을 차려 줘야 한다, 누가 저 노인네를 보호해야 한다고
하면 그때까지는 살지 말아야지, 그래. 남한테도 안 그러는데 왜
자식을 힘들게 하면서 살아?"(문성자)

문성자는 가족을 보살피는 일에 익숙해 있지만 보살핌을 받는 상
태에 익숙하지 않다. 그녀는 보살핌을 받아야 할 시기를 죽어야 할
시기라고 생각할 정도로 보살핌을 불편해한다. 병원에서 대수술을 받
은 연구참여자들은 보살핌을 받는 위치로 일시적인 변화를 경험한다.
이들은 간병인의 보살핌을 선택하지만 어려움을 겪는다.

"나는 간병인을 힘들게 안 했어요. 내가 도저히 할 수 없을 때만 간
병인이 거들었고 내가 씻어야 할 때는 혼자 못 하니까. 화장실에
갈 때 혼자 가려고 애를 썼지요. 그러니까 간병인도 놀라서 옆에서
나를 밀어줬어요. 오래 누워 있으니까 욕창 생기지 말라고 등도 마
사지해 주고. 의사 드나들지, 간호사 드나들지, 가족 드나들지, 혼
자 있을 때 무슨 일이라도 생기면 어떻게 하나 그렇잖아요. 간병인
이 옆에 있으면서 많이 도와줬지요. 가족들과 수시로 통화한다든
가, 간병인이 간호사를 불러온다든가, 내가 벌떡 일어나지 못할 때
부축해준다든지, 화장실 왔다 갔다 할 때 도와준다든가, 씻을 때
도와준다든가, 손님이 계속 오니까 접대해준다든가. 내가 아파서
할 수 없으니까 너무 고맙죠."(신미란)

신미란은 장암 수술로 입원했을 때, 간병인이 신체적인 활동을 도
와주고 지인들이 병문안을 왔을 때 대접해주었으며 간호사를 불러주
는 역할을 해주었다고 고마워한다. 하지만 신미란은 간병인에게 받는
보살핌이 편안하지 않았다. 그래서 될 수 있으면 간병인에게 의존하
지 않고 혼자서 몸을 움직이고자 노력했다. 화장실에 왔다 갔다 할

때나 목욕할 때 등 '도저히 할 수 없을 때만' 간병인에게 도움을 요청했다. 그녀는 간병인에게 도움 청하는 것을 어려워했고 낯설어했다.

"요번에 간병인을 두었는데 어찌나 못하던지, 옆의 환자들까지 간병인을 바꾸라고 했어요. 간병인이 기본이 안 돼 있어. 그렇지만 사람을 바꾸면 그 사람이 얼마나 실망하겠어. 주위 사람들이 다 바꾸라고 했지만 그 사람도 사는 게 힘들어서 간병인을 할 텐데…… 그 사람을 보면 싫지만 바꾸지 않았어요. 그래도 하루에 ○만 원이나 줬어요. 내가 23일을 병원에 있었는데 그 사람을 안 바꾸고 계속 데리고 있었죠. 그이도 마지막엔 잘하더라고 …… 간병인, 큰일이더구먼. 간병인이 몸에 쫙쫙 붙고 목욕도 시키면서 잘한다고 하는데, 목욕도 못 시켜주더라고. 내가 샤워를 하고 싶다고 그랬더니 '아, 뭘 하냐'고 하고. 같은 병실의 환자 가족들이 '내가 해주겠다'고 하는 거야. 간병인이 샤워도 잘 못 시켜주더라고. 환자들이 샤워하고 오면 너무 깨끗해. 근데 이이는 나에게 물을 붓더라구. 귀에 물들어 가면 안 되는데, 나보고 머리를 숙이라는 거야. …… 간병인이라고 뒀는데 정말 스트레스 받았어. 간병인이 큰 문제구나, 하는 걸 처음 느꼈어. 간병인이 기본이 안 돼 있고 정서적으로 불안하더라고. 다른 간병인들은 환자가 운동시간도 주고 잘하는데, 그이도 나중에 자기가 잘못했다고 하더라고."(강명선)

강명선은 무릎의 인공관절 수술을 받았을 때 회복기 동안 자녀의 수고를 덜어주고 싶어 간병인을 고용했다. 그녀는 목욕하거나 머리를 감고 산책할 때 도움이 절실히 필요했다. 하지만 이러한 의도와 달리 간병인은 역할을 제대로 하지 못했다. 그녀는 간병인이 몹시 서툴렀기 때문에 불만스러웠다. 강명선은 경제적으로 어려운 형편에서 일을 시작했다고 생각해서 간병인을 다른 사람으로 교체하지 않았다. 대신에 그녀는 환자면서도 숙련된 보살핌의 전문가로서 간병인을 가르쳤다.

다행히 초보 간병인은 강명선의 의견을 존중했으므로 두 사람의 갈등이 심화되지는 않았다. 그러나 간병인이 전문가로서 자율성을 침해받는다고 이견을 제시했다면 이들의 관계는 불편한 상황이 되었을 것이다. 이러한 상황은 노인 여성이 보살핌을 했기 때문에 보살핌을 받는 상태가 불편할 수 있는 이유를 보여준다. 이러한 행동은 간병인이 미숙련되어 있거나 보살핌 노동을 제대로 수행하지 못한 원인에서 비롯한다. 하지만 노인 여성들은 오랫동안 보살핌을 하면서 자신의 방식에 익숙해 있고 이를 고집하기 때문에 보살핌 제공자와 갈등을 일으키는 측면이 있다.

보살핌은 제공자와 대상의 상호작용이다. 하지만 연구참여자들은 자본주의 교환경제에서 보살핌 제공자의 위치를 의존자보다 권력을 가진 위치로 인식하거나 의존상태를 무권력한 상태로 해석하고 있었다. 연구참여자들은 가족들을 헌신적으로 보살폈지만 죽을 때까지 최대한 독립적으로 생활해야 한다는 강박관념을 갖고 있었다. 이러한 이유로 이들은 가족들에게 전혀 보살핌을 받고 싶어 하지 않는다. 또한 아예 의식이 없었으면 좋겠다고 할 정도로 보살핌을 받는 상태를 고통스럽게 받아들이고 있다.

> "처음에는 불편하겠지. 그렇게 되면 내 의식이 없는 거지. 의식이 있을 때는 남한테 맡기고 싶지 않아. 의식이 있을 때는 내가 하든지 자식이 하든지 그러는 거지. 내가 못 느끼니까 상관없지. 도움이 필요할 때는 자식들하고 하는 게 편할 것 같아. 정신력이 있을 때는 불편할 것 같아. 불편한 걸 감수해야 할 것 같아. 지금 같아서는 편하게 받을 수 있다고 생각하는데……."(문성자)

보살핌을 허용하지 않는 연구참여자들의 태도는 자본주의 교환경제에서 임금노동자, 보살핌 제공자, 의존자의 위치가 위계적이라는 사실을 반영하고 있다. 또한 여성에게 보살핌을 요구하고 전가하는 사회구조에서, 보살핌은 제공자와 대상의 공동작업이 될 수 없다는 것을 보여준다. 보살핌을 오랫동안 해온 연구참여자들은 전문가로서 자녀, 간병인, 간호사의 보살핌에 대한 기대 수준이 높은 만큼 불편함을 호소할 가능성이 높다.[68] 또한 보살핌 경험을 통해 습득된 풍부한 정보와 지식은 보살핌 제공자의 방식에 이의를 제기함으로써 보살핌을 받는 데에 불편함을 초래한다.[69] 또한 유급 노동자들은 자신의 방식을 고집하면서 가르치려고 하거나 불만을 토로하는 노인 여성보다 보살피는 자에게 순응하고 몸을 편안하게 맡기는 노인 남성을 더 선호할 수 있다. 이러한 맥락에서 노인 여성들은 보살핌을 받는 데에 불리한 조건에 놓여 있다.

연구참여자들은 오랫동안 보살핌 노동을 해왔기 때문에 의존상태에 익숙하지 않았다. 이들의 훈육된 몸은 여성에게만 보살핌의 책임을 전가하고 역할 전도가 가능하지 않은 부당한 현실을 보여준다. 하지만 보살핌을 받는 사람이 편안해하지 않는다면 그 반응을 파악해야 하는 보살핌 제공자도 어려움을 겪게 되고 보살핌의 목적을 달성하기는 힘들다. 연구참여자들은 일생 보살핌 제공자로서 역할이 고정되었고 훈육되어 왔다. 이들은 보살핌이 필요한 상황에서도 보살핌 받는 것을 어색해한다. 보살핌을 받는 사람은 보살피는 사람에게 전

---

68) 너싱홈의 간호사들은 노인 여성을 무력한 아이로 취급하거나 통제하는 전략을 보이면서 남성보다 여성을 까다롭고 어려운 환자로 생각하고 남성을 보살피는 것을 더 좋아한다(Bernard & Davies, 2000: 62).

69) 노인 여성은 아들이나 남편보다 같은 여자인 딸, 자매, 며느리에게 보살핌을 받고 싶어 하며, 남성 간병인보다 여성 간병인에게 보살핌을 받고 싶어 하므로 여성 간병인은 남성 간병인에 비해 수요가 많다(Parks, 2007). 그러나 여성 간호사는 노인 여성보다 남성을 돌보는 것을 편안해하는데, 보살핌은 전통적으로 여성의 역할로 인식해왔고 여성은 보살핌의 전문가가 되어 왔으므로 자신이 여성이라는 것을 일깨워주는 이들의 삶을 위협하면서 자아감각과 통합을 유지하는 수단으로 여성 환자와 거리를 두고 싶어 한다(Bernard & Davies, 2000: 63).

적으로 몸을 의지하고 보살핌을 허락해야 하며, 보살피는 사람은 보살핌을 받는 사람의 반응에 민감할 때 보살핌을 제대로 수행할 수 있다. 보살피는 자는 대상의 반응에 민감해져야 하고 개별적이고 분리된 자아의 거리 두기를 허용하지 않는다. 보살핌을 제공했지만 보살핌을 받지 않으려는 연구참여자들의 태도는 의존자에 대한 폄하가 반영되어 있다. 이러한 과정에서 보살핌이 주는 것만이 아니라 주고받는 '공동작업'이라는 사실이 간과된다. 노인 여성이 보살핌의 경험을 통해 보살피는 사람에게 협조하면서 여성 간병인, 간호사, 자녀를 배려할 때 보살핌을 좀 더 편안하게 받을 수 있다. 또한 이러한 상황에서만 보살핌의 관계는 왜곡되지 않고 보살핌이라는 목적을 달성할 수 있다.

2. 노인 보살핌의 참여와 실천

자본주의 경제하에서 보살핌은 이익이 아니라 '손해'로 인식되고 있다. 보살핌을 경험한 여성들은 사회적으로 평가절하된 보살핌의 가치를 인식함으로써 보살핌을 자녀에게 받고 싶어 하지 않는다. 하지만 임금노동을 지원하고 보살핌을 권장하지 않는 것이 과연 자녀를 위한 것인가에 대해서는 비판적 접근이 필요하다. 이 절에서는 여성들이 보살핌을 통해 얻는 가치가 현 사회에서 실현되지 않는 원인을 사회구조와 관련지어 분석하고자 한다. 아울러 보살핌의 참여와 실천을 고무하기 위해서 어떠한 사회적, 제도적 지원이 이루어져야 하는지도 고찰하고자 한다.

1) 노인 보살핌 가치의 인식: 능력, 업적보다 소중한 정서적 유대

연구참여자들 중에는 시부모와 함께 살다가 아픈 시부모를 보살핀 경우가 있다. 이들은 며느리의 의무로 노인을 보살피지만, 같이 살던 가족이 아프기 때문에 그들을 보살피는 것이 당연한 일이라고 생각한다. 이영진은 결혼 이후 시아버지와 함께 살았기 때문에 아픈 시아버지를 보살피는 것이 쉽지 않았다. 하지만 그녀는 노인 보살핌이 자녀양육보다 힘들지 않다고 말한다. 아이는 어머니에게 보살핌을 받는 행위를 당연하다고 생각하지만, 노인들은 보살핌을 받으면서 고마움과 미안함을 표현하기 때문에 제공자의 입장에서 노인 보살핌이 더 쉽다고 생각하는 것이다.

> "어른은 해다가 바치면 되니까 노인이 편할 수도 있지. 노인이 갈 때 되면 가는 거니까 노인 보살핌이 그렇게 괴롭지는 않지. 애는 보살핌 받는 걸 당연한 걸로 알고 그 공을 모를 때가 많아. 그래서 애 기르는 건 재미가 없지. 하지만 노인네 비위를 맞추면 노인네는 그걸 알고 고마워하지. 시아버지가 화날 때는 무서웠지만 귀여운 면도 있었지. 식구들의 생일 때마다 소고기를 꼭 사오는 자상함이 있었지."(이영진)

이영진의 시아버지는 성격이 괴팍해서 동네에서 호랑이 할아버지로 소문날 정도로 아이들이 무서워했다. 하지만 시아버지는 가족들의 생일 때에 고기를 사오는 등 자상한 면모를 보여주었다. 그래서 이영진은 이러한 시아버지와의 관계 때문에 노인 보살핌을 힘들고 귀찮은 일이거나 손해를 보았다고 해석하지 않았다. 단지 그녀는 현 사회가 본인이 자녀와 시부모를 보살핀 것처럼, 보살핌이 필요할 때 보살핌을 편안하게 받지 못하는 현실에 대해서 안타까움을 표시했다.

"아들이 많이 했지. 집에 있을 때도 퇴근해서 오면 걔가 다했어. 아들이 오면 나를 안 시켜. 가래 빼는 거랑 대소변 치우고 몸을 닦아주고 하는걸. 아들하고 아버지가 너무너무 친하지. 지금도 뭐, 아버지라 하면 끔뻑이야. 너무 지나칠 정도야. 저희 이모부하고 가족회의해서 아버지를 병원에 모시자고 설득을 시켰어. 엄마도 나이가 60살이 넘었는데, 엄마가 쓰러지면 너희 집은 진짜 큰일 난다. 아버지가 나쁜 말로 희망이 있다 하면 엄마가 해야겠지만, 아버지는 이왕 갈 사람이고 엄마까지 쓰러지면 어떻게 하냐. 너도 네 생각을 해라. 너도 직장 다니면서 매일 밤잠을 못 자면 직장에서도 역효과도 있고 하니까 병원에 모시는 걸 네가 불효한다고 생각하지 마라."(정유경)

정유경은 아픈 아버지를 밤을 새워 열심히 보살피고 있는 아들이 계속 효도를 하도록 격려하지 않았다. 그녀는 대기업에 다니는 아들이 퇴근 후에도 쉬지 못하고 밤새워 아버지를 간호하기 때문에 아들의 건강이 염려되었다. 정유경은 아버지를 보살피는 일이 아들을 위한 일이라고 생각하지 않는다. 그녀는 노인 보살핌을 임금노동보다 무가치한 경험으로 평가하고 있다. 그러나 어머니의 행동이 과연 아들을 위한 것인가에 대해서는 심층적인 분석이 필요하다.

혹쉴드(Hochschild, 2000: 175~184)는 아버지가 집에서 자고 있거나 피곤한 모습으로 있어도, 일하는 기계처럼 산다 해도, 생계부양자의 책임을 다하는 것이므로 문제되지 않는 상황을 비판한다. 그러나 여성들의 상황은 다르다. 여성들은 임금노동을 하고 집에 돌아와서도 쉬지 못하고 가족을 보살펴야 한다. 기업의 노동시간은 가족을 보살필 시간을 고려해주지 않는다. 한편 자녀와 친밀한 관계를 맺고 싶어 하면서, 양육에 적극적으로 참여하려는 남성들이 증가하고 있다. 하지만 남성들은 경쟁에서 도태되지 않기 위해 자녀에게 좀 더 좋은 교육환경을 마련해주기 위해 직장에서 더 열심히 더 오래 일해야 한다.

아들이 노부모를 보살피는 것을 효로 인식한다 하더라도, 휴직을 하면서 노부모를 직접 보살피는 것은 현실적으로 어려운 상황이다. 남성들은 아픈 노부모를 보살피는 일을 '착한' 아내에게 맡기고, 임금노동에 몰두함으로써 아들의 역할을 다한다고 인식한다. 폴브레(Folbre, 2007)는 노인 보살핌을 폄하하는 사회문화적 맥락에서 노부모가 자녀에게 노인 보살핌을 더 이상 기대할 수 없다고 비판한 바 있다. 연구참여자들은 보살핌보다 임금노동의 가치를 중시하면서 아들딸에게 자본주의 사회에서 경쟁력을 확보하도록 가르쳤다. 연구참여자들은 보살핌을 통해서 지배가치 이면의 소중한 가치를 발견했지만 이러한 가치에 대해서는 침묵했다. 또한 이들은 보살핌을 시키지 않는 것을 자녀를 위한 일로 해석하고 있다. 이러한 사회구조에서 보살핌 노동은 여성 중에서도 더욱더 주변화된 이주여성, 유급 여성노동자의 몫이 되고 있다. 이러한 결과는 여성들이 자녀의 성취를 위해 자녀에게 보살핌을 중요한 가치로 가르치지 않고 지배가치를 유지, 재생산하는데에 공모한 결과라고 할 수 있다. 경쟁이나 능력, 성취 등의 지배가치는 어머니의 보살핌과는 다른 특성을 갖고 있다. 어머니는 자녀가 다른 사람에게 관심을 갖고 배려하면서 살아가기를 권고하고 싶어한다. 하지만 그러한 태도는 자본주의 교환경제하에서 적응하지 못하는 실패자, 무능한 인간으로 평가될 수 있다. 이러한 이유로 연구참여자들은 자녀들에게 보살핌을 권장하지 않았고, 자녀의 보살핌을 편안하게 받지 못하는 상황에 동조하게 되었다.

　　그러나 남성들이 노인 보살핌에 참여하면서 자본주의 교환경제하에서 환산되지 않는 가치에 관심을 가진 문헌들이 있다. 자전적인 에세이 『똥꽃』, 소설 『엄마와 칼국수를』, 소설 『간병입문』 등의 작품들에서 남성들은 노인 보살핌에 참여한다. 『똥꽃』의 저자 전희식은 어머니가 치매에 걸리자, 평생 농사를 짓고 살아오신 어머니를 위해 귀농을 결심한다(전희식·김정임, 2008). 그는 귀농을 위해 가사노동을 배워야 했고 농촌생활에 적응하면서 치매 걸린 어머니를 온종일 보살핀다. 전희식은 노인 보살핌이 정신적, 육체적, 심리적으로 힘든 일이라고 토로하지만, 임금노동을 통해 얻을 수 없었던 가치를 어머니를 보살피는 과정에서 발견한다.[70]

　　소설 『엄마와 함께 칼국수를』(김곰치, 1999)에서는 뇌종양 판정을 받은 어머니를 보살피는 젊은 남성의 이야기를 묘사한다. 주인공은 빠른 속도, 경쟁, 능력을 대변하는 직업인 신문기자로서 열심히 살아가지만, 아픈 어머니를 마지막으로 보살피고 싶다는 생각으로 임금노동을 중단하고 고향으로 내려간다. 이러한 선택은 효자로서 칭송되고 사회적으로 존경받을 만한 일이지만, 공적 영역에서 경력으로 인정되지 않아 손해로 해석된다. 보살핌의 기간이 얼마나 오래 지속될지 알 수 없기 때문에 이것은 무모한 결정일 수 있다. 그러나 남자 주인공은 어머니를 보살피는 과정에서 어머니와의 교감을 통해 인격적인 성장을 경험한다.[71]

---

70) “감자 놓던 뒷밭 언덕에 / 연분홍 진달래 피었더니 / 방 안에는 / 묵은 된장 같은 똥 꽃이 활짝 피었네 / 어머니 옮겨 다니신 걸음마다 / 노란 똥 자국들 / 어머니 신산했던 세월이 / 방바닥 여기저기 / 이불 두 채에 / 고스란히 담겼네 / 어릴 적 내 봄날은 / 보리밭 밀밭에서 / 구릿한 수황냄새로 풍겨났지 / 어머니 창창하시던 그 시절 그때처럼 / 고색창연한 봄날이 방안에 가득 찼네 / 진달래꽃 / 몇 잎 따다 / 깔아 놓아야지.”(전희식·김정임, 2008: 49)

71) “S대학병원은 사상구 관내였다. 사상역을 지나 진역으로 가는 그 중간쯤 철로에서 볼 수 있는 어머니의

연구참여자들은 아픈 노인과 함께 사는 것이 가족의 삶의 질을 저하한다고 생각함으로써 자녀에게 보살핌을 받고 싶어 하지 않았다. 노인 보살핌을 경험한 연구참여자들은 아픈 노인이 있는 가족이 밤에 편안하게 잠을 자지 못하고 신체적, 정신적 스트레스를 받고 가족 간의 갈등을 불러일으킬 수 있다고 생각하는 것이다. 하지만 노인 보살핌이 가족의 삶의 질을 저하하는 것만은 아니다. 모브 노리오의 소설『간병입문』(Mob, 2005)에서 록 밴드 출신의 백수 손자는 할머니를 보살피느라 밤잠을 이루지 못하는 어머니를 돕기 위해 노인 보살핌을 시작한다. 손자는 밤새워 할머니의 기저귀와 이불을 갈아주면서 할머니를 지킨다.[72] 손자는 아픈 할머니의 반응에 민감해지고 할머니와 교감하면서 타자에 대한 감수성을 훈련한다.[73] 노인 보살핌을 하는 가족들은 아픈 할머니와의 관계뿐 아니라 보살핌을 분담하는

병원 불빛이 맞았다. 707호 병실 창에서 그는 저 아래 기차가 내장을 밝히고 달리던 것을 더러 보곤 했다. 이제 기차에서 그 병원을 바라본 것인데 그것은 이제 우연도, 우연이 아닌 것도 아닌 눈앞의 사실일 뿐이었다. 불빛 속에 어머니가 있었다. 아니 불빛은 어머니 자체였다. 어머니와 함께 만만찮은 병과 맞서고 투쟁하며 골머리를 싸매고 울고 한 지난 시간이었다. …… 극적이고 예기치 않음 때문에 어제 일 같이 생생해지는, 아니 지금 당장의 순간 같은 온몸의 피부체험으로 살아오는 것은 왜일까. 그 이유는 알 수 없다. 그러나 어머니의 공포와 두려움의 시간이 저기 있다. 아니 어머니뿐만 아니라 그 자신이 바로 저기 같이 있었다. …… 그가 어쩌면 제 인생에서 처음으로 어머니와 함께 싸워본, 어머니 때문에 울어본 고귀한 시간을 어서 빨리 하나의 단단한, 보석 같은 기억으로 만들어버리라고 병원의 불빛이 저리 아름다운 모습으로 서서 그를 위로하고 있는 것이다."(김곰치, 1999: 292~293)

72) "나는 내가 계속 문질러서 움직이게 된 할머니의 가느다란 두 팔에 손을 얹고, 허무감으로 가득한 할머니의 냉랭한 눈동자, 내 생애 처음으로 나를 진정으로 무시한 그 눈동자를 올려다보았다. '할머니, 먹고 있을 때는 먹여 주는 사람을 봐야지요.' 목소리가 떨렸다. '입만 벌리면 알아서 음식을 넣어주겠지 하고 생각하면 안 돼요.' 할머니는 약간 귀를 기울이는 듯이 나를 보았다. '할머니' 하고 거듭 말하는 내 목소리에 죽어 있던 할머니의 검은 눈동자 안쪽에서 한 줄기 빛의 화살이 내 쪽을 향하여 다가오는 것처럼 보였다. …… 나는 그래도 말을 해야 한다는 생각에 '할머니, 먹여 주는 사람 쪽을 보면서 드세요' 하고 할머니의 어깨에 손을 짚으며 얼굴을 들여다본다. 입을 우물거리고 있던 할머니는, 내가 그렇게 느끼고 싶어서 그런 것인지 모르지만, 다른 말과는 분명히 다른 강한 동작으로 '아무렴, 잘 알고말고'라고 말하듯이 더욱 크게 고개를 끄덕인다. 내가 할머니 앞에서 이상한 눈물을 흘린 일요일에 대해서는 할머니와 어머니와 나 말고는 아무도 모른다."(Mob, 2005: 96~97, 99)

73) "이게 우리 집이야. 할머니가 치매로 돌아다니는 버릇 때문에 넘어지기 전보다, 오히려 지금의 가족 사이가 더 친밀하다. 겉으로는 집안이 뒤집혀졌지만 실제로는 모두들 더 많이 웃으며 생활하고 있다. 지금의 나는 그렇게 생각하고 싶은 것이다."(Mob, 2005: 13)

어머니와 아들, 할머니가 서로를 배려함으로써 정서적 유대감이 강화되어 화목한 가족의 모습을 보여준다.

"기저귀 가는 건 숨을 참으면 문제없어요. 오히려 어머니가 대변 보고 나면 상태가 좋은가 안 좋은가를 살피게 되더라고. 아직은 괜찮아요. 전에 어머니가 신장염 때문에 입원하셨을 때는 내가 감당이 안 되더라고. 기운이 축 늘어지니까 대소변을 막 싸시더라고. 지금은 의식이 있지만 그때는 한꺼번에 하시니까 힘들겠구나, 그랬죠. 하지만 아직은 견딜 만하구나. 그때는 항문에 힘이 없으니까 그걸 모르는 거야. 그러면 참 어찌할 수가 없었어. 지금은 어머니가 의식이 명료하시기 때문에 괜찮아요. …… 집안 분위기는 환자의 상태에 따라 달라지는 것 같아요. 환자의 상태가 안 좋으면 집안이 가라앉고 환자가 업이 되면 조금이라도 기분이 좋으시면 옆 사람들은 환자에 의해 변하는 것 같아. 대소변 받아냈기 때문에 우울하다, 그런 건 아닌 것 같아요."(권은경)

보조사례 권은경은 어머니를 보살피면서 어머니와의 정서적 유대가 강화되고 있다. 그녀는 교사로서 낮 동안 일을 하고 밤에는 어머니를 보살펴야 하기 때문에 휴식을 취하지 못한다. 하지만 그녀는 아픈 어머니 때문에 삶의 질이 저하된다거나 귀찮다고 생각하지 않았다. 그녀는 어머니의 상태가 좀 더 호전되기를 바라고 있었다. 권은경과 아버지는 아픈 어머니 때문에 집안 분위기가 우울한 것이 아니라, 아픈 노인과 희로애락을 같이한다는 사실을 깨닫는다.

"학교에 갈 때는 아버지가 어머니의 대소변을 받아주시고 학교에서 돌아와서는 내가 거의 하는 편이죠. 어머니가 거동을 못하시기 때문에 가장 중요한 건 대소변 받는 거예요. 어머니가 일어나지 못하시니까 앉을 때 일으켜 드려요. 어머니랑 밤에 함께 자죠. 어머니는 침대에서 주무시고 나는 밑에서 자고. 예전에는 기저귀를 안

채웠는데, 기저귀 안 할 때는 여러 번 해야 하니까 너무 힘이 들어 가지고 기저귀를 쓰게 됐어요. 한 번 해드리면 되는데, 요즘은 중간에 한 번 더 일어나서 해드려요. 열이 나서 물 달라고 하시니까 물을 드리고 중간에 기저귀 갈아 드려요. 소변 조절이 안 되는 건 아닌데, 걷지 못하니까 기저귀로 대소변을 받는 거죠. 요강에는 받을 수 없어요. 누워서 1인용으로 받는 거 있어요. …… 보살피면서 가장 힘든 건 어머니가 더 편찮아지실까 봐 심리적으로 힘들죠. 내가 의존적이어서 힘들어요. 다른 거는 아버지가 많이 도와주시죠. 아버지는 당신이 긴장상태에 있으면서 건강을 챙기셔야 한다고 하세요. 그렇게 매일같이 운동을 하세요. 우리 아버지는 혈전 때문에 고생하신 적이 있는데 심하지는 않아요. 어머니를 간병하니까 좀 힘들죠. 아버지는 볼일을 못 보고 어떻게 하시냐 하면 나가셔야겠다, 그러면 기저귀를 채워 놓고 볼일을 보러 가시는 거야. …… 우리 아버지는 내가 고생한다 싶으니까 열심히 도와주시는 거야. 내 생각에는 지금은 아버지랑 있으니까 되는 거지. 두 분이 아프면 그때는 오빠하고 남동생하고 의논해서 어떻게 하든지 해야지."(권은경)

중학교 교사인 권은경이 학교에 있는 동안, 80세의 아버지는 어머니의 보살핌을 책임지고 있다. 그녀는 고령의 아버지가 아픈 어머니를 보살피고 있다는 사실이 걱정된다. 하지만 아버지가 힘들다고 불평하지 않고 자신을 위해 열심히 도와주시기 때문에 감사해한다. 권은경은 아픈 어머니의 상태가 좋아질 때 가족들이 함께 기뻐하고 반대의 상황이 될 때 함께 걱정하는 과정에서 가족 간의 유대가 강화된다는 사실을 깨닫는다. 그래서 노인 보살핌을 해야 하는 현실을 '불행한 삶'으로 해석하지 않는다. 이러한 관점에서 노인 보살핌은 삶의 질을 위협하는 것이 아니라, 가족의 삶의 질을 향상시키는 것이다. 사람들은 장애, 질병, 나이듦을 효율적으로 관리해야 하고 구성원이 적은 사회를 행복한 사회라고 간주한다.[74] 하지만 장애, 질병, 나이듦을

---

74) 산전검사는 장애아가 낙태되어야 한다는 우생학적 판단에 기반해 있고 장애인이나 희귀질환자를 예방할

발견하지 못하는 사회보다 장애, 질병, 나이듦이 비정상으로 낙인찍히지 않고 차별받지 않는 사회에서 구성원들은 행복할 가능성이 높다.[75] 이러한 사회는 내부의 억압된 타자인 장애, 질병, 나이듦을 억압하거나 가시화하지 않기 때문이다. 삶의 과정으로 나이듦, 죽음을 수용하는 것은 나이듦에 따른 의존도가 심화되고 보살핌을 주고받는 것을 자연스럽게 인식한다.

> "우리가 너무 돈이 없으니까 고모님이 전셋돈도 보태 주시고 파트너에게는 엄마와 같고 저한테는 관계를 떠나서 굉장히 애틋한 분이세요. 못 배우신 분인데, 제가 본 사람 중에 영민하고 문학적 해학이 있는 말씀을 하셔도 굉장히 재밌고 제가 참 좋아했어요. 저희가 같이 살고 나서 고모님이 2년 후에 쓰러지셨어요. 당뇨합병증으로 중풍에 걸리셨는데 병원에서 6개월 있다가 대소변은 안 받지만 반신불수가 됐어요. 제가 중풍 전문가잖아요. 저희 할머니가 28년을 앉은뱅이로 중풍으로 사셨거든요. 그런 분을 곁에서 봤기 때문에 그 상태는 집으로 오실 수 있다고 생각해요. 본인이 요강에다 하면 저희가 치우면 되니까. 고모님이 갈 곳이 없는 거예요. 저희가 모시면 되잖아요. 근데 저희가 오피스텔, 원룸 오피스텔 살거든요. 시어머니가 반대하세요. 어머님이 고모님하고 사이가 안 좋으세요. 고모님의 성격이 괄괄하시고 평생 어머님에게 시누이 노릇을 했으니까 치료비는 최선을 다해서 하지만 우리가 모시는 걸 받아들이지 않으세요. 지금은 요양원에 계세요. 일반요양원에 120만 원

수 있는 사회를 행복한 사회라고 전제된다(Hubbard, 1999). 또한 장애인을 형제자매로 둔 비장애인들은 부모의 사랑을 장애인 형제자매에게 빼앗긴다고 생각해서 충분히 부모의 관심을 받지 못한다고 불평하고, 특히 손위의 장애인은 동생에게 보살핌을 받거나 동생이 자신 때문에 철이 일찍 들어 지나치게 어른스러운 모습을 보면서 미안함과 죄책감을 갖는다(장윤철, 2005: 김효진, 2006).

75) 영화 〈잠수종과 나비〉(Schnabel, 2007)에서 보비는 교통사고로 전신마비가 된다. 그는 장애인이 된 모습을 아이들에게 보여주고 싶지 않아 아이들을 만나고 싶어 하지 않는다. 그러나 어린 자녀들이 아버지를 만나고 싶어 하므로 가족이 함께 바닷가에 놀러 간다. 어린 자녀들은 아버지가 살아 있다는 것만으로도 기뻐하고 작은 손으로 아버지의 입가의 침을 닦아주지만, 그는 아버지로서 어린 자녀를 만질 수도 없고 안아 줄 수도 없는 처지를 한탄한다. 하지만 자신의 곁에서 자녀들이 웃고 뛰노는 걸 보면서 즐거워한다. 그는 비장애인으로 살았을 때 일 때문에 집에 잘 들어오지 못했고 휴일에도 아이들과 함께 시간을 보내지 못하면서 숨 가쁘게 살아왔다. 오히려 장애로 인해 얻어진 느림의 시간 속에서 자녀들과 소중한 시간을 갖게 된 것을 다행으로 생각한다.

정도를 보내는데, 그 전에는 치료비하고 200만 원 정도를 시집에서 3년 넘게 하셨어요. 그러니까 시집에서 그 정도는 해주지만 그것도 힘들죠. 한 달에 자식 교육비도 힘든데……. 저는 아버지를 보살핀 경험도 있고 이분은 정신이 멀쩡하세요. 아주 유머러스하시고 기개가 있던 분이 3년을 그렇게 하고 나니까 쪼그라들었어요. 이런 표현을 쓰면 좀 그렇지만 ‘버려진 강아지’같이 너무 안쓰러워서 몇 년 전부터 모시자고 했어요. 근데 고모님이 치료는 해야 하니까 치료받고 나서 모시자고 했는데, 경제적 능력이 안 돼서 어쩔 수 없었어요. 저도 작년에 수술하고 형편이 안 되어 못 모셨는데 …… 이 친구(남편)가 할머니 돌아가시기 전까지 한 방에서 살았고 3개월 동안 대소변을 처리했고 보살핌에 아주 익숙해요. 내가 아팠을 때도 너무 잘해 주고 아프길 바라는 게 아닐까, 자기가 살아가는 이유를 발견하고 갑자기 나를 애로 만들고 내가 아프면 그게 되니까 너무 좋은가 봐요. 보살피는 걸 잘 알아요. 그렇게 생각보다 힘들지 않아요. 나는 애가 더 힘들 것 같아.”(장혜진)

보조사례 장혜진은 식물인간 상태의 아버지를 7년 동안 보살핀 경험이 있다. 그녀는 현재 요양시설에 있는 시고모를 집으로 모셔 와서 보살피고 싶어 한다. 평생 독신으로 살아온 시고모(80세)는 2년 전에 당뇨병 합병증으로 반신마비가 와서 요양시설에 계신다. 시부모는 시고모의 시설비용을 지불하고 있다. 하지만 장혜진은 시고모와 친밀한 관계를 맺어 왔기 때문에 직접 보살피고 싶어 한다. 그녀는 노인 보살핌을 귀찮고 힘든 일, 고통이나 희생으로 해석하지 않는다. 그녀는 경제적으로 어려운 상황이었지만, 조부모가 중풍에 걸렸을 때 어머니가 20여 년 동안 조부모의 대소변을 받아낸 것을 보고 자랐다. 장혜진은 아픈 조부모와 함께 살면서 어머니를 도우면서 나이듦이나 장애를 삶과 분리해서 생각하지 않았다. 또한 그녀는 이러한 경험을 통해 보살핌의 즐거움도 알게 되었다. 그녀는 보살핌이 필요한 사람에게 보살핌을 제공하는 것이 손해라는 지배가치와 다른 가치를 인식하고 있었다.

> "노인 보살핌을 해보는 것이 안 해보는 것보다 좋은 것 같아. 그러면서 철이 드는 거지. 애들도 그렇고. 지금 애들은 너무 풍족하다 보니까 소중한 걸 모르잖아. 연필, 지우개가 굴러다니는 대로 놔두고. 그럼 또 새로 사잖아. 노인을 보살피면서 힘들어도 중간 중간 열 받아도 그런 경험이 살면서 보탬이 되는 것 같아."(안영미)

보조사례 안영미는 간암에 걸린 아버지를 보살피는 모습을 아들들에게 보여줌으로써 훌륭한 교육이 되었다고 생각한다. 그녀는 아들들이 사회에서 성공하고 능력 있는 인간이 되는 것도 중요하지만, 타자를 배려하는 '따뜻한' 품성을 갖춘 인간으로 성장하기를 원했다. 또한 그녀는 현재 중학생, 고등학생인 아들들이 장애인 친구나 노인을 배려하는 마음을 가지면서 살아가기를 원했다. 안영미는 자녀들에게 보살핌을 권장하는 것이 손해가 된다고 생각하지 않았다. 타자를 배려하는 삶은 경쟁에서 뒤처지는 것으로 손해 보는 행동이 아니라, 힘든 시기에 내면의 힘을 부여한다. 어머니의 사고방식은 자녀들이 타자와 상생, 공존하게 하고 타자를 배려하는 인간으로 성장하게 함으로써 타자를 억압하고 전유하는 지배가치를 변화시킬 수 있다(Ruddick, 1995). 이것은 자본주의 사회의 지배가치인 성취나 능력보다 우선적으로 가르쳐야 할 중요한 가치로 사회변화의 가능성을 제시한다.

보살핌을 기반으로 하는 공동체에서 성장한 아이들은 노인의 경험을 통해 지혜를 배우는 한편, 삶의 과정으로 노인 보살핌에 대해 부정적인 시각을 갖지 않는다. 오드리 로드(Audre Lord)는 "세대차가 억압적인 사회에서 공동체의 젊은 구성원이 나이든 구성원을 의심의 눈초리로 바라본다면, 공동체의 살아 있는 기억을 조사하고 참여할 수 없다”고 했다(Browne, 1988). 보살핌이 중시되는 사회에서 아이들은 능력, 성취, 성공을 기반으로 하는 생산성과 효율성의 지배가치와 다른 가치를 배우면서 성장함으로써 사회변화에 기여한다.[76] 또한 이러한 사회에서 노인 보살핌은 연장자인 노인에 대한 절대적인 복종을 의미하는 것이 아니다. 즉, 세대 간의 인격적인 존중이 기반이 되고 서로의 의견을 평등한 위치에서 나누고 소통할 수 있는 자세가 요구된다면 노인과 아동은 서로를 보살피는 관계를 형성할 수 있다. 보살핌이 성취, 업적과 대립되지 않고 보살피는 사람에게 손해나 부담으로 인식되지 않기 위해서는 가족을 넘어서서 공동체의 차원에서 자발적인 참여와 실천이 활성화되어야 하고 국가의 지원이 요청되어야 한다.

2) 가족을 넘어선 보살핌의 지원

전근대 사회에서는 귀속적 지위와 친척 및 공동체의 유대가 강했지만, 근대 이후에는 개인화와 유동성으로 보살핌을 지원해줄 사회적 네트워크가 유연해지면서 여성들의 삶은 더욱더 힘들어졌다(Beck & Beck, 1999; Abel, 1997). 아벨은 이러한 사회구조에서 여성들이 보살핌 노동으로 착취당하지 않기 위해서는 수입, 주택, 영양, 고용기회에서 정책적 지원이 뒷받침되고 이러한 정책에 아동양육뿐 아니라 노

---

76) 아픈 어머니를 직접 보살핀 가수 현숙은 “동생들의 애가 다섯 있는데, 조카에게 할머니 기저귀 가는 것을 어렸을 때부터 보여줬어요. 편해지니 애가 어머니 호스를 갖고 놀더라고요. 이렇게라도 할머니를 이해하는 분위기를 만드는 게 좋지 않을까요”라고 말한다(중앙일보, 2008.5.26).

인 보살핌을 포함해야 한다고 주장한다(Abel, 1997). 또한 보살핌의 책임을 여성에게 부과하는 사회에서 정책적 차원에서 보살핌의 대상, 저임금의 여성 보살핌 노동자, 가족 내에서 보살피는 여성에 대한 지원이 시급하다(Goodin & Gibson, 2002). 삶의 과정으로 보살핌 정책이 요청되고 있지만, 가족의 책임을 사회적, 제도적으로 분담하는 것은 과제로 남아 있다.

(1) 이웃, 공동체 차원에서 노인 보살핌

보조사례인 장혜진이 시고모의 노인 보살핌을 하고 싶어 하는 배경에는 남편과의 분담을 기대할 수 있기 때문이다. 연하의 남편(43세)은 할머니와 같은 방을 쓰면서 살았고 할머니가 돌아가시기 전까지 석 달 동안 대소변을 받아내면서 간병한 경험이 있다. 또한 장혜진이 시고모를 보살피고자 하는 이유는 부계중심 가족 내에서 며느리 역할을 수행하기 위해서가 아니라 평소의 친밀한 관계에서 비롯한 자녀가 없는 시고모에 대한 연민과 애정에 근거한다. 물론 그녀는 보살피면서 힘든 일도 있고 예상치 못했던 문제점도 발생할 수 있다고 생각한다. 하지만 그것도 두 사람 간의 정서적 유대로 극복하면 서로를 위한 시간이 될 수 있다고 생각한다.

장혜진은 오피스텔에서 다세대주택의 전세로 이사를 왔다. 그동안 방이 없어 시고모를 보살필 수 없었지만 노인 보살핌이 실현 가능하게 되었다고 기뻐한다. 하지만 장혜진은 노인 보살핌을 하면서 이웃의 도움을 받을 수 있을 거라고 기대한다. 그녀는 이웃의 노인 여성들과 친하게 지내고 잘 어울리기 때문에 건물에 사는 노인 여성들이 시고모를 보살피면서 도움을 받을 수 있을 거라고 생각한다. 남편과 이웃의 지원에 대한 기대는 장혜진이 노인 보살핌을 자발적으로 선택하려는 배경에서 중요한 의의를 갖는다.

핵가족에서 노인 보살핌은 수용되지 못하거나 자녀들의 부담으로 해석되기 때문에 이웃, 지역을 중심으로 자발적으로 보살핌의 공동체를 구성하고자 하는 시도들이 일어나고 있다. 독일의 공동체에서는 젊은 주부가 독거하는 옆집의 노인을 위해 퇴근길에 시장을 대신 봐주고, 노부부는 이웃의 맞벌이 부부의 아이들을 보살펴주면서 도움을 주고받는다(Scherf, 2007: 151). 이웃, 공동체 내에서 이루어지는 세대 간의 원활한 의사소통은 원자화되고 파편화된 도시의 삶에서 정서적 유대감을 통해 공존과 상생의 가능성을 높여준다.

조한혜정은 마을이 중심이 되는 아래로부터의 자발적인 보살핌 공동체를 제안한다. 이러한 공동체는 구성원들 간의 상호작용이 원활하면서도 세대 간의 분리가 일어나지 않는다. 아이들은 학교뿐 아니라 공동체의 구성원들에게 배우고, 노인들은 아이들이 뛰노는 것을 보면서 같은 공간에서 생활한다(조한혜정, 2007). 이러한 공동체는 보살핌의 가치를 인식하는 한편, 나이듦을 삶의 과정으로 인식하고 노인 보살핌을 주고받는 것을 편안하게 받아들일 수 있다. 스웨덴에서는 여러 가족이 모여 살면서 의사소통을 원활히 하면서 공동의 문제를 해결하는 집합주택 운동을 전개한다. 집합주택의 구성원들은 부엌에서 당번을 정해 식사준비를 하고 거실을 함께 사용하면서 여가생활과 청소를 함께하면서 고독감과 소외감을 달래면서 친목과 유대감을 강화한다(SBS-TV, 1993).

한편 보살핌의 순환이 원활한 예는 미국에서 인종차별을 경험하면서 소수자 집단으로 살아온 흑인공동체에서 찾아볼 수 있다. 흑인공동체에서 양육은 공동체의 생존과 관련되므로 공동체 전체의 책임으로 간주된다. 흑인공동체에서 혈연 어머니(blood mother)가 보살핌을 책임질 수 없을 때는 혈연이 아닌 어머니(other mother)가 보살핌에 참여하면서 여성들의 네트워크를 형성한다(Collins, 1995). 이러한 여성연대는 임금노동의 가치를 중시하기 때문에 일을 하러 나간 엄마들을 다른 엄마들이 지원하는 것이 아니다. 보살핌에 참여하는 여성 중에는 독신여성도 있고 아이가 없는 여성도 있다. 이러한 공동체에서 보살핌의 가치는 자본주의 교환경제에 기반한 백인중심의 핵가족 제도에 저항하는 의미를 지닌다.

자본주의 가부장제 가족에서 보살핌은 부모의 자녀에 대한 배타적 권리를 주장하지만 흑인공동체의 보살핌은 아이에 대한 책임을 공유하면서 구성원 간의 연대감을 구성해낸다(Collins, 1995). 이러한 사회에서 할머니, 이모, 양육하는 엄마의 보살핌을 받은 아이들은 보살핌 제공자와 정서적 유대를 형성한다. 이들은 자신을 보살펴준 어머니들이 나이들어 아플 때 보살피는 책임을 간과하지 않는다.

흑인공동체에서는 한 구성원이 아플 때 가족뿐 아니라 공동체의 구성원들이 번갈아 밤을 새우면서 환자를 보살펴왔고 이러한 책임은 구성원 간의 유대감을 강화시켜왔다(Slevin & Wincrove, 1998). 흑인공동체에서는 보살핌을 주고받는 일이 원활하기 때문에 공동체의 유대감 속에서 보살핌을 지원한다. 은퇴한 여성들은 자신이 공부하고 싶은 분야의 수업을 듣고 취미활동을 하지만, 자녀양육이나 노부모의 보살핌, 자원활동 등을 통해 임금노동과 보살핌의 이중고에 시달리는 젊은 여성들을 도와주고 보살핌을 지원한다(Slevin & Wincrove, 1998). 이들이 흑인공동체에서 보살핌에 헌신하는 것은 은퇴 여성들에게 성역할을 요구한다고 비판받을 수 있다. 미국 내의 흑인공동체에서는 보살핌을 중시하기 때문에 남성들의 참여도 적극적이라고 예측되지만 보살핌은 일차적으로 여성의 역할이다(Collins, 1995). 그럼에도 은퇴한 노인 여성들이 보살핌을 기쁘게 지원하는 이유는 공동체에서 보살핌이 가치 있는 일로 인식되고 보살핌의 순환이 원활하기 때문이다.

보살핌의 책임을 개별가족으로 한정하는 것은 연구참여자들에게 보살핌의 역할을 구조적으로 강제하는 한편, 어머니로서 보살핌을 해왔던 이들에게 심리적인 부담감을 갖게 한다. 효의 원칙은 내가 부모님에게 했던 보살핌을 자녀에게 받고, 자녀는 손자녀에게 받는 것이지만 혈연가족에게 한정되어 있다. 보살핌에 대한 부담감은 그 가치를 왜곡시킨다. 보살핌을 해왔던 여성들이 보살핌을 편안하게 받기 위해서는 보살핌 가치에 관한 인식변화와 함께 제도적, 사회적 책임을 확장하는 것이 필요하다.

자본주의 사회에서 중시되는 능력, 성취, 경쟁은 협력을 불가능하게 하고 관계의 파괴와 단절을 함축한다. 헬드는 보살핌의 관계가 사적 영역에서 개인, 가족 간의 신뢰관계를 넘어서서 공적 영역으로 확장되고 타자의 고통이나 차별에 민감할 때에는 지배, 전유, 불신, 적대적인 사회관계를 변화시키고 진정한 민주주의의 실현이 가능하다고 강조한다(Held, 2006). 또한 본은 돈을 받지 않고 노래를 들려준 새의 선물이 교환경제에 물든 사회를 어떻게 변화시킬 수 있는지 그 가능성을 보여준다. 새의 선물은 관계적인 그물망에 따라 연속적으로 다른 선물을 창출해내면서 재화가 필요한 사람에게 석유, 햇빛, 나무, 공기 등을 마음껏 사용하게 하기 때문에 국가 간의 전쟁이나 경쟁을 무의미하게 하고 우리의 삶을 보다 풍요롭게 한다고 해석했다(Vaughan, 2007a). 본과 헬드의 설명처럼, 타자를 보살핀 사람들은 신뢰관계를 얻고 타자에 대해 민감해지는 것을 인식한다. 보살핌의 가치가 사회로 확장될 때, 자본주의 교환경제하에서 효율성과 생산성은 비판적으로 해석될 수 있고 공동체, 사회의 성장에도 도움이 된다.

키테이(Kittay, 1999)는 내가 보살핀 대상에게 보살핌을 돌려받는 것이 정의로운 사회가 아니라, 보살핌이 필요한 사람이 충분히 보살핌을 받을 수 있는 사회를 정의로운 사회라고 주장한다. 이러한 사회에서는 A가 B를 보살피고 B가 C를 보살핀다 하더라도, A가 B에게 직접 보살핌을 돌려받지 못하고 C에게 보살핌을 받을 수 있고, 보살핌이 필요하지 않다면 보살핌을 받지 않을 수도 있다. 그러나 A는 보살핌을 했음에도 보살핌이 필요하지 않다면 보살핌을 받지 못하는 상황을 부정의하다고 인식하지 않는다. 이러한 사고는 보살핌이 필요할 때 언제든지 보살핌을 받을 수 있는 사회에서 인간이 안정감을 느끼며 행복할 수 있다는 전제에 기반한다. 키테이(1999)는 산모를 곁에서 보살펴주는 이웃 여성의 선의의 보살핌을 기반으로 다울리아(doulia) 원칙77)을 논의한다. 다울리아 원칙을 공적 영역에 적용하는 것은 사회 전체가 보살핌에 대해 책임을 갖는 동시에, 보살핌 제공자가 사회구조에 취약해지지 않도록 이들과 의존자를 위한 제도를 마련하는 것이다(Kittay, 1999: 106). 다울리아 원칙은 내가 아이를 낳지 않거나 나이들어 더 이상 출산하지 않기 때문에 보살핌을 받지 못한다 하더라도, 보살핌이 필요한 사람들에게 보살핌을 기꺼이 제공하는 것이

---

77) 다울리아의 어원은 그리스의 노예와 하녀에서 비롯하므로 보살핌 제공자의 착취적인 상황을 상징한다.

다. 이러한 원칙이 적용되는 사회에서는 보살핌이 필요할 때 보살핌을 충분히 받을 수 있는 조건이 마련될 수 있다.

본(Vaughan, 1997)은 교환관계에서 선물의 의미는 타자 지향적이고 이익을 더 많이 챙기지 않으므로 열등하고 실패한 것으로 평가되지만, 선물은 눈에 보이지 않으면서 우리 안에 존재하는 잠재력을 갖게 한다. 자본주의 사회에서 보살핌의 대가를 바라지 않고 선물해왔던 여성들은 임금노동을 하는 자녀들에게 손해가 되기 때문에 보살핌을 받는 상황을 불편해한다. 개별가족에게 책임을 전가하는 제도 안에서 제공자나 대상은 부담감을 갖는다. 하지만 가족이 아니라 이웃, 공동체로 책임을 확장한다면 부담감은 경감되면서 힘들고 귀찮은 일이라는 인식도 변화될 수 있다.

(2) 대안적인 노인 보살핌 공동체

자녀에게 보살핌을 기대할 수 없는 연구참여자들은 이웃, 종교, 친구 관계에 주력한다. 이러한 관계 맺기는 정서적, 경제적 지원뿐 아니라 보살핌의 지원까지 가능하게 한다.

> "저는 병원에 갈 줄 몰랐어요. 풍이 아닌가 하다가 한쪽으로 마비가 오더라구요. 그래서 교당의 ○○교감님한테 '제가 아픈데 한방병원에 입원해야 하는데 어떻게 해야 할지 모르겠습니다' 하고 말했죠. 무슨 병인지 알아보려고 갔는데 병원에서 입원을 하라고 했어요. 풍이라고. 아들이 사업에 실패해서 돈도 하나도 없는데 입원을 하니 정신이 아득하더라구요. 하지만 교당에서 입원을 시켜서 그나마 살려놨어요. …… 나는 밥 먹고 잠들기 전에 기도해요. '편안하게 가게 해주십시오.' 또 '자식들 잘되게 해주세요' 하고 기도하고, 원불교의 높으신 분들을 위해 기도해요. 나는 우리 식구만을 위해 기도하지 않아요. 그렇게 기도해서 고운 인연을 맺어야죠. 내

　가 성격이 활발하지 못해서 인연을 못 맺으니까 이렇게 기도하고
교도님들 위해 기도하고 천상 인연들이죠.”(최서희)

　최서희는 이웃의 원불교 교당에 다닌다. 그녀는 고부갈등과 경제적 어려움을 겪고 있다. 그러나 종교를 통한 관계는 그녀의 삶을 정서적, 물질적으로 지원한다. 그녀는 뇌졸중으로 쓰러졌을 때 교당에 맨 먼저 연락했고, 교감은 인맥을 동원해서 한방병원으로 신속하게 연계해서 입원수속을 밟아주었기 때문에 빨리 회복할 수 있었다. 종교활동은 고립감과 소외감을 해소하면서 정서적 안정감을 제공해준다.[78] 이러한 관계는 경제적인 어려움, 자녀와의 불화, 질병 등의 힘든 상황에 대처할 만한 힘이 된다.

　한편 김정혜는 아들, 며느리와의 관계가 좋지 않지만, 시장통에서 같이 장사하는 후배들과 친밀한 관계를 유지한다. 그녀는 후배들과 모닝커피를 마시면서 활기차게 하루를 시작하고 함께 여행을 가기도 한다. 그녀는 후배들에게 속사정을 털어놓지는 않지만, 이웃이자 일터인 시장의 후배들과의 관계에서 얻는 힘으로 자녀와의 관계에서 쌓이는 스트레스를 완화시키고 있다.

　보조사례인 마리아 수녀는 천주교 A 수녀회에 소속되어 있다. A 수녀회는 수도생활을 목적으로 하는 독신 여성공동체로 노인 보살핌이 보장되어 있다. 수도공동체는 혈연으로 맺어지지 않고 재생산이 이루어지지 않는다. 공동체의 규모는 수녀들의 죽음이나 탈퇴로 축소되고 젊은 수녀들의 입회로 확대된다. A 수녀회는 공동체를 위해 열

---

78) 노인들은 가족과 건강에 관한 스트레스를 많이 받는데, 특히 노인 남성이 담배와 술에 의지하는 반면, 노인 여성은 종교에 의지한다(모선희·이지영, 2002). 이처럼 종교는 노인 여성들의 삶에 긍정적인 영향을 미친다.

심히 일하고 나이들어 아픈 수녀들에게 노인 보살핌을 편안하게 받을 수 있다. 마리아 수녀는 A 수녀회에 입회하기 전에 어머니와 함께 10명이나 되는 동생들을 보살폈고, 20대 후반에 다른 수녀들보다 늦게 입회한 이후에 영유아 양육, 주교관과 신학생의 식사준비, 천주교 병원의 세탁실 근무, 수녀회의 빨래방에서 근무해왔다. 마리아 수녀는 본당 수녀로 일한 것[79] 외에 '여자들의 일'을 해왔다. 그녀는 100명의 수녀가 생활하는 A 수녀회 본원의 빨래방에서 이불 빨래와 다림질을 도맡아 한다.

"동생이 열 명이에요. 그래서 제가 어머니 역할을 많이 했어요. 엄마가 2년마다 연년생으로 애를 낳으니까 어떻게 해요? 키워야지. 그래서 중학교도 못 들어갔어요. 집에서 엄마하고 애기를 키우는 거야. 그래서 수녀원도 못 올 줄 알았어요. 너무 학벌이 없어서 …… 처음 들어와서 교대로 한 주 애기방 소임을 줬어요. 빨래방 근처에 큰 우물이 있어요. 거기에 똥 기저귀를 머리에 이고 거기까지 가서 빨래를 했어요. 수녀님들이 결혼도 안 했는데 애기를 보는 거야. 또 대구에 갔는데 6·25전쟁이 나서 애기방을 맡았어요. 거기서 애기를 키우는 거예요. 홍역으로 애들이 많이 죽었지요 …… 그러다가 어떤 신부님이 오셔서 '수녀님, 성당에 나가서 전교를 하면 일 년에 몇 백 명을 전교하십니까. 주교관에 와서 우리에게 밥을 해먹이면 우리가 건강해져서 기쁘게 신자들을 이끄니까 좋지 않겠습니까' 하더라고. 그렇게 5년 동안 신부님들의 밥을 하고 나니까, 신학교에 가서 신학생 400명에게 밥을 해먹이래. 내가 많은 사람을 밥을 해먹여야 하는구나 하고 갔지요. …… 지금은 이부자리를 다 해놔야 돼. 신부님 이부자리, 빨래 다 해드리고. 다른 사람은 놀라요. 어떻게 그걸 다하느냐는 거지. 작년에 외국 수녀님이 50명이나 왔을 때 봄가을 이불을 챙겼어요. 이번에는 54명이 온다고 해서 겨울 이불 치우고 여름 이불 50채고 60채고 다 챙겨야 해요. 제가 봐

---

79) 본당 수녀는 신부들의 제의 준비, 제단 장식 등의 미사를 위한 준비를 하고 예비자 교리지도, 신자 단체 교육 등을 맡는다.

도 놀라워요. 베개든지 이불이든지 구김이 하나 없이 다리고. 나
혼자 그렇게 얌전하게 줄을 맞춰서 다 덮어 놔요. 그 일을 할 때도
재미있고 마음에서 우러나서 일을 해요. 원래 집에서부터 일을 좋
아했거든요. 완전히 몸에 뱄거든요."(마리아 수녀)

마리아 수녀는 인터뷰 당시 79세로 80세가 되면 은퇴할 계획이다.
그녀는 주말이 되면 노인 수녀들이 사는 양로원을 방문해서 입회 동
기 수녀들의 기저귀를 갈아주거나 목욕을 시켜준다. 그녀는 은퇴 후
에 양로원으로 가서 간호사 보조로 일할 작정이다. 마리아 수녀는 그
곳에서 아픈 수녀들을 보살피다가 자신도 노인 보살핌을 받을 계획
을 세우고 있다.

"우리 수녀님들이 죽을 때 두려워하는 것은 없어요. 감사하고 행복
해하고 수녀원에 평생을 바쳤으니, 아파서 드러누워 있어도 아무
걱정이 없어요. 굉장히 행복해해요. 내가 사회에서 살았으면 이렇
게 대우를 받을 수 있을까 하고 생각해요. 씻겨주지, 기저귀 갈아
주지, 양치도 시켜주지, 드러누워 있으면 일찍 일어나 양치질해요.
봉성체해야 하니까. 간호수녀님들이 그걸 해주죠. 제가 간다는 곳
이 바로 거기예요. 내가 수녀님들의 양로원에 보조간호사로 간다는
거예요. 아침에 일어나서 수녀님들에게 세수시키고 양치도 시키고
삼시 세 끼 밥 먹고 나서 양치질 시키고 밥을 먹여줘야 하는 수녀
님도 있고 혼자 먹는 수녀님도 있어요. 하지만 밥은 날라 드려야
해요. 기저귀를 가끔 봐서 갈아 드리고요. 모르는 사람한테 갈아
달라기는 좀 미안하니까. 아는 수녀님이 '나 쌌어. 기저귀 좀 갈아
줘. 화장실 좀 데려가' 그러더라구요."(마리아 수녀)

마리아 수녀는 천주교 병원의 세탁실에서 일하면서 청소원으로 일
하던 60대 여성 신자를 알게 되었다. 그 후 다른 곳으로 소임을 받아
이동하게 되었지만, 두 사람은 지속적으로 친밀한 관계를 맺고 있다.

마리아 수녀는 아들을 키웠지만 노인 보살핌을 기대하기 힘든 여성 신자와 자신을 비교한다.

"그이는 청소하러 다녀. 아들이 그렇게 속을 썩여. 지금 67세인데 아파트 계단을 청소해요. 시간이 없는데, 옛날에 그이는 ○○병원에서 주방에서 일했고 나는 세탁실에 있었는데 가끔 봐서 잘 알아요. 혼자 사니까 ○○성당에 꼭 오거든요. ○○동에서. 자기는 주일밖에 나를 도와줄 수 없다, 그거야. 9시 미사 와서 끝나면 10시에 여기서 와서 한 시간 반에 식수건 70개를 쫙 다려 주고 가요. 그 사람이 과일이 비싸서 못 사 먹어요. 아들한테 돈 다 뺏겼어요. 그이가 백만 원 벌면 아들이 이백만 원 가져간다고 하니 그걸 어떻게 당해. 그래서 '수녀님, 간식 드세요' 하고 가져오면 내가 떡이고 과일이고 냉동실에 다 넣어 놨다가 그이에게 나눠주는 거지. 주는 재미, 받는 재미가 그런 거죠. …… 다른 자녀가 노부모들을 모시고 있는 수녀님들이 있거든요. 그 수녀님들이 집에 갈 때 전철을 타고 가면서 그래요. 노부모님이 편찮으신데, 다른 자녀들한테 구박받지 않고 오래 아프지 말고 돌아가셔야 하는데, 그렇게 염려해요."(마리아 수녀)

여성 신자는 노인임에도 불구하고 아들이 경제적으로 어려운 형편이므로 아들을 경제적으로 지원한다. 이러한 상황에서 그녀는 아들에게 노인 보살핌을 기대하기 힘든 실정이다. 또한 마리아 수녀는 젊은 수녀들이 아픈 노부모를 걱정하는 말을 들으면서 수녀원의 보살핌 제도가 잘 되어 있다는 것을 깨닫는다. 그녀는 수녀회에 소속되어 일생 동안 열심히 일한 보상으로 노인 보살핌을 보장받기 때문에 행복해한다.

천주교의 남성 중심적 교계 질서하에서 남성 신부들은 설교 및 교육에 종사하고 수녀들은 식사나 빨래, 청소 등의 여성적이라 간주되는 보살핌 노동을 담당함으로써 성역할을 답습하는 경향이 있다. 고등교육을 받은 수녀들은 교육과 전문직에 속하는 특수한 사목을 한다. 하지만 마리아 수녀는 저학력으로 남성 신부와 남성 신학생뿐 아니라 수녀원에서조차 다른 수녀들을 위해 보살핌 노동을 해왔다.

그녀가 다른 노인 여성과 차이가 있다면 어머니, 아내로서 가족을 보살핀 것이 아니라 수녀의 소임으로 보살핌 노동을 해왔다는 것이다. 그녀는 보살핌을 귀찮은 일이거나 힘든 일이라고 생각하지 않았고 신의 뜻에 따른 중요한 소임으로 인식해왔다. 또한 수녀회에서는 보살핌이 다른 일보다 낮은 가치를 갖지 않는다. 수녀원에서 노인 보살핌은 비생산적인 행위가 아니라 신의 뜻에 따르면서 기쁘게 해야 할 일이고, 아픈 노인 수녀를 도와주면서 삶을 마무리할 수 있게 하는 중요한 소임이다. 또한 수녀원에서 보살핌을 받는 노인 수녀들은 신체적, 정신적 고통을 인내하면서 삶을 마무리하고 죽음을 준비하는 중요한 과업으로 받아들인다. 이러한 제도하에서 노인 수녀들은 가족 관계하에서 보살핌이 자녀에게 폐가 된다고 생각하면서 자존감이 저하되는 연구참여자들과는 다른 상황에 놓여 있다.

"병원에 가고 싶으면 병원에 가고. 드러누워 있으면 빨래해주고 약 갖다 주고. 세상 사람들이 누리지 못하는 것을 우리가 누리고 있어요. 그것을 어떻게 받아들이느냐 하는 것이 문제지. 어떤 사람은 미안하고 안쓰럽게 생각하고 하느님이 주신 나의 복이다. 참 내가 행복하다. 내가 하느님을 위해 일생을 바쳤더니 이런 복이 왔구나. 내가 쓰러져서 혼수상태에 있을 때 병원에 가든지 걱정이 없어. 그 걸 뭐라고 할까, 교만도 아니고 내가 독신생활에 대해 감사해요. 하느님께서 나에게 이런 복을 주셨다. 나는 사랑으로 보답해야 하죠. 죽는 시간이 언제인지는 모르죠. 지금 죽을지 오래 누워 있을지. 하지만 하느님한테 마지막 사랑을 바치는 거죠. 마지막 사랑을 어떻게 기쁘고 행복스럽게 바치느냐가 문제인 거죠. 수녀님들은 너무 감사하고 수녀원에서 이렇게 잘해 줄 수 있는가. …… 그런 거 보면 여기는 얼마나 행복하냐 말이야. 걱정은 없다. 그러니 항상

행복하지. 행복하게 살고 행복하게 가는 거야. 그러니 수도생활이
좋은 거야. 그걸 몰라서 그랬지. 우리가 하느님의 사랑을 깨달을수
록 하느님께 대한 감사는 내 육신과 영혼, 죽는 순간이거든요. 마
지막으로 바치거든요. 내 인생을 감사하는 마음으로 살거든요."(마
리아 수녀)

　마리아 수녀는 열심히 일한 후 편안하게 노인 보살핌을 받을 수 있
는 수녀원의 제도에 대해 만족한다. 그녀는 노인 보살핌을 자녀에게
폐를 끼치는 것으로 해석하는 연구참여자들과 달리, 의존상태에 대해
심리적인 부담감을 갖지 않았다. 또한 마리아 수녀는 보살핌의 기간
이 장기화되는 것에 대해서도 두려움이 적었다. 수녀회에서 노인 수
녀들은 노인 보살핌을 삶의 과정으로 수용하면서 다른 수녀의 정성
어린 보살핌을 받으면서 삶을 회고하고 정리하는 시간으로 의미화한
다. 수녀들은 죽음준비를 통해 마지막 과업으로 삶을 소중하게 인식
한다. 이들이 걱정하는 것은 죽음에 이르러서 삶에 대해 집착하는 모
습을 보이는 것이다. 이러한 과정은 수도자로서 통과해야 할 마지막
수련으로 해석하고 있다.

　그러나 이러한 노인 보살핌 제도가 종교라는 특수한 공동체에서만
가능한 것은 아니다. 여성 간의 우정을 기반으로 하는 공동체는 노년
기를 활기차게 살게 하는 원동력이 되기도 한다. 70, 80대 여성들은
돈을 모아 서울의 창동의 한 아파트에 사랑방을 마련하는 사례도 발
견된다.[80] 고향친구 사이인 이들은 평상시에는 아들, 며느리와 함께

---

80) "70~80대 할머니 여섯이 모여 사는 이 아파트는 '어떻게 늙을 것인가'란 물음에 해답 하나를 던져주는
　'공동체 사랑방'이다. …… 고향 친구들로, 지난 1969년부터 만나 친해졌다. 다들 외아들을 두었고 남편
　과 사별했다. 애초 8명이었으나 지난 1995년과 올해 7월 먼저 저세상으로 떠났다. 여덟 할머니는 곗돈으
　로 '재테크'를 했다. 1982년 가락동 시영아파트를 840만 원에 사서 세를 놓았고, 1995년에 팔아 이 25
　평짜리 아파트를 샀다. …… 다들 아들네 집에 거처가 있어도 토요일엔 어김없이 이 집에 모인다. 평일에
　도 두어 명씩은 늘 있다. 모여서 칼국수도 해먹고 호박전도 부친다. 심심풀이 윷놀이도 한다. 무릎이 성한

살지만 주말에는 함께 모여 시간을 보낸다. 이러한 공동체는 노인 보
살핌을 온전히 해결하지 못하지만, 함께 모여 식사하고 놀 수 있는
공간을 마련해준다. 공동으로 마련한 집은 구성원들이 모두 죽은 후
에 장애인 공동체에 유산으로 남길 계획이다. 이러한 행위는 가족을
넘어선 보살핌의 실천을 의미한다.

핵가족 내에서 배타적 보살핌은 가족의 계층상승이나 안위를 유지
하기 위한 집단이기주의에 기반한다. 내 자녀를 기존 사회에 적응하
도록 키우는 것은 자녀의 성취로 인한 경제적 이익을 의미한다. 경쟁,
능력, 업적을 강조하는 자본주의 사회에서 성장한 자녀들은 노인 보
살핌을 중요한 가치로 인식하지 않고 노부모를 삶의 장해물로 해석
할 가능성이 크다. 가족 내에 한정된 배타적이고 폐쇄적인 보살핌의
구조적 모순을 인식한 사람들은 자발적인 공동체를 실험하면서 보살
핌의 가치를 실천하고 있다.

보살핌이 개별가족, 특히 아들딸에게 일차적 책임이 있는 것이 아
니라 사회에 있다면 가족구성원의 심리적 부담감이 줄어들 수 있다.
또한 보살핌에 관해 공동체의 책임이 강화된다면 현재보다 보살핌의
대상이나 제공자가 편안한 상태에서 보살핌을 주고받게 될 것이다.

(3) 무자녀 노인 여성에 대한 지방자치단체의 지원

무자녀 저소득층의 보조사례들은 이웃, 지방자치단체의 차원에서

할머니들이 장을 봐 오면 다른 사람들은 음식을 만들거나 설거지를 한다. …… 지난 1995년 9월 입주와
동시에 할머니들은 장애인 복지시설인 '임마누엘 재활원'에 이 집을 기증했다. 조건은 단 하나. 다들 세상
떠나고 두 사람 남았을 때 넘기기로 했다. …… 할머니들은 수십 년 모은 곗돈으로 조그마한 콘도도 마련
하고 봄가을이면 전국 관광지로 놀러 다닌다. 1991년엔 발리에 9박 10일 해외여행을 다녀오면서 자식들
한테 손도 안 벌렸단다. …… 왁자지껄 웃는 사이 오후 해가 넘어가는데, 이명화 할머니가 '오늘은 특별메
뉴'라며 삼계탕을 푸짐하게 담아 내왔다."(조선일보, 2003.9.15)

도움을 받고 있다. 보조사례인 홍순영은 지하 셋방에 혼자 누워 있으면 몸이 더 아픈 것 같고 전기세도 부담이 되기 때문에 매일 경로당에 나간다. 그녀는 경로당에서 최고 연장자이고 과거에 경로당의 부회장으로 활발히 활동해왔다. 현재 그녀는 후배 할머니들과 함께 산책하는 것을 좋아한다. 그녀는 이웃의 노인 여성들과 친밀한 관계를 유지하면서 고독감을 해소한다. 또한 홍순영은 교회에 나가는데, 전도사와 신자들이 집으로 찾아와서 기도해주고 독거노인의 삶에 관심을 갖는 것에 감사한다. 한편 집주인은 김치와 같은 밑반찬을 만들어 가져와서 홍순영을 보살핀다.

또한 홍순영은 기초생활보장 수급자로서 지방자치단체에서 파견되는 가사도우미의 도움을 받는다. 가사도우미는 일주일에 두 번 방문해서 빨래와 청소 등을 도와준다. 또한 노인복지관의 자원봉사자들은 반찬 도시락을 배달해준다. 더욱이 홍순영은 어려운 일에 부딪힐 때 관심의 대상이 되기 때문에 독거가 불편하지만은 않다.

"염색약을 사서 뒷짐을 지고 가는데 뒤에서 차가 들이받았어. 차가 시장 한가운데로 들어왔지. 차가 뭐하러 거기에 들어와? 그래서 ○○병원에 입원했지. 근데 늙었다고 보상금도 제대로 안 주고 병원비만 내줬어. 취로사업 다닐 때야. 내가 이렇게 늙어서 일도 못 다닐 텐데 보상도 안 해주더라고. 여성 동회장이 보험회사에 '노인네가 혼자 벌어먹고 사시는데 이렇게 몸을 해놓고 보상을 안 주는 데가 어디 있느냐'고 따져서 350만 원 받아 줬어. 350만 원 줬는데 앞으로 걸음을 잘 못 걷는다고 해서, 동회장이 '350만 원 가지고 안 되니까 200을 더 내놓아라'고 해서 550만 원 받았어. …… 또 양쪽 눈을 수술했어요. 하나도 안 보였는데 수술해서 이제는 잘 보여. 근데 눈 수술을 받으려면 몇백 만 원 한대요. 수술하고 나왔는데 사흘 있다가 어떤 여자한테 전화가 왔어요. '할머니, 눈 수술 받았다면서요. 돈 얼마 받고 나오셨어요?' '영세민이라고 덜 받아서 54

만 원 주고 나왔어' 했더니, '할머니한테 돈 받는 사람이 어디 있느
냐'고. 사흘 뒤에 어떤 은행과 거래하는지 묻더니 사흘 있다가 가
보라고 그래. 통장을 가지고 갔더니 54만 원을 부쳐 줬어. 여자 셋
이서 할머니 같은 사람은 무료로 수술해야 한다고 …… 나는 혼자
살기 때문에 구청에서든지 어디서든지 다 알아. 근데 내가 그 사람
들의 집을 알아야지, 어디 사는지 알면 고맙다고 인사나 하지. 전
화번호도 몰라서 인사도 못 했어. 누가 그렇게 해줬는지도 몰라."
(홍순영)

홍순영은 수년 전에 동네의 골목을 지나다가 교통사고를 당했다.
이때 평소에 친분이 있었던 여성 동회장이 중재를 해서 보상을 좀 더
많이 받도록 도와주었다. 또한 홍순영은 백내장 수술을 받을 때 지역
의 사회복지관을 통한 익명의 후원자에게 수술비를 지원받은 적이
있다. 이처럼 자녀가 없는 독거노인을 위험한 존재가 아니라 관심과
배려가 필요한 대상으로 인식하는 것이 필요하다.

지방자치단체는 농촌에서 독거하는 노인 여성들이 함께 살도록 공
동체를 운영하는 것을 지원한다. 경북 의령군, 전북 김제군에서는 독
거여성을 대상으로 노인공동거주제, 그룹홈을 시도하면서 좋은 반응
을 얻고 있어, 지방자치단체들은 이러한 지원을 확대, 실시하고 있
다.81) 이들은 자녀가 있어도 도시에서 생활하고 있으므로 자녀에게
노인 보살핌을 받을 수 없다. 더위와 추위 같은 기후변화나 건강악화
로 농촌의 노인들은 독거를 하다가 사망한다. 이들은 집을 떠나서 마
을회관으로 옮겨와서 공동생활을 하며 서로를 보살핀다. 지방자치단
체에서 생활비를 비롯해서 주거, 의료, 난방비를 지원하고 있다.82) 그

---

81) 중앙일보, 2009.2.16; 뉴시스, 2009.2.3.

82) "마을회관에서는 이 마을 김순님(79), 김종순(75), 이두석(78), 서구순(79), 박정연(75), 조삼수(77) 할머니
　　등이 동고동락하며 살고 있다. 남편 사별 등으로 홀로돼 외로움 속에 살던 이들은 지난해 11월부터 의령
　　군의 지원으로 자신의 집 대신 마을회관에서 서로를 의지하며 이제는 친자매나 다름없게 지낸다. 낮에는

러나 이것은 노인 여성들이 식사준비를 하고 독립적인 생활이 가능한 경우에 국한한다. 이들이 의존도가 높아진다면 요양시설로 이동하기 때문에 노인 보살핌을 지원하는 데에 한계가 있다.

지역사회 차원에서 방문서비스나 데이케어센터가 원활히 제공된다면 노인들은 계속 가족과 살 수 있고 여성들은 노인 보살핌으로 취업을 중단하지 않을 수 있다. 서구 유럽과 일본 등에서는 국가와 지방자치단체 차원에서 노인 보살핌 정책을 추진해왔다. 유럽연합(EU)의 가입국들은 일, 가족의 양립을 지원하고 있다. 유럽연합의 가입국들이 자녀양육, 장애인, 노인 부분에서 정규적인 보살핌 서비스 영역과 비정규적인 영역 간의 연결을 강화하고 있지만, 취업여성이 집에서 자녀와 노인을 보살피는 부담은 존재하므로 정책적 지원이 더욱더 필요한 상황이다(Anderson, 2008).

일본의 경우, 고령화 사회에 대응해서 취업여성의 노인 보살핌을 지원하고 여성들의 일자리를 창출하는 시민사업이 전개되어 왔다. 사회복지법인 도세쓰카이에서 개설한 케어센터 아사히는 노인들의 주간보호센터를 마련해서 식사와 이동서비스를 제공하면서 의존도가 높은 노인의 옷을 수선하고 치매노인을 보살펴주면서 취업여성을 지원한다(Mataki, 2008).

또한 지방자치단체 차원에서 야마토마치는 의료와 노인 보살핌을

돌이나 농장으로 일하러 나가는 이들은 저녁이면 마을회관에 돌아와 장구를 치며 노래를 부르는 하루의 생활이 예전 화목했던 가정생활과 다름없이 생기가 넘쳐난다. 할머니들의 생기 넘치는 생활이 알려지면서 이제는 남편이 있는 이웃 할머니들도 하나 둘씩 이들의 생활에 동참하고 있다. …… 의령군은 이들을 위해 지난해 1,000만 원을 들여 마을회관에 보일러를 설치한 뒤 옷장과 이불 등 가재 및 취사도구를 마련해주었으며 매주 3회씩 밑반찬을 제공해주고 있다. …… 의령군은 이들 할머니에게 생활지원은 물론, 군 보건소를 통한 정기적인 무료 진료 혜택까지 주고 있다. 의령군이 이처럼 독거노인 공동체 사업에 나선 것은 도시로 떠난 자녀와 남편 사별 등으로 혼자돼 외롭게 사는 할머니들이 급증하고 있기 때문이다."(세계일보, 2008.5.26)

연결하는 서비스를 제공하고 있다. 이 지역에서는 임금노동을 하러 나가는 사람들이 편안하게 일할 수 있도록 아픈 노인을 위한 방문서비스를 실시하고 있다. 주민들은 식사보조, 기저귀 갈아주기, 목욕 등의 질 좋은 보살핌과 의료서비스를 개호보험의 혜택으로 저렴한 가격에 이용할 수 있다(EBS-TV, 2005.10.21). 야마토마치는 노인 보살핌의 편의를 위해 집에 엘리베이터를 설치하거나 집을 개조하는 비용을 지방자치단체에서 지원하는 한편, 누워 있는 노인들을 휠체어로 옮겨 낮 동안 노인복지관에서 다양한 프로그램을 진행한다(김동선, 2004; EBS-TV, 2005.10.21). 농촌인 야마토마치는 낮에 젊은이들이 도시로 일하러 나가기 때문에 집에 남은 노인들을 보살필 수 없는 상황이다. 그러나 제도적 지원은 자녀들이 임금노동을 포기하지 않고 노인을 요양시설에 보내지 않으면서 집에서 살 수 있도록 도와준다.

한국 사회에서는 지역의 노인복지관이나 사회복지관을 중심으로 저소득층 독거노인을 대상으로 말벗, 반찬배달, 가사도우미 등을 지원하고 주간, 단기 보호센터를 운영하고 있다. 이러한 지원은 취업여성들이 임금노동을 지속하도록 하는 한편, 전업주부들이 장보기와 외출, 휴식 등을 도와준다.

(4) 노인장기요양보험제도와 노인 보살핌 정책

2008년 7월 노인요양보험제도를 시행하면서 한국 사회는 고령화의 진행을 대비해서 다음과 같은 효과를 기대했다. 첫째, 이 제도는 노인들이 본인이 원하는 곳에서 원하는 방식으로 보살핌을 편안하게 받을 수 있게 한다. 둘째, 노인 보살핌을 가족의 책임으로 인식하는 사회에서 노인 보살핌에 많은 시간과 노동을 전념해야 하는 가족들의 고통을 덜어준다. 셋째, 간호사, 간병인 등 보살핌에 관한 일자리를 창출하는 데에 도움이 된다.

시설이나 집을 선택하든지, 노인은 제도적으로 저렴하고 질 좋은 서비스를 받도록 지원받을 수 있어야 한다. 2012년 현재 요양병원은 주택가나 도시에도 눈에 띄게 증가하고 있다. 요양병원은 너싱홈의 일종으로 저렴한 가격 때문에 노인 및 가족들에게 선호되지만 서비스와 간병인의 질적인 측면에서 정부의 감독 및 개입이 요청된다. 노인 보살핌을 시장에 맡겨둘 때 이윤의 창출과 보살핌의 만족도는 충족되기 어렵다. 가족의 경제적 부담 증가와 비인간화의 문제가 발생하기 때문에 정부에 대한 요구뿐 아니라 사회적 경제영역을 활성화해서 시민의 참여를 유도해야 한다(장삼식, 2007).

하지만 제도의 시행으로 요양급여를 받는 노인이 증가했지만 보살핌의 필요를 충족시키지 못한다. 첫째, 요양기관의 양적 증가에도 불구하고 양질의 보살핌이 보장되지 않는 실정이다. 제도 도입 이후 요양기관이 난립하고 과당 경쟁하는 한편, 정부는 부정수급 등에 대해 철저히 관리하지 못하고 있다(국민일보, 2010.10.15; 국민일보, 2011.6.7; 동아일보, 2011.7.4). 또한 "요양기간 중의 사건이나 사고에 대해 요양기관이 책임을 지지 않는다"는 약관 때문에 요양기관에 입원한 노인들이 제대로 보살핌을 받지 못해 방치돼도 책임을 묻지 않는다(한국일보, 2011.7.12; 국민일보, 2011.7.12).

둘째, 노인요양사들은 열악한 노동조건하에서 저임금으로 일하면서 노인들을 돌보고 있다. 요양보호사들은 이주여성, 저소득층 여성으로 장시간, 저임금을 받으면서 노동한다. 또한 이들의 열악한 노동조건은 보살핌 노동자가 노인을 학대하거나 노인 보살핌의 질적 저하와 연결된다.[83] 시설에 근무하는 요양보호사들은 장시간 많은 노인들을 돌봐야 하기 때문에 과로에 시달리지만 휴식이나 식사시간조차 허용되지 않으며 위생적인 환경에서 일하지 못하기 때문에 노동자들의 건강에 악영향을 미친다(오마이뉴스, 2012.3.11). 또한 집을 방문하는 요양보호사들은 노인 및 가족에게 성폭력, 신체폭력, 언어폭력 등에 시달리거나 가사노동뿐 아니라 김장, 농사일까지 강요받고도 적절한 대응을 하지 못하고 있다(여성신문, 2012.6.15; 국민일보, 2012.6.29; 경향신문, 2012.7.1; 프레시안, 2012.7.10; 정진주, 2012).

노인 보살핌은 사회적 일자리로 여성들의 경험을 인정해서 취업의 기회를 확대하지만 성역할을 강화하는 한편, 저임금 노동으로써 실질적인 생계부양자인 여성들에게 도움이 되지 못한다(문순영, 2008). 노인 보살핌을 위한 일자리는 취약계층의 생계지원을 목적으로 하지만, 요양보호사로서 일하는 여성들은 생계를 해결하지 못한다. 요양보호사가 대소변을 처리하고 목욕해주는 허드렛일을 하는 사람으로 평가절하되고 생계를 위해 일한다는 사회적 인식이 있기 때문에 노인을 보살피면서 높은 자존감을 갖기 힘들다. 노인요양보험제도의 실행과 함께 여성들의 일자리를 확보하고 노동조건을 개선하려는 장치는[84] 보살핌의 가치를 재평가하는 방향으로 이루어져야 한다.

---

83) "일부 노인요양병원들이 조선족이나 동남아인 등 외국인을 간병인으로 고용하면서 입소한 치매·중풍 노인들이 홀대를 받고 있다. 외국인 간병인들은 한국어의 어감 차이를 이해하지 못하는데다 '내 부모, 내 가족'이라는 정서가 부족하기 때문에 말벗 등 마음을 담은 세심한 서비스를 애초부터 기대하기 어렵다. 노인 간병을 그저 돈벌이 수단으로 삼다 보니 막말이나 무시는 예사로 빚어지고 있는 것으로 알려져 있다. 요양병원이 외국인 간병인을 고용하는 것은 싼 임금 때문이다. 한국인 간병인은 임금이 비싸다. 지방에서는 간병인 구하는 것이 더 힘들다. 노인요양보험제도 시행 후 수지 맞추기가 더 어려워져 외국인을 고용하는 추세가 늘고 있다는 게 요양병원 관계자들의 설명이다."(쿠키뉴스, 2008.9.21)

84) 사회적 일자리는 시민 상호 간의 자발적 나눔으로써 자원활동, 즉 의미 있는 노동의 가치를 인정하면서 본인이 사회적 서비스를 필요로 할 때 서비스를 받을 수 있도록 국가의 개입이 요청된다(장삼식, 2007).

더욱이 노인 보살핌 정책은 생산연령층인 여성들이 임금노동을 함으로써 발생한 보살핌의 공백을 메우려는 정책을 넘어서야 한다. 우선적으로 가족의 책임으로 부과된 보살핌의 짐을 덜어주면서도 친밀한 관계에 있는 사람들이 보살핌을 하고 싶어 할 때 경제적, 의료적 부담을 경감시켜야 한다. 보살핌 정책이 여성인력을 활용하기 위한 것이라는 전제는 생산경제 중심에서 평가절하된 보살핌의 가치에 부응한다. 제도적 지원은 여성들의 취업을 지원하고 노인을 집에서 보살필 수 있는 서비스를 제공한다. 정책의 방향은 가족 내에서 보살핌 제공자로서 여성을 전제하거나 노인 보살핌을 여성의 책임으로 인식하면서 여성의 일을 덜어준다. 그러나 보살핌 정책은 생산인구인 젊은이들의 노인에 대한 부담을 덜어주거나 생산활동을 지원하기 위한 것이 아니라 보살핌의 가치를 고양하기 위해 성 평등의 관점에서 다뤄야 한다. '일, 가족을 병행'하기 위해 보살핌을 지원하는 정책은 보살핌의 왜곡된 가치를 변화시키지 못하는 한계가 있다.

가장 중요한 부분은 보살핌의 가치를 인식하고 어떠한 관계를 맺어 갈 것인가 하는 점이다. 아픈 노인과 분리되는 것만이 가족구성원의 삶의 질을 보장하거나 보살핌 제공자를 대소변 치우는 사람으로 규정하는 문화에서 보살핌의 가치는 더 이상 발견되지 않는다. 연구 참여자들은 의존상태에서 타자에게 폐를 끼치는 사람이 되고 싶지 않아 보살핌을 받고 싶어 하지 않았다. 그러나 이들은 노인 보살핌이 삶의 과정으로 한 인간에게 소중한 과업이면서 사별을 준비하고 미래를 배우는 과정이라는 것을 인식한다. 삶의 과정으로 보살핌을 수용하는 것은 기술적이고 효율적인 관리만을 의미하지 않는다. 이것은 보살핌의 관계와 실천에 의미를 부여하고 이를 지지하는 제도적 장치를 마련하는 것과 연관된다.

노인 여성들은 보살핌을 해왔지만 그러한 가치를 인정받지 못했다. 그래서 이들은 자녀에게 보살핌을 받는 것이 폐가 된다는 이유로 갈등, 주저하고 있다. 중년 여성들은 시장에서 보살핌을 스스로 해결하는 계획을 세우고 있다. 이러한 흐름에서 노인 여성들은 주기만 하고 받지는 못하는 마지막 세대가 될 수 있다. 그러나 내가 돈을 주고 양질의 보살핌을 받을 만한 경제적 능력이 있다 하더라도, 아픈 노인이라는 의존상태에 대한 폄하와 보살핌 제공자의 희생으로 해석된다면, 보살핌은 귀찮고 힘든 일이 된다. 보살핌의 가치는 자본주의 교환경제하에서 경쟁, 생산성, 능력, 성취 등에 포함되지 않는다. 여성들이 노년기에도 가족을 보살피면서도 보살핌을 거절할 수밖에 없는 상황은 보살핌의 평가절하와 관련된다. 보살핌 정책은 생산활동을 지원하기 위한 것을 넘어서서, 보살핌의 왜곡된 가치를 시정하는 방향으로 나가야 한다. 이러한 제도와 문화가 구성될 때 보살핌을 즐겁게 제공하고 편안하게 받을 수 있다.

3. 나가면서

삶의 과정으로 노인 보살핌을 수용하는 사회에서, 노인은 위험집단이 아니라 대부분의 사람이 겪어야 할 미래다. 이것은 보살핌 노동을 했던 여성들도 직면해야 하는 불가피한 현실이다. 이러한 의미에서 보살핌이 필요한 노인은 생산적인 젊은이, 자녀의 짐이 아니다. 젊은이는 미래에 노인 보살핌을 받게 될 것이므로 노인 보살핌을 '손해'로 해석할 필요는 없다. 자본주의 교환경제하에서 보살핌의 가치는 평가절하되었다. 하지만 여성들은 자녀와 노인을 보살피면서 의존의 상태를 인식해왔고 나이듦과 죽음, 노인 보살핌에 대해 숨은 가치를 발견한다. 인간의 출생, 성장, 나이듦, 죽음은 보살핌의 관계에서 이루어진다. 보살핌을 해온 여성들은 보살핌을 주고받는 것을 타자에게 폐를 끼치는 일로만 해석하지 않는다. 이들은 노인 보살핌을 인간이 거쳐야 할 자연스러운 과정이고 교감과 유대, 사별의 준비가 소중한 가치라는 것을 인식한다. 하지만 이들은 보살핌이 필요할 때 편안하게 보살핌을 받을 수 없다는 사실을 인식하면서 혼란을 경험한다. 이러한 갈등은 생산성과 효율성을 강조하면서도 여성들의 보살핌을 전유해온 사회구조와 문화에 기인한다. 보살핌을 받을 수 없는 노인 여성들의 상황은 자본주의 교환경제하에서 임금노동을 뒷받침하면서 보살핌이 이루어져 왔으면서도 그 가치를 폄하하고 비가시화해온 사회구조와 문화의 모순을 명백히 보여준다. 또한 이러한 현실은 우리 사회의 보살핌이 개별가족의 책임으로 간주되고 여성의 희생을 전제로 유지되어 왔음을 보여준다.

개별남성이 직접 보살핌을 하면서 얻는 가치들은 성공, 경쟁, 효율성 등 사회의 지배가치 이상으로 소중한 경험이다. 남성들은 보살핌을 통해 인격적으로 성숙한다. 여성의 보살핌 참여는 자녀양육뿐 아니라 노인 보살핌에도 적용되어야 한다. 남성의 참여는 보살핌의 성역할을 전도하고 책임을 분담함으로써 보살핌의 가치를 가시화, 재해석하는 데에 영향을 미친다. 그러나 노인 보살핌에서 여성의 부담을 덜어주기 위해서는 개인적 차원에서 남성의 참여로만 해결되지 않는다. 즉, 공동체, 국가의 차원에서 보살핌의 참여와 실천이 필요하다.

가족을 넘어서서 이웃, 공동체 차원에서 노인 보살핌을 지원하는 방식은 보살핌의 가치를 확장하는 데에 도움을 준다. 국가의 차원에서는 아래로부터의 자발적인 참여를 권장하면서 노인 보살핌의 서비스를 지원하는 정책을 펼쳐 나가야 한다. 보살핌 정책은 자본주의의 생산성과 효율성을 중시하고 여성들의 취업활동을 지원, 유지하기 위한 것이다. 보살핌을 제공하고도 보살핌을 받을 수 없는 노인 여성의 현실은 보살핌의 책임을 여성에게 전가한 데에서 비롯한다. 그러므로 보살핌 정책은 보살핌의 가치를 재평가하고 임금노동과의 불균등한 가치를 시정하는 한편, 삶의 과정으로 노인 보살핌을 수용해야 한다.

제5장 이 책을 마치면서

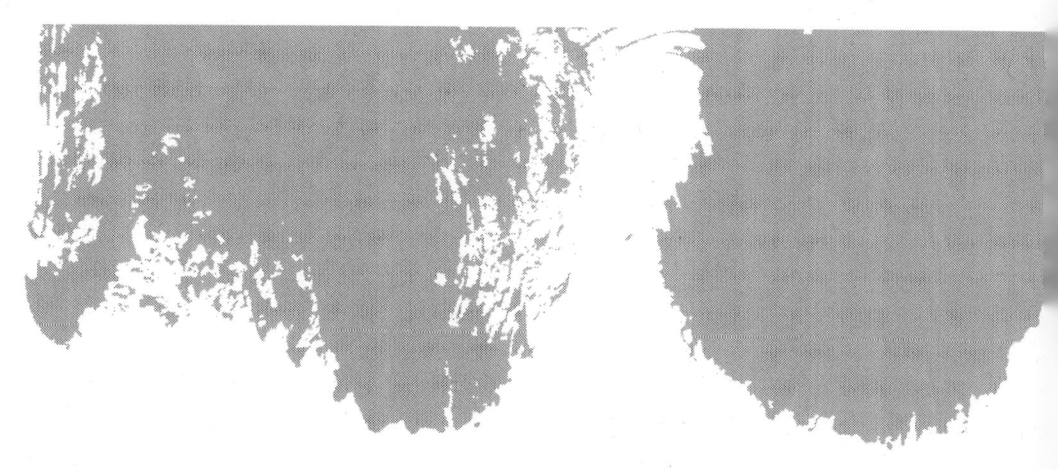

이 책은 여성들이 한평생 보살핌 노동을 해왔음에도 불구하고 노년기에 보살핌 받는 것을 왜 편안해하지 않는가 하는 질문에서 출발했다. 보살핌 노동에서 호혜성은 왜 성립되지 않는 것인가. 노인 여성들은 일제강점기, 한국전쟁, 근대화와 경제발전과정, 정치적 민주화 등 역동의 한국사에서 가족을 보살피고 생계를 책임져 왔다. 또한 이들은 노년기에도 성인자녀를 위해 보살핌 노동을 하고 있다. 그러나 이 여성들은 계속해서 보살핌을 수행할 수 없고 나이듦에 따라 언젠가 보살핌이 필요하게 된다. 여성들은 가족구조의 변화, 평균수명의 연장과 의료기술의 확대로 인한 생명연장, 자본주의 교환경제하에서 보살핌의 가치를 인식하고 노인 보살핌을 두려워한다.

노인 보살핌은 유교의 효 문화에 기반해서 가족 내에서 세대 간의 연속선상에서 이루어졌고, 여성들은 모성의 품앗이로 노인 보살핌을 받을 수 있었다. 여성들은 부계중심 가족 내에서 어머니, 아내, 며느리로서 보살핌을 억압적으로 수행해야 했지만, 이웃, 친족체계 안에서 보살핌의 지원은 원활했다. 그래서 이 여성들은 윗세대가 그러했듯이, 본인도 보살핌을 받을 수 있다고 기대했고, 노인 보살핌에 대해 별다른 계획을 하지 않았다. 하지만 사회변화는 노인 여성들이 보살핌을 기대하기 힘든 상황이 되고 있고, 노인 보살핌에 대해 이야기하는 것을 힘들어하게 만들었다.

자본주의 교환경제하에서 보살핌은 이웃, 친척 등의 보살핌을 지원하는 문화와 달리, 가족구성원에게 부담을 주는 일로 인식하게 된다. 노인독립 담론은 노인들로 하여금 자녀와 경제적으로 독립적인 생활을 하고 자녀에게 보살핌을 받는 것을 부정적으로 해석한다. 이러한 상황에서 여성들은 자녀들을 양육했고 노년기까지 성인자녀, 손자녀를 보살펴야 하면서도 노인 보살핌을 스스로 해결해야 하는 상황에 놓여 있다.

노인 여성들은 일제강점기, 한국전쟁, 근대화와 경제발전, 경제위기 등의 격변하는 한국사에서 본인과 가족의 생존을 위해 노력해왔다. 이들은 어머니로서 자녀들이 자본주의의 지배가치에 부합하는 인간으로서 적응하고 성공할 수 있도록 헌신했다. 이들은 부계중심 가족 내에서 여성의 역할로 보살핌을 전담하면서 보살핌의 가치가 업적, 성취, 능력에 포함되지 않는다는 사실을 깨닫는다. 또한 자녀들이 노인을 보살핌으로써 경쟁에서 도태되고 손해가 되는 사회문화를 인식하게 된다. 이러한 이유로 노인들은 보살핌을 힘들고 귀찮은 일로 해석하면서 자녀들에게 보살핌 받는 것을 주저한다.

노인 여성들은 자녀를 위해 보살핌 노동을 했음에도 불구하고 의존상태에 대한 불안과 공포 등 사회적 통념을 반영하고 있다. 이들은 보살핌 제공자가 대상보다 권력을 가진 존재라고 생각한다. 이러한 사고는 자본주의 경제하에서 임금노동을 인식하는 사람, 보살피는 사람, 보살핌을 받는 사람의 위계적 관계를 반영하고 있다. 이러한 이유로 노인 여성들은 보살핌 제공자에서 대상으로 변화되는 과정에서 사회적으로 무용하고 주변화된 존재로 자신을 인식함으로써 혼란과 자기분열을 경험한다.

한편 의학의 발달로 평균수명이 증가하고 의료적 선택지가 확대되고 있다. 노인 여성들은 건강관리와 치료에서 적극적인 태도를 보이지만, 몸이 아픈 상태에서 오랫동안 의료적 처치를 받음으로써 생명연장에 대해 불편한 태도를 갖고 있었다. 이들은 자본주의 사회에서 노인 보살핌이 죽음에 이르는 비효율적이고 비생산적인 투자라고 생각하기 때문에 자녀에게 보살핌을 받고 싶어 하지 않는다.

　노인 여성들이 보살핌을 받고 싶어 하지 않는 이유는 보살핌의 가치를 평가하지 않으면서도 가족에게 일차적인 책임을 부여하고 특히 여성에게 보살핌을 전담하게 하는 성별화된 사회구조와 관련된다. 노인 보살핌의 제도화와 상품화는 사회적으로 진행되고 있지만, 여전히 그 책임은 개별가족에게 한정되어 있다. 노인 여성들은 익숙하고 편안한 공간인 집에서 보살핌을 받고 싶어 하지만, 의존상태가 되면 가족이 있어도 자신을 보살펴줄 사람이 없다고 생각하고 집을 떠나고 싶어 한다.

　노인 여성들은 평생 가족의 다른 구성원들과 보살핌 노동을 분담하지 못했고 아플 때에도 충분히 보살핌을 받지 못했다. 이들은 의존상태가 되면 자녀에게 폐가 되기 때문에 요양시설을 고려한다. 그러나 이들은 요양시설이 자녀에게 버림받은 노인들의 공간이라는 통념에서 완전히 자유롭지 못했고 자녀에게 의존하고 싶어 했다. 하지만 이들은 자녀에 대한 배려 때문에 보살핌의 구매에 적극적이고 긍정적인 태도를 보인다. 특히 중산층 여성들은 자녀의 돈, 시간, 노동을 요구하지 않고 독립적으로 보살핌을 해결할 수 있는 능력을 계층적인 특권으로 해석한다. 그럼에도 불구하고 이러한 선택은 양질의 보살핌을 받기 위한 것이 아니라, 자녀들을 배려하기 위한 요인이 더 크게 작용하고 있었다. 그래서 이들은 의존상태가 되면 보살핌을 받기만 하면 다행이라고 생각하거나, 자녀에게 짐을 덜어주기 위해 시설에 가겠다고 하면서 체념적인 태도를 드러낸다.

　한편 노인 여성이 요양시설을 선택하는 것은 가족 내의 여여갈등, 보살핌을 둘러싼 며느리와 딸 간의 갈등을 완화시킬 수 있다. 그리고 이러한 선택은 내 자녀에게 보살핌을 시키지 않으려는 어머니의 사랑과 희생이며, 한편으로 자녀에 대해 어머니로서 자존심과 권위를 유지하게 한다. 하지만 이러한 선택은 가족 내의 여여갈등을 완화시킨다 하더라도, 여성 유급 노동자와의 갈등을 불러일으킨다. 이들은 돈을 주고 서비스 받는 것을 공정한 거래라고 생각한다. 하지만 이것은 사회적으로 낮은 지위의 여성들의 저임금 노동을 착취하고 여성 간의 위계를 구성하는 결과를 간과한다. 노인 여성들은 힘든 일을 도맡아하는 유급 노동자에게 감사와 존경을 표현하지만, 노인 보살핌을 귀찮고 힘든 일로 인식하면서 내 자녀가 아닌 주변화된 위치의 여성에게 보살핌을 전가한다. 이러한 태도에서 보살핌의 가치는 폄하되고 있었다.

한국 사회에서 노인 여성들은 보살핌을 통해 헌신해왔고, 사회는 이들의 보살핌 노동을 이용하면서 근대화와 경제성장을 이룩해왔다. 이들의 숨은 희생과 헌신은 제대로 평가되지 못했고 이들의 노동은 비가시화되어 왔다. 그러나 여성들의 희생을 담보로 한 제도와 질서가 언제까지 유지될지는 예측하기 힘들다. 또한 보살핌 노동에 관한 정당한 평가가 일어나지 않는다면, 여성들은 더 이상 보살핌 노동을 하지 않을 것이다.

노인 여성의 경험은 현 사회의 보살핌 제도와 문화의 상황을 단적으로 보여준다. 보살핌을 걱정해야 하는 여성들의 현실은 이들의 노동을 기반으로 발전해온 자본주의 교환경제의 모순을 드러낸다. 이러한 제도는 여성들에게 보살핌의 책임을 부여하면서도 호혜성을 보장하지 못하는 부정의한 사회구조의 한계를 나타낸다. 이러한 지점에서 노인 여성의 특수한 경험이 아니라 젊은 여성, 미래의 노인 여성들과의 연대 속에서 보살핌의 재평가를 고민해야 한다.

노인독립 담론의 영향하에서 노인 보살핌은 개인이 해결해야 할 문제로서 다뤄지고 보살핌의 상품화는 가속화될 전망이다. 그러나 이러한 대안은 개별가족의 보살핌 부담을 덜어준다 하더라도 한계에 부딪힌다. 좋은 시설을 만들고 훌륭한 서비스를 제공하는 것만으로 보살핌의 문제를 해결할 수는 없다. 사회 전체가 보살핌의 가치를 인식하고 남성들의 참여, 공동체, 국가의 지원을 통해 보살핌의 실천이 이루어지지 않는다면, 노인 보살핌은 제공자나 대상에게 귀찮고 힘든 일일 뿐, 결코 즐거운 경험이 되지 못한다.

노인 보살핌은 누워 있는 아픈 노인을 보살피는 일에 국한되지 않는다. 평소에 어머니에게 받기만 하고 관심을 갖지 않는 자녀는, 어머니가 누워 있다고 해서 갑자기 훌륭한 보살핌 제공자가 될 수 없다. 노인 보살핌은 누워 있는 노부모를 간병하는 것뿐 아니라, 타자에 대한 존중, 관심, 배려 등으로 재해석되어야 한다. 또한 이러한 관심은 가족과 자녀를 넘어서서 이웃과 공동체로 관계가 확장되는 것을 의미한다. 아울러 보살핌을 받는 사람뿐 아니라 보살피는 사람에게도 중요한 가치를 갖는다.

노인 여성들은 보살핌 노동을 하면서 시장의 교환관계와 다른 가치에 기반해서 삶을 영위해왔다. 이들은 보살핌 경험을 통해 능력, 성취, 경쟁 등이 중심이 되는 사회의 문제점을 인식하고 있었다. 이들은 보살핌을 통해 사회구조에 상처받기 쉽지만, 자본주의 교환경제와 다른 가치를 발견하고 사회구조의 변화에 대해 통찰력을 갖고 있었다. 이들은 자녀양육과 노인 보살핌을 통해 대상과 교감하면서 인간이 관계적이고 상호 의존적 존재라는 사실을 깨닫는다. 노인 여성들은 자녀들의 반응에 기쁨을 느끼거나 자녀의 성장으로 충분히 보상받았다고 생각한다. 이들은 대가를 바라지 않기 때문에 자녀양육을 후회하지 않았고 자녀들에게 보상받아야 한다고 생각하지 않았다.

노인 여성의 시선은 신뢰관계에 기반해서 보살핌을 지원하는 사회를 응시하고 있다. 또한 이들은 삶의 전 과정에서 보살핌을 통해 얻는 정서적 유대의 중요성을 인식했다. 이들은 노인 보살핌이 삶의 과정이고 관계적 맥락에서 한정된 시간 안에서 죽음과 사별을 준비하는 소중한 기회라는 것을 깨닫는다. 노인을 보살피는 사람들은 노인 보살핌이 죽음에 이르는 비효율적이고 비생산적인 행위가 아니라, 한 인간과 그를 둘러싼 사람들에게 중요한 의미가 있음을 인식한다. 노인 여성들은 보살핌을 통한 정서적 유대가 가족과 공동체의 변화를 가져온다는 것을 인식했다.

하지만 노인 여성들은 보살핌의 가치를 인식하면서도 자본주의 교환경제하에서 의존상태가 자율성의 상실로 해석되기 때문에 이러한 가치에 대해 침묵하고 있다. 이러한 사회문화에서 보살핌은 '손해'로 해석해왔다. 노인 여성들이 보살핌 경험을 통해 힘을 얻고 자신의 삶을 긍정적으로 해석하기 위해서는 보살핌에 관한 인식의 변화와 제도적 지원이 뒷받침되어야 한다.

이 책은 노인 여성의 위치에서 노인 보살핌을 삶의 과정으로 수용하기 어려운 현실을 분석해보았다. 이 책은 여성주의 관점에서 나이 듦과 죽음, 노인 보살핌이 공포가 되는 문화를 고찰하면서 의식적, 제도적 변화를 요청함으로써 여성학 연구에 조금이나마 기여할 수 있으리라 생각한다. 하지만 이 책은 다음과 같은 한계점을 갖고 있다.

첫째, 이 책은 연구과정의 후반부에 노인장기요양보험제도가 시행

되었기 때문에, 이 제도가 노인 여성들의 삶에 어떠한 변화를 가져오고 영향을 미쳤는지 심층적으로 다루지는 못했다.

둘째, 이 책은 중산층보다 저소득층 여성들의 삶에 관심을 갖고 가족 내에서 보살핌 제공자와 대상의 관계에 주력함으로써 유급 보살핌 노동자와 노인 여성과의 관계를 중점적으로 다루지 못했다.

셋째, 이 책은 노인 보살핌의 문제를 가족에서 출발해서 시장, 국가와의 관계하에서 비판적으로 접근했지만, 사회문화적 보살핌의 가치에 집중함으로써 구체적이고 실효적인 제도적, 정책적 대안에서 불충분한 측면이 있었다. 후속 연구와 저작에서 이러한 문제들이 보완되어 여성학 연구에서 노인 여성, 노인 보살핌에 관한 연구가 진전되고 지식이 생산되기를 기대한다.

참고문헌

강진옥(1993), "마고할미설화에 나타난 여성신 관념", 『한국민속학』, 제25호, 3~47쪽.

강현숙 외(1999), "치매노인을 돌보는 며느리의 삶", 『대한간호학회지』, 제29권 6호, 1233~1243쪽.

공선희(2008), "한국 노인의 돌봄자원과 돌봄기대", 서울대학교 대학원 사회학과 박사학위청구논문.

권복규·김현철(2005), 『생명 윤리와 법』, 서울: 이화여자대학교출판부.

권중돈 외(2002), 『치매와 가족』, 서울: 학지사.

김경희·강은애(2008), "돌봄노동의 상품화를 통해 본 모성과 노동", 『담론201』, 제10권 4호, 71~106쪽.

김곰치(1999), 『엄마와 함께 칼국수를』, 서울: 한겨레신문사.

김귀분(1978), "노인들의 죽음에 대한 태도 조사 연구", 『대한간호학회지』, 제1권, 1호, 85~98쪽.

김동선(2004), 『야마토마치에서 만난 노인들』, 파주: 궁리.

김미숙(2003), "일본의 노인복지서비스에 있어서 가족개호 지원정책에 관한 연구", 『한국가족복지학』, 제12호, 9~33쪽.

김미영(2000), "손자녀를 양육하는 조모의 정신건강에 관한 연구: 취업모를 자녀로 둔 조모를 대상으로", 이화여자대학교 대학원 사회복지학과 석사학위청구논문.

김미영(2004), 『유교문화와 여성』, 서울: 살림.

김미혜·강인(2002), "여성노인의 회상에 의한 한국근대사에서의 시부모부양 경험에 관한 연구: 지시적 자서전적 방법", 『한국노년학』, 제22권 3호, 1~19쪽.

김미혜·권금주·임연옥(2004), "노인이 인지하는 '좋은 죽음' 의미 연구: '복(福) 있는 죽음'", 『한국사회복지학』, 제56권 2호, 195~213쪽.

김상우(2005), 『죽음의 사회학』, 부산: 부산대출판부.

김순기·유영주(1994), "기혼여성의 시어머니 및 친정어머니와의 상호지지에 관한 연구", 『한국가정관리학회지』, 제12권 1호, 209~219쪽.

김승용(2004), "한국 노인 자살률 변동과 사회구조적 요인에 관한 연구", 『사회복지정책』, 제19호, 181~202쪽.

김영란(2004), "젠더화된 사랑(낭만적 사랑, 모성애)과 보살핌 노동: 여성복지정책적 함의", 『사회복지정책』, 제18호, 199~221쪽.

김원열(2007), 『동북아시아 유교의 전통과 현대』, 서울: 한국학술정보(주).

김은실(2001), 『여성의 몸, 몸의 문화 정치학』, 서울: 또하나의문화.

김지영·최상진(2003), "여성의 효심에 관한 질적인 접근분석", 『한국심리학회지: 여성』, 제8권 1호, 49~67쪽.

김지혜(1995), "모성이데올로기의 수용과 거부에 관한 연구", 이화여자대학교 대학원 여성학과 석사학위논문.

김철주·허윤정(2006), "새로운 사회적 위험의 도래에 따른 노인복지 환경의 변화와 과제: 장기요양보험과 연금 크레딧을 중심으로", 『노인복지연구』, 2006 여름(통권 32호), 179~201쪽.

김태현·김수정(1996), "노인이 지각한 세대 간 결속과 우울에 관한 연구", 『한국노년학』, 제16권 1호, 110~129쪽.

김학주 역저(2006), 『효경』, 서울: 명문당.

김혜경(2004), "보살핌 노동의 정책화를 둘러싼 여성주의적 쟁점: 경제적 보상(payments for care)을 중심으로", 『한국여성학』, 제20권 2호, 75~104쪽.

나관호(2007), 『어머니를 위한 응원가』, 서울: 생명의말씀사.

나성은(2003), "부계(夫系) 가족 내 노인 '보살핌'과 여성 경험에 관한 연구", 이화여자대학교 대학원 여성학과 석사학위청구논문.

남만성 역주(1984), 『예기 상』, 서울: 평범사.

류연규·황정임·석재은(2007), 『여성연금수급권 확대를 위한 국민연금제도 개선방안 연구』, 서울: 한국여성정책연구원.

모선희·이지영(2002), "노인의 스트레스와 대처방식에 관한 연구", 『한국노년학』, 제22권 1호, 65~80쪽.

문순영(2008), "돌봄노동 일자리의 일자리 질에 대한 탐색적 연구", 『사회복지정책』, 제33호, 207~237쪽.

민무숙(1995), "노모와 성인 딸/며느리 간의 상호원조유형이 부양부담도에 미치는 영향", 『한국노년학』, 제15권 1호, 74~90쪽.

박기남(2004), "생애구술을 통해 본 독거 여성노인의 삶", 『페미니즘연구』, 제4호, 149~194쪽.

박기남(2007), "전문직 여성의 노동경험과 돌봄의 젠더화: 1980년대 이후를 중심으로", 『페미니즘연구』, 제7권 2호, 83~124쪽.

박영란(2007), "돌봄노동 여성의 욕구와 노인요양보장정책", 『사회보장연구』, 제23권 1호, 27~36쪽.

박종환(2006), "무료양로시설 주거노인의 시설적응에 관한 질적 연구", 성공회대학교 시민사회복지대학원 석사학위청구논문.

박혜원(1995), "직장보육시설에 대한 비판적 고찰", 이화여자대학교 대학원 여성학과 석사학위논문.

변혜정(1991), "임신에서 초기양육까지의 어머니일 수행경험으로 인한 '어머니'로의 적응과정에 관한 사례연구: 대졸 여성을 중심으로", 이화여자대학교 대학원 여성학과.

서소정(2005), "저출산 가정의 자녀 양육실태 및 어머니의 취업여부에 따른 집단 내 비교 분석 연구", 『한국가정관리학회지』, 제23권 2호, 127~136쪽.

서은아(2006), "현대 고부갈등 해결을 위한 우렁색시의 문학치료적 가능성 탐색: 영화 <올가미>, mbc <현장기록: 사람 잡은 시집살이>와의 비교를 통하여", 한국어교육학회, 『국어교육』, 제121호, 469~500쪽.

석재은(2006), "노인수발보장의 제도화와 젠더쟁점 토론문", 여성의 관점에서 고령화시대를 준비하는 토론회, 2006.11.10, 한국여성단체연합 사회권위원회 가족분과.

손홍숙(2002), 『재가복지의 이론과 실제』, 서울: 양서원.

송다영(2004), "부양의식을 통해 본 노인부양 지원정책 방향성: 기혼여성의 부양경험을 중심으로", 『사회복지정책』, 제19호, 207~233쪽.

송다영(2005), "노인요양보험제도 도입에 따른 여성관련 쟁점 토론문", 2005년 한국여성학회 21차 추계학술대회.

송다영·김미경(2003), "여성의 취업실태별 노인부양부담과 역할갈등", 『한국여성학』, 제19권 2호, 145~176쪽.

송현애·이정덕(1995), "시부모 부양 스트레스에 관한 연구: 부양자원과 부양스트레스 인지간의 관계를 중심으로", 『한국가정관리학회지』, 제13권 3호, 115~123쪽.

신경아(1998), "희생의 화신에서 욕구를 가진 인간으로: 90년대 모성의 변화", 『여성과사회』, 제9호, 159~180쪽.

양명숙·하경란(1997), "모(시, 친정)와의 동거여부가 취업주부의 생활만족도에 미치는 영향", 『한국가정관리학회지』, 제15권 4호, 301~313쪽.

양순미·임춘식(2006), "농촌노인들의 자살생각에 미치는 우울의 효과", 『노인복지연구』, 제32호, 377~396쪽.

양옥남·김혜경·김미숙·정순둘(2006), 『노인복지론』, 서울: 공동체.

오미나·최외선(2005), "재가노인과 시설노인의 자아존중감, 죽음불안 및 우울에
　　　　관한 연구", 『대한가정학회』, 제43권 3호, 105～118쪽.
오진탁(2004), 『죽음, 삶이 존재하는 방식』, 서울: 청림출판.
우석훈·박권일(2007), 『88만원 세대』, 서울: 레디앙.
유희인(2005), 『팔순 시어머니 구순 친정아버지』, 서울: 카피바라북스.
윤자영(2008), "지속가능한 개발과 돌봄노동의 경제적 가치", 『지속가능한 패
　　　　러다임과 아시아보살핌공동체』, 지속가능한 미래를 위한 국제심포지
　　　　엄, 이화여자대학교 아시아여성학센터, 2008.10.30.
윤현숙·류삼희(2007), "장기요양보호노인 가족수발자의 수발부담에 영향을
　　　　미치는 요인", 한국노년학회, 『한국노년학』, 제27권 1호, 196～211쪽.
이가옥·우국희·최성재(2004), "노인독립 담론에 대한 비판적 성찰", 『한국사
　　　　회복지학』, 제56권 1호, 5～22쪽.
이광자·엄재정·김현경(2007), "취업주부의 스트레스와 대처 및 이중역할에
　　　　대한 인식", 『간호과학』, 제19권 1호, 24～32쪽.
이동옥(2003), "여성들의 노후준비와 자원접근성에 관한 연구", 이화여자대학
　　　　교 대학원 여성학과 석사학위청구논문.
이민수·장기근 역주(1984), 『효경』, 서울: 평범사.
이승환(2004), "한국 가족주의의 변화과정과 미래방향: 한국 '가족주의'의 의미
　　　　와 기원, 그리고 변화가능성", 『유교사상연구』, 제20호, 45～66쪽.
이영숙·박경란(2006), "여자대학생의 시어머니에 대한 고정관념", 『한국가정
　　　　관리학회지』, 제24권 1호, 1～9쪽.
이옥수(2004), 『똥 싼 할머니』, 서울: 시공주니어.
이재경(2003), 『가족의 이름으로: 한국 근대가족과 페미니즘』, 서울: 또하나의
　　　　문화.
이재경(2004), "노동자계급 여성의 어머니 노릇(mothering)의 구성과 갈등: 경인
　　　　지역을 중심으로", 『사회과학연구』, 제12권 1호, 82～117쪽.
이재경·이은아·조주은(2006), "기혼 취업 여성의 일, 가족생활 변화와 한계:
　　　　계층 간 차이를 중심으로", 『한국여성학』, 제22권 2호, 41～79쪽.
이지전 외(2007), 『노인복지서비스에서의 노인건강권 보장 실태조사』, 국가인
　　　　권위원회.
이창희·강영실(2006), 『지역사회복지의 이론과 실제』, 서울: 대왕사.
이해리(2005), "여성 노인 노동력의 배제와 통합에 대한 연구", 이화여자대학교
　　　　대학원 여성학과 석사학위청구논문.
임정혜(2000), "중환자실의 노인환자가 지각하는 가족지지와 죽음에 대한 불안

에 관한 연구", 이화여자대학교 교육대학원 석사학위청구논문.
장경숙(2003), "시설노인의 죽음에 대한 태도에 관한 연구", 중앙대 행정대학원 석사학위청구논문.
장삼식(2007), "사회적 경제에 관한 연구: 일자리 창출을 중심으로", 김형기 외, 『대안적 발전모델: 신자유주의를 넘어서』, 서울: 한울아카데미.
장필화(1995). "여성주의 윤리학-보살핌의 윤리를 중심으로", 여성신학연구소, 『여성신학논집』, 제1호, 9~32쪽.
장필화(1996a), "아시아의 가부장제와 공사영역 연구의 의미", 한국여성연구원, 『여성학논집』, 제13권 1호, 321~332쪽.
장필화(1996b), "여성체험의 공통성", 철학문화연구소, 『철학과 현실』, 제31호, 179~195쪽.
장필화(2001), "여성학 학술대회 발표문: 여성주의(feminism)의 이론과 실천", 『여성학연구』, 제11권 1호, 149~161쪽.
장하준(2007), 이순희 옮김, 『나쁜 사마리아인들』, 서울: 부키.
장혜경 외(2005), 『가족 내 돌봄노동에 대한 사회적 지원방안 연구』, 2005 연구보고서-3, 한국여성정책연구원.
장혜경 외(2006), 『가족 내의 돌봄실태조사』, 2006 연구보고서-2, 한국여성정책연구원.
장혜경(2005), "노인요양보험제도 도입에 따른 여성관련 쟁점 토론문", 원탁토론: 노인요양보장제도 도입과 여성, 2005년 한국여성학회 21차 추계학술대회.
장희선·김윤정(2008), "농촌지역 조부모-손자녀가족 조부모의 손자녀양육경험에 관한 연구", 『노인복지연구』, 제40호, 7~30쪽.
전혜정(2003), "노년기 비공식적 지원제공에 영향을 미치는 요인에 관한 연구", 『한국노년학』, 제23권 4호, 143~161쪽.
전희식·김정임(2008), 『똥꽃』, 서울: 그물코.
정경희 외(2002), 『무료 및 실비 노인요양시설에서의 인권실태 조사』, 국가인권위원회.
정경희 외(2005), 『2004년도 전국노인생활실태 및 복지욕구조사』, 정책보고서 2005-03, 한국보건사회연구원, 보건복지부.
정경희 외(2006), 『노인문화의 현황과 정책적 함의: 성공적 노화 담론에 대한 비판적 검토를 중심으로』, 한국보건사회연구원.
정문자·이미리(2000), "취업 주부의 직업 및 가족 스트레스에 대한 인구학적 변인과 심리적 변인의 상대적 영향력 분석", 『대한가정학회지』, 제38권,

11호, 115~126쪽.

정순희(2001), "취업주부의 역할갈등과 취업중단의사 관련 변수에 대한 연구", 『대한가정학회지』, 제39권 3호, 35~45쪽.

정진웅(2000), "노년의 정체성 지속을 위한 한 은퇴촌 주민들의 노력", 『한국문화인류학』, 제33권 2호, 301~329쪽.

정진주(2012), "재가요양보호사", 정진주 외, 『돌봄노동자는 누가 돌봐주나?』, 서울: 한울아카데미, 136~180쪽.

조순경(2001a), "경제 위기와 고용 평등의 조건", 조순경 편, 『노동과 페미니즘』, 서울: 이화여자대학교출판부.

조순경(2001b), "유가사상과 성별분업", 이화여자대학교 한국여성연구원, 『여성학논집』, 제18권 1호, 177~193쪽.

조옥라(2001), "한국 사회에서 나이듦, 그리고 여성의 나이", 또하나의문화 동인편, 『여성의 몸 여성의 나이』, 서울: 또하나의문화.

조은(1999), "모성의 사회적·역사적 구성: 조선 전기 가부장적 지배 구조의 형성과 '아들의 어머니'", 『사회와 역사』, 제55호, 73~102쪽.

조주은(2002), "대기업 생산직 '노동자' 가족의 가정중심성(Domesticity)에 관한 연구: 울산시 H사 자동차 공단 집단 거주지를 중심으로", 서울: 이화여자대학교 대학원 석사학위논문.

조주은(2009), "중간계급 유배우 취업여성의 압축적 시간경험에 관한 연구", 서울: 이화여자대학교 대학원 박사학위논문.

조한혜정(2007), 『다시, 마을이다: 위험 사회에서 살아남기』, 서울: 또하나의문화.

주재선(2007), 『2007 여성통계연보』, 2007 연구보고서-18, 한국여성정책연구원.

차현숙(2008), 『자유로에서 길을 잃다』, 서울: 이룸.

최경구(2003), "복지국가의 장기요양보호와 치매정책", 『사회정책』, 제17호, 2003.12, 55~75쪽.

최인호(2004), 『어머니는 죽지 않는다』, 서울: 여백.

최준식(2006), 『죽음 또 하나의 세계』, 서울: 동아시아.

최효일(1998), "여성: 고부 갈등 완화를 위한 탐색적 고찰", 『한국심리학회지 여성』, 제3권, 1호, 64~73쪽.

한도현(2004), "유가 예학의 사회이론과 공동체주의적 전망", 한국정신문화연구원 편, 『유교의 예와 현대적 해석』, 서울: 청계.

한은주·김태현(1994), "가족주의 가치관에 따른 부양만족도와 부양부담도", 『한국노년학』, 제14권 1호, 95~116쪽.

한은주·김태현(2007), "요양원에 입소한 치매노인 가족의 시설부양에 대한 만족도 관련 변인 연구", 『한국노년학』, 제27권 3호, 579~596쪽.

함재봉(2000), 『유교 자본주의 민주주의』, 서울: 전통과현대.

허라금(1998), "여성주의 윤리의 개념화: 관계의 민주화를 향하여", 『한국여성학』, 제14권 2호, 95~119쪽.

허라금(2004), "유교의 예와 여성", 한국정신문화연구원 편, 『유교의 예와 현대적 해석』, 서울: 청계.

허라금(2005), "성 주류화 정책 패러다임의 모색: '발전'에서 '보살핌'으로", 『한국여성학』, 제21권 1호, 199~231쪽.

허라금(2006), "보살핌의 사회화를 위한 여성주의의 사유", 『한국여성학』, 제22권 1호, 115~145쪽.

허라금(2008), "여성 이주 노동의 맥락에서 본 보살핌의 상품화", 『시대와 철학』, 제19권 4호, 231~264쪽.

홍성태(2007), 『대한민국 위험사회』, 서울: 당대.

홍숙자·유은희·전길양(1996), "중년며느리를 위한 고부관계 향상 교육 프로그램", 『대한가정학회』, 제34권 5호, 293~305쪽.

홍승아(2006), "노인수발보장의 제도화와 젠더쟁점" 토론문, 여성의 관점에서 고령화시대를 준비하는 토론회, 2006.11.10, 한국여성단체연합 사회권위원회 가족분과.

황정미(2005), "저출산과 한국모성의 젠더정치", 『한국여성학』, 제21권 3호, 99~132쪽.

황정미(2009), "'이주의 여성화' 현상과 한국 내 결혼이주에 대한 이론적 고찰", 『페미니즘연구』, 제9권 2호, 1~37쪽.

Abel, Emily K.(1997), "Adult Daughters and Care for the Elderly", Pearsall, Marilyn(ed.), *The Other Within Us: Feminist Exporations of Women and Aging*, Boulder, Colo.: Westveiw Press.

Agich, George J.(1996), "Ethics and Aging", Thomasma, David C. & Thomasine Kushner, *Birth to Death*, Totowa, New Jergy: Cambridge Press.

Agich, George J.(2003), *Dependence and Autonomy in Old Age*, New York, Cambridge: Cambridge University Press.

Albom, Mitch(1997), *Tuesdays with Morrie*, 『모리와 함께한 수요일』, 공경희 옮김, 서울: 세종서적, 1998.

Anderson, E.(1990), "Ethical limitations of the Market", *Economics and Philosophy*, vol.6, pp.179~205.

Anderson, Robert(2008), "Care Work in the EU: Support Measures in a Context of Demographic Change", 저출산 고령화 시대 돌봄정책 및 돌봄노동의 사회적 지원체계 국제심포지움, 2008.10.9, 한국여성정책연구원.

Beauvoir, Simone de(1970), (*La*) *Vieillesse*, 『노년』, 홍상희·박혜영 옮김, 서울: 책세상, 1994.

Beck, Ulrich & Beck-Gernsheim, Elizabeth(1995), (*Das*) *Ganz Normale Chaos der Liebe*, 『사랑은 지독한, 그러나 너무나 정상적인 혼란』, 배은경 외 옮김, 서울: 새물결, 1999.

Bell, Virginia & David Troxel(2002), *Dignified Life: the Best Friends Approach to Alzheimer's Care: a Guide for Family Caregivers*, 이애영 옮김, 『치매: 고귀함을 잃지 않는 삶』, 서울: 학지사, 2006.

Berger, Arthur S. & Joyce Berger(1995), *Fear of the Unknown: Enlightened Aid-in-dying*, Westport, Connecticut: Praeger.

Bernard, Miram, Pat Chambers and Gillian Granville(2000), "Women Ageing: Changing Identities, Challenging Myths", Bernard, Miriam(ed.), *Women Ageing: Changing Identities, Challenging Myths*, London, New York: Routledge.

Bernard, Miriam & Val Harding Davies(2000), "Our Ageing Selves: Reflections on Growing Older", Bernard, Miriam(ed.), *Women Ageing: Changing Identities, Challenging Myths*, London, New York: Routledge.

Bolen, Jean Shinoda(1985), *Goddesses in Everywoman: a New Psychology of Women*, 『우리 속에 있는 여신들: 심리여성학』, 조주현·조명덕 옮김, 서울: 또하나의문화, 1992.

Bolen, Jean Shinoda(2001), *Goddesses in Older Women*, 『우리 속에 있는 지혜의 여신들』, 이경미 옮김, 서울: 또하나의문화, 2003.

Breton, David Le(1990), *Anthropologie du Corps et Modernite*, 『근대성과 육체의 정치학』, 홍성민 옮김, 서울: 동문선, 2003.

Browne, Colette V.(1998), *Women, Feminism and Aging*, New York: Spring Publishing Company.

Byock, Ira(1998), *Dying Well: Peace and Possibilities at the End of Life*, 『죽음을 어떻게 살까』, 홍종현 옮김, 서울: 다산글방, 2001.

Collins, Patricia Hill(1995), "Black Women and Motherhood", Held, Virgina(ed.), *Justice and Care: Essential Readings in Feminist Ethics*, Colorado: Westview Press.

Copper, Baba(1988), *Over the Hill: Reflection on Ageism Between Women*, Freedom, Calif: The Crossing Press.

Domenach, Jean-Luc, (L')Asie en danger, 『위기의 아시아』, 최연구·박성윤 옮김, 서울: 삼인, 2002.

Elias, Norbert, Über Die Einsamkeit der Sterbenden, 『죽어가는 자의 고독』, 김수정 옮김, 파주: 문학동네, 2004.

Elson, Diane(2002), "Gender Justice, Human Rights, and Neo-Liberal Economic Policies", Molyneux, Maxine & Shahra Razavi(ed.), Gender Justice, Development, and Rights, New York: Oxford University Press.

Felski, Rita(1995), Gender of Modernity, 『근대성과 페미니즘: 페미니즘으로 다시 읽는 근대』, 김영찬·심진경 옮김, 서울: 거름, 1998.

Fingerman, Karen L.(2001), Aging Mothers and Their Adult Daughters: A Study in Mixed Emotions, New York: Springer.

Folbre, Nancy(2001), The Invisible Heart: Economics and Family Values, 『보이지 않는 가슴』, 윤자영 옮김, 서울: 또하나의문화, 2007.

Fraser, Nancy(1997), Justice Interruptus: Critical Reflections on the Postsocialist Condition, New York: Routledge.

Freedman, Jane(2002), Feminism, 『페미니즘』, 이박혜경 옮김, 서울: 이후, 2002.

Frueh, Joanna(1997), "Visible Difference: Women Artists and Aging", Pearsall, Marilyn(ed.), The Other Within Us: Feminist Explorations of Women and Aging, Boulder, Colo.: WestveiwPress.

Frueh, Joanna(1997), "Visible Difference: Women Artists and Aging", The Other Within Us: Feminist Explorations of Women and Aging, Boulder, Colo; Westveiw Press.

Gilligan, Carol(1993), In a Difference Voice, 『다른 목소리로』, 허란주 옮김, 서울: 동녘, 1997.

Goodin, Robert E. & Diane Gibson(2002), "The Decasualization of Eldercare", Kittay, Eva Feder & Ellen K. Feder(eds.), Subject of Care, Lanham: Rowman & Littlefield Publisher.

Hartmann, Heidi I., "행복한 마르크스주의와 여성해방론의 불행한 결혼: 보다 발전적인 결합을 위하여", Hartmann, Heidi I. & Linda Burnham(ed.), 『여성해방이론의 쟁점: 사회주의 여성해방론과 마르크스주의 여성해방론』, 김혜경·김애령 옮김, 서울: 태암, 1989.

Held, Virginia(1995), "Non-Contractual Society: A Feminist View", Weiss, Penny A. & Marilyn Friedman(ed.), Feminism and Community, Philadelphia: Temple University Press.

Held, Virginia(2006), The Ethics of Care: Personal, Political, and Global, New York: Oxford

University Press.

Hochschild, Arlie Russell(2000), *The Time Bind: When Work Becomes Home and Home Becomes Work*, New York: An Owl Book.

Hochschild, Arlie Russell(2003), *The Commercialization of Intimate Life: Note from Home and Work*, Berkley and Los Angeles, California: University of California Press.

Holstein, Martha B.(2001), "Bringing Ethics Home: A New Look at Ethics in the Home and the Community", Martha B. Holstein, Ph. D and Phyllis B. Mitzen, *Ethics in Community-Based Elder Care*, New York: Springer Publishing.

Hong, Grace Kyungwon(2008), "Death as Possibility: Racialized Social Death and Neoliberlism", 『지구화와 문화적 경계들: 탈경계 문화변동 현상의 비판적 재검토』, 이화여자대학교 인문한국사업 탈경계인문학연구단 국제학술대회, 2008.9, 4~5, 이화여자대학교 이화인문과학원, 한국문화연구원.

Hubbard, Ruth, *Politics of Women's Biology*, 『생명 과학에 대한 여성학적 비판』, 김미숙 옮김, 서울: 이화여자대학교출판부, 1999.

Jaggar, Alison M.(1989), "Love and Knowledge: Emotion in Feminist Epistemology", Jaggar, Alison M. & Susan R. Bordo(eds.), *Gender/Body/Knowledge: Feminist Reconstructions of Being and Knowing*, New Brunswick, N. J.: Rutgers University Press.

Kaplan, E. Ann(1999), "Trauma and Aging", Woodward, Katheleen, *Figuring Age: Women, Bodies, Generation*, Bloomington, Ind.: Indiana University Press.

Kastenbaum, Robert(1986), *Death, Society, and Human Experience*, Columbus: C. E. Merrill Pub. Co.

Kittay, Eva(1999), *Love's Labor*, New York and London: Routledge.

Kittay, Eva(2002), "When Caring Is Just and Justice Is Caring: Justice and Mental Retardation", Kittay, Eva & Ellen K. Feder(ed.), *The Subject of Care: Feminist Perspective on Dependency*, Lanham: Rowman & Littlefield Publishers.

Kubler-Ross, Elisabeth & David Kessler(2000), *Life Lesson*, 『인생수업』, 류시화 옮김, 이레, 2006.

Kuebler-Ross, Elisabeth & David Kessler(2005), *On Grief and Grieving: Finding the Meaning of Grief through the Five Stages of Loss*, 『상실수업』, 김소향 옮김, 서울: 이레, 2007.

Kuebler-Ross, Elisabeth, *On Death and Dying*, 『죽음의 시간』, 고계영 옮김, 서울: 우석, 1998.

Kuehne, Thomas, *Maennergeschichte-Geschlechtergeschichte: Maennlichkeit im Wandel der Moderne*, 『남성의 역사』, 조경식·박은주 옮김, 서울: 솔, 2001.

Lister, Ruth(1997), "Dialectics of Citizenship", *Hypatia*, vol.12, no.4, 1997 fall.

Maihoffer, Andrea(1998), "Care", Jagger, Alison M. & Iris Marion Young, *A Companion to Feminist Philosophy*, Malden, Mass.: Blackwell.

Mataki, Kyoko(2008), "시민이 만드는 지역복지의 공동체 모델", 『지속가능한 패러다임과 아시아보살핌공동체』, 지속가능한 미래를 위한 국제심포지엄, 이화여자대학교 아시아여성학센터, 2008.10.30.

Meyers, Diana Tietjens(1998), "Agency", Jagger, Alison M. & Iris Marion Young(eds.), *A Companion to Feminist Philosophy*, Malden, Mass: Blackwell.

Minister, Kristina(1991), "A Feminist Frame for the Oral History Interview", Gluck, Sherna. B. & Daphne Patrai(eds.), *Women's Words: The Feminist Practice of Oral History*, New York: Routledge.

Mishra, Ramesh(1999), *Globalization and the Welfare State*, 『지구적 사회정책을 향하여』, 이혁구·박시종 옮김, 서울: 성균관대출판부, 2002.

Mitchell, Juliet, Women's Estate, 『여성의 지위: 여성해방의 논리』, 김상희 옮김, 서울: 동녘, 1984.

Mob, Norio(2004), 『介護入門』, 『간병입문』, 임희선 옮김, 서울: 이너북, 2005.

Nearing, Helen(1993), *Loving and Leaving the Good Life*, 『아름다운 삶, 사랑 그리고 마무리』, 이석태 옮김, 서울: 보리, 1997.

Northrup, Christiane, *(The) Wisdom of Menopause: Creating Physical and Emotional Health and Healing during the Change*, 『폐경기 여성의 몸 여성의 지혜』, 이상춘 옮김, 서울: 한문화, 2002.

Nussbaum, Martha(2002), "Woman's Capabilities and Social Justice", Maxine Molyneux & Shahra Razavi(ed.), *Gender, Justice Development and Rights*, New York: Oxford University Press.

Parks, Jennifer A.(2003), *No Place Like Home? Feminist Ethics and Home Health Care*, Bloomington & Indianapolis: Indianna University Press.

Paterson, Olando(1982), *Slavery and Social Death*, Cambridge: Harvard University Press.

Post, Stephen(1996), "People with Dimentia: A Moral Challenge", Thomasma, David C. & Thomasine Kushner(ed.), *Birth to Death*, Cambridge: Cambridge Press.

Reinharz, Shulamit(1997), "Freinds or Foes: Gerontological and Feminist Theory", Pearsall, Marilyn, *The Other Within Us: Feminist Explorations of Women and Aging*, Boulder, Colo.: Westveiw Press.

Reoch, Richard(1996), *To Die Well: Holistic Approach for the Dying and Their Caregivers*, New York: HarperPerennial.

Rich, Adrienne Cecile(1976), *Of Woman Born*, 『더 이상 어머니는 없다: 모성의 신화에 대한 반성』, 김인성 옮김, 서울: 평민사, 1995.

Rinpoche, Sogal(1993), *The Tibetan Book of Living and Dying*, 『삶과 죽음을 바라보는 티베트의 지혜』, 오진탁 옮김, 서울: 민음사, 1999.

Rose, Carol M.(2005), "Giving, Trading, Thieving, and Trusting", Ertman, Martha M. & Joan C. Williams, *Rethinking Commodification*, New York and London: New York University Press.

Rosenthal, Evelyn R.(1990), "Women and Varieties of Ageism", Rosenthal, Evelyn R., *Women, Aging and Ageism*, New York, London: Haworth Press.

Rowe, John W. & Robert Louis Kahn(1999), *Successful Aging*, 『성공적인 노화』, 최혜경·권유경 옮김, 서울: 학지사, 2001.

Ruddick, Sara(1995), *Maternal Thinking*, 『모성적 사유: 전쟁과 평화의 정치학』, 이혜정 옮김, 서울: 철학과현실사, 2002.

Scherf, Henning(2006), *Grau ist bunt-was im Alter moeglich ist*, 『눈부시게 아름다운 노후』, 김현정 옮김, 서울: 휴먼비즈니스, 2007.

Schwartz, Morris S.(1996), *Letting Go: Morrie's Reflections on Living While Dying*, 『모리의 마지막 수업』, 김승욱 옮김, 서울: 생각의 나무, 1998.

Simozono, Souta(下園壯太)(2003), 『人はどうして死にたがるのか: 「自殺したい」が「生きよう」に戀わる瞬間(とき)』, 『사람은 왜 죽고 싶어하는가』, 이수진 옮김, 서울: 홍익출판사, 2004.

Slevin, Katheleen F. & C. Ray Wincrove(1998), *From Stumbling Blocks to Stepping Stones*, New York, New York University Press.

Sontag, Susan, *Illness as Metaphor*, 『은유로서의 질병』, 이재원 옮김, 서울: 이후, 2002.

Spague, J. & Mary Zimmerman(1993), "Overcoming Dualism: A Feminist Agenda for Sociological Methodology", England, Paula(ed.), *Theory on Gender: Feminism on Theory*, New York: Adline de Gruyter.

Stark, Agneta(2007), "Warm Hands in Gold Age: On the Need of A New World Older of Care", Folbre, Nancy, Lois B. Shaw & Agneta Stark, *Warm Hands in Cold Age*, London and New York: Routledge.

Stone, Deborah(2005), "For Love nor Money: the Commodification of Care", Ertman, Martha M. & Joan C. Williams(ed.), *Rethinking Commodification: Cases and Reading in Law and Culture*, New York and London: New York University Press.

Tavris, Carol, *Mismeasure of Woman*, 『여성과 남성이 다르지도 똑같지도 않은 이유』,

히스테리아 옮김, 서울: 또하나의문화, 1999.

Thone, Ruth Raymond(1992), *Women and Ageing: Celebrating Ourselves*, New York: Harrington Park Press.

Thorne, Barrie & Marilyn Yalom, *Rethinking the Family*, 『페미니즘의 시각에서 본 가족』, 권오주 외 옮김, 서울: 한울, 1991.

Tronto, Joan C.(1993), *Moral Boundaries: A Political Argument for an Ethic of Care*, New York: Routledge.

Ueno Chizuko(上野千鶴子), 『おひとりさまの老後』, 『화려한 싱글 돌아온 싱글 언젠간 싱글: 여자의 미래 싱글, 지금 준비하라』, 나일등 옮김, 이완정 감수, 서울: 이덴슬리벨, 2008.

Vaughan, Genevieve(1997), *For-Giving: A Feminist Criticism of Exchange*, Austine, Texas: Plain View Press.

Vaughan, Genevieve(2007a), *Free/Not Free*, Austine Texas: Anomaly Press.

Vaughan, Genevieve(2007b), *Women and Gift Economy: A Radically Different Worldview is Possible*, Inanna Publications & Education.

Walby, Sylvia(1990), *Theorizing Patriarch*, 『가부장제 이론』, 유희정 옮김, 서울: 이화여자대학교출판부, 1996.

Waymack, Mark(2001), "The Ethical Importance of Home Care", Hostein, Martha B. & Phyllis B. Mitzen, *Ethics in Community-Based Elder Care*, New York: Springer Publishing.

Wendell, Susan(1996), *Rejected Body*, New York and London: Routledge.

Wolf, Susan M.(1996), "Gender, Feminism and Death: Physician-Assisted Suicide and Euthanasia", Wolf, Susan M.(ed.), *Feminism and Bioethics: beyond Reproduction*, New York: Oxford University Press.

Woodward, Katheleen(1991), *Aging and Its Discontents: Freud and Other Fictions*, Bloomington, Indiana University Press.

Yoro, Takeshi, *Shi No Kabe*, 김난주 옮김, 『죽음의 벽』, 재인: 서울, 2004.

종합케어센터 선빌리지, 『「尊嚴を支えるケア」をぬぎして』, 박규상 옮김, 『노인이 말하지 않는 것들』, 서울: 시니어커뮤니케이션, 2006.

신문, 방송 자료

"내겐 너무 예쁜 며느리 1부", EBS-TV, 다큐 여자, 2008.2.13.
"야마토마치의 노인들", EBS-TV, 고령사회, 미래에 대비하라, 2005.10.21.

"요양기관 우후죽순 …… 서비스에 쓸 돈 환자유치에 쓴다", 동아일보, 2011.7.4.
"인간의 조건 2, 자식만을 믿은 죄 '해외고려장'", SBS-TV, 그것이 알고 싶다, 2008.4.12.
"인권위 '요양보호사 처우 열악' 정부에 개선 권고", 연합뉴스, 2012.7.1.
"인터뷰다큐 성장통, 나이", EBS-TV, 다큐 프라임, 2008.4.29.
"장기요양기관 부당청구 신고, 꾸준히 증가", 국민일보, 2011.6.7.
"황혼의 전쟁", KBS-TV, 시사기획 쌈, 2008.5.27.
고석중, "김제시, 독거노인 어울림 '그룹 홈' 확대 시행", 뉴시스, 2009.2.3.
곽희양, "인권위 요양보호사 저임금 부당처우 개선하라", 경향신문, 2012.7.1.
김경목, "자식에 부담주기 싫다, 70대 노인 가출 후 음독자살", 뉴시스, 2007.1.24.
김경욱, "서울 중증치매노인 9천 명 '힘겨운 나날'", 한겨레, 2009.3.16.
김덕련, "반신불수 할아버지 목욕시켜 드리는데 갑자기", 프레시안, 2012.7.10.
김상진·장대석·송봉근, "홀로 사는 농촌 어르신들 한 지붕 공동생활 신바람", 중앙일보, 2009.2.16.
김성우, "칠곡 노인요양병원 건립 주민반발 거세다", 매일신문, 2007.12.5.
김찬희, "노인요양시설 '맘대로 약관' 손본다", 국민일보, 2011.7.12.
김창규 외, "가수 현숙은 …… 대소변 못 가리는 아버지 다리 못 쓰는 어머니", 중앙일보, 2008.5.26.
김혜승, "현대판 고려장이 거짓말이 아니에요 24시간 맞교대 …… 보호사 아닌 파출부", 오마이뉴스, 2012.3.11.
김호천, "제주 효자효부에 허금순 씨 등 4명 영광", 연합뉴스, 2008.9.10.
김희선, "요양보호사 국가공인 파출부로 전락 …… 법 개정 시급", 여성신문, 2012.6.15.
노용택, "노인장기요양보험금 줄줄 샌다 …… 부정수급 2년간 104억 원", 국민일보, 2010.10.15.
마경대, "제51회 보화상 권사득 씨 수상", 매일신문, 2008.4.24.
문수정, "노인요양사들의 '눈물' …… 근무 중 폭력 시달리며 월 120만 원 벌이", 국민일보, 2012.6.29.
박주린, "우리시대의 효부", MBC 뉴스데스크, MBC-TV, 2008.5.9.
손대선, "황혼자살 ① 급증하는 노인자살 …… 조각난 무병장수의 꿈", 뉴시스, 2008.5.31.
전병선, "치매·중풍 노인 '두 번 운다' …… 외국인 간병인 고용 늘어나 '문제'", 쿠키뉴스, 2008.9.21.
정락인, "'현대판 고려장' 부르는 '무늬만' 노인요양시설", 시사저널, 2008.3.4.

조경진, "치매엔 따뜻한 정성이 묘약", 코메디닷컴, 2008.6.9.
차대운·이세원, "대법 '존엄사' 인정 …… 인공호흡기 제거", 연합뉴스, 2009.5.21.
최원열, "'현대판 고려장' 횡행 …… 학대당해도 쉬쉬하는 노인", 노컷뉴스, 2007.4.9.
최원열, "가족이 관심의 끈 놓은 사이 …… 집 나가는 치매노인", 노컷뉴스, 2007.5.21.
한현우, "벗들과 요리·수다 …… 노년이 너무 즐거워: 서울 창동 '이우당'의
　　　여섯 할머니", 조선일보, 2003.9.15.

비디오 및 영화자료

정윤철 감독(2005), <말아톤>, 한국.
Amenabar, Alejandro(director)(2004), <씨 인사이드(Mar Adentro)>, 에스파냐.
Eastwood, Clint(2004), <밀리언달러베이비(Million Dollar Baby)>, 미국.
Gorris, Marleen(1995), <안토니아스 라인(Antonia)>, 벨기에.
Hatsui, Hisaco(2002), <소중한 사람(Oriume)>, 일본.
Imamura, Shohei(1982), <나라야마 부시코(楢山節考: Narayama Bushiko)>, 일본.
Kawase, Naomi(2007), <너를 보내는 숲(殯の森: The Forest Of Mogari)>, 일본.
Polley, Sarah(2006), <어웨이 프롬 허(Away From Her)>, 캐나다.
Reiner, Rob(2008), <버킷 리스트(Bucket List)>, 미국.
SBS-TV(1993), <스웨덴 편, 북구의 아마조네스: 세계의 여성>, 한국.
Schnabel, Julian(2007), <잠수종과 나비(Le Scaphandre Et Le Papillon)>, 프랑스.

이동옥

이화여자대학교 교육학과를 졸업하고 동 대학원 여성학과에서 석·박사학위를 받았다. 현재 이화여자대학교 한국여성연구원 연구교수로 재직하고 있다.

저서로는 『탈/근대 아시아와 여성: 공간을 만들다』(공저), 『나이듦과 죽음에 관한 여성학적 성찰』, 논문으로는 「한국의 장애인 돌봄 제도와 모성담론에 관한 연구」, 「동물의 고통과 보살핌에 관한 연구: 태국의 사례를 중심으로」, 「태국의 생태여행과 여성주의 리더십」, 「네팔의 생태여행과 여성들의 관계, 우정, 연대」 등이 있다.

왜 노인 보살핌을
두려워하는가

초 판 인 쇄 | 2012년 11월 9일
초 판 발 행 | 2012년 11월 9일

지 은 이 | 이동옥(Lee, Dongok)
펴 낸 이 | 채종준
펴 낸 곳 | 한국학술정보㈜
주　　소 | 경기도 파주시 문발동 파주출판문화정보산업단지 513-5
전　　화 | 031) 908-3181(대표)
팩　　스 | 031) 908-3189
홈페이지 | http://ebook.kstudy.com
E-mail | 출판사업부　publish@kstudy.com
등　　록 | 제일산-115호(2000. 6. 19)

ISBN　　978-89-268-3851-8 93330 (Paper Book)
　　　　978-89-268-3852-5 95330 (e-Book)